D1751094

Hermann Sandmann

LEBENSERINNERUNGEN EINES ALTEN SEEFAHRERS

Beihefte zum
Deutschen Schiffahrtsarchiv

Für das Deutsche Schiffahrtsmuseum
herausgegeben von Lars U. Scholl

Schriftleitung: Erik Hoops

Hermann Sandmann

LEBENSERINNERUNGEN EINES ALTEN SEEFAHRERS

oder Erlebnisse und Beobachtungen
von frühester Jugend bis zum 78. Lebensjahre

Herausgegeben von Ursula Feldkamp
und Karl-Wilhelm Wedel

Deutsches Schiffahrtsmuseum

oceanum
VERLAG

Deutsches Schiffahrtsarchiv
33 · 2010
– Beiheft –

© 2011, Deutsches Schiffahrtsmuseum, Bremerhaven,
und Oceanum Verlag e.K., Wiefelstede

Alle Rechte vorbehalten. Nachdruck, auch auszugsweise, sowie Verbreitung durch Film, Funk,
Fernsehen und Internet, durch fotomechanische Wiedergabe, Tonträger und Daten-
verarbeitungssysteme jeder Art nur mit schriftlicher Genehmigung der Copyright-Inhaber.
All rights reserved. Copyright contents may not be reproduced or transmitted
in any form or by any means without prior written permission of the copyright holders.

Redaktion: Ursula Feldkamp, M.A.

Abbildung auf dem Umschlag:
Die Papenburger Bark LÜTCKEN, Darstellung von Alfred Gollberg 1916 nach einem Gemälde
von Carl Fedeler, aus dem Nachlass der Familie Sandmann/Wedel. (Foto: Reni Hansen, Bonn)

Umschlaggestaltung, Satz und Lithographie: Gerken Concept, Wiefelstede
Druck und Bindung: DZA Druckerei zu Altenburg GmbH, Altenburg

Printed in Germany

ISSN 1868-9434
ISBN 978-3-86927-133-0

www.dsm.museum
www.oceanum.de

Inhaltsverzeichnis

Geleitwort von Karl-Wilhelm Wedel ... 9

H. Sandmann: Lebenserinnerungen eines alten Seefahrers ... 11
    Vorwort von Hermann Sandmann ... 11
    Einleitung
    1. Kapitel.
    Meine früheste Jugendzeit. Ich entschließe mich, Seemann zu werden. ... 12
    2. Kapitel.
    Meine erste Seereise. Ich stürze durch die offene Kajütenluke in den Raum. ... 14
    3. Kapitel.
    Weitere Seereisen. Cholera in Riga. Meuterei an Bord. ... 25
    4. Kapitel.
    Ich werde im atlantischen Ocean durch eine Sturzsee über Bord geschlagen,
    aber gerettet. Desertion von einem holländischen Schiffe. An Bord eines Spaniers. ... 38
    5. Kapitel.
    Zum zweiten Male desertirt. Trauriges Zukunftsbild. ... 45
    6. Kapitel.
    Der Zufall führt mich auf das verlassene holländische Schiff zurück. ... 49
    7. Kapitel.
    Eine Reise von Hamburg nach Australien mit deutschen Auswanderern. ... 50
    8. Kapitel.
    Weiterreise von Australien nach Ostindien. Ein siamnesischer Prinz.
    Zurück nach Hamburg. ... 60
    9. Kapitel.
    Zeitweiliger Besuch der Navigationsschule. Ich bekomme auf Empfehlung
    einen Dienst auf einem Schiffe nach St. Thomas. ... 67
    10. Kapitel.
    Navigationsschule wiederum besucht. Prüfung abgelegt. Mehrere Reisen
    als Obersteuermann. Besuch der Verwandten nach 11jähriger Trennung. ... 72
    11. Kapitel.
    Ein Rheder in Leer überträgt mir die Führung eines Schiffes. Nach Constantinopel.
    Stettin, Kartoffelkrieg. Ferrol. Lissabon. Marseille. Deutsch-Dänischer Krieg 1848. ... 75

12. Kapitel.
Ich bekomme die Führung eines neuen Schiffes. Not lehrt beten. — 83
13. Kapitel.
Reise mit Auswanderern nach New-York. — 87
14. Kapitel.
Venedig und Malta. — 90
15. Kapitel.
Eine Landreise mit Hindernissen. — 94
16. Kapitel.
Der Russisch-Türkische Krieg. Bombardement von Odessa. — 97
17. Kapitel.
Quarantäne in Kertsch. Bestechung in Taganrog. Gewitter. — 102
18. Kapitel.
In der Krim. Besuch des Kriegsschauplatzes. Ein Schiffbruch. — 104
19. Kapitel.
Auf der Donau von den Russen mit Arrest belegt. — 107
20. Kapitel.
Jubel in Galatz über die Wiedereröffnung der Schiffahrt auf der Donau. — 108
21. Kapitel.
Einiges über Constantinopel und Umgegend. — 108
22. Kapitel.
Ich bekomme ein neues, größeres Schiff, welches ich 11 Jahre lang führe. — 111
23. Kapitel.
Karneval in Buenos-Ayres. — 118
24. Kapitel.
Rettung einer englischen Schiffsbesatzung. — 125
25. Kapitel.
Eine verzweiflungsvolle Windstille. — 129
26. Kapitel.
Napoleons-Fest in Bordeaux. Ich ziehe zum ersten Mal die deutsche Flagge auf. — 131
27. Kapitel.
Ich bleibe wegen Augenschwäche und Schwindelanfälle am Lande
und werde später Schiffsmakler in Papenburg. Schlußbetrachtung. — 134

Nachwort von Ursula Feldkamp — 147
Hermann Sandmann und die Papenburger Schifffahrt im 19. Jahrhundert — 147
Die Editionen — 153
Die Sandmanns, eine Seefahrerfamilie zwischen Abschied und Wiedersehen — 153

Die Briefe der Josephine Sandmann 1862 bis 1863 — 157

Anhang — 166
Benutzte Quellen und Literatur — 166
Maße — 167
Bildnachweis — 167

H. Sandmann:
Lebenserinnerungen eines alten Seefahrers

oder »Erlebnisse und Beobachtungen von frühester Jugend bis zum 78. Lebensjahre von
H. Sandmann

Motto: Sind auch die schönen Tage längst verklungen,
Erinnerung hält sie ewig fest umschlungen

Vorwort

Die hier folgenden »Lebenserinnerungen eines alten Seefahrers« habe ich in den Mußestunden der letzten Jahre zunächst für Euch, liebe Enkel, niedergeschrieben. Nehmt von den Erlebnissen Eures Großvaters, die aus einer Euch schon fern liegenden Zeit stammen, liebevoll Kenntnis! Könnt Ihr Belehrung daraus schöpfen, oder spornen sie Euch zur Nacheiferung an, so ist der Zweck, der vorerst nur der war, Euch durch die Schilderung des bewegten Lebens eines Vorfahren einige angenehme Stunden zu verschaffen, doppelt erfüllt.

Mein gutes Gedächtnis und die Angewöhnung, von früh auf mir besondere Vorfälle zu notiren, haben es mir ermöglicht, diese Lebensbeschreibung nicht nur den Thatsachen nach korrekt, sondern auch die einzelnen Vorfälle so niederzuschreiben, wie ich sie zu ihrer Zeit, und nicht, wie ich sie als älterer Mann empfunden und aufgefaßt habe.

Im Uebrigen sei dem »Seemann« verziehen, wo der Schriftsteller gelegentlich aus dem Kurse geht; er segelt hierin zwar in bekannten Fahrwassern, aber mit einem gar fremdartigen Fahrzeug.

Papenburg, 1896.
Der Verfasser.

Einleitung

Bevor ich den Leser mit meinen persönlichen Erlebnissen bekannt mache, halte ich es für angebracht, ihn in meine Familie einzuführen.

Meine Eltern lebten in Papenburg und befand sich mein Vater als fleißiger und tüchtiger Handwerker (Grobschmied) in guten Verhältnissen[1]; seine Rechtschaffenheit und sein richtiges Urteil machten, daß er oft von seinen Mitbürgern bei Ortsangelegenheiten zu Rate gezogen wurde.[2] Wenn meiner Mutter[3] auch in erster Linie die Führung des Haushalts und die Erziehung der Kinder oblag, so hatte sie doch nebenbei das angenehme Bewußtsein, die Frau eines sehr geachtet dastehenden Mannes zu sein.

Kaum 64 Jahre alt, starb mein Vater nach längerem schmerzhaften Krankenlager und etwa

10 Monate später folgte ihm meine Mutter ins Jenseits nach; somit war ich als 12jähriger Knabe eine Waise.

Wir waren im Ganzen 10 Geschwister, 5 Knaben und 5 Mädchen, gewesen; doch lebten beim Tode meiner Mutter nur noch 3 Schwestern außer mir; zur Zeit, da ich dieses schreibe, bin ich der einzige Ueberlebende. Meine beiden ältesten Brüder, welche im 16. und 17. Jahre zur See gegangen waren, verunglückten in ihrem Berufe; desgleichen meine beiden ältesten Schwestern, die an hiesige Kapitäne verheiratet waren und mit ihnen ab und zu eine Seereise machten, – kurz vor dem Tode meiner Mutter.

Ein Bruder »Hermann« starb im ersten Lebensjahre, ihm folgte ein zweiter »Hermann«, der 2 Jahre alt im Kanal bei unserm Hause ertrank und diesem folgte am 7. Februar 1818 ich als »Hermann« Nr. 3. – Mein Vater soll gegen den Namen Hermann für mich gewesen sein, da die beiden anderen »Hermänner« so früh gestorben wären, doch meine Mutter meinte, ihr »Hermann Nr. 3« würde um so mehr Glück im Leben haben und bestand auf dem Namen mit Erfolg. Ob auch in weiterer Folge meine gute Mutter Recht gehabt, – nun, der Leser begleitet mich ja auf meinem Lebenswege –, mag er selbst beurteilen!

Nach dem Tode meiner Mutter verheiratete sich von den damals noch lebenden 3 Schwestern die älteste mit dem Werkführer des väterlichen Geschäftes; der Schwager übernahm dasselbe zu angemessenem Preise mit der Verpflichtung, die beiden andern Schwestern bis zur Verheiratung oder Großjährigkeit und mich bis zum 16. Lebensjahre zu unterhalten und zu erziehen. Mein kleines Erbteil wurde durch die Vormundschaft mir sicher gestellt und verwaltet.

Da der Leser durch das Vorhergehende mit meiner Familie genügend bekannt, komme ich nachstehend auf meine eigene Person zurück.

1. Kapitel.
Meine früheste Jugendzeit. Ich entschließe mich, Seemann zu werden.

Es ist eine bekannte Thatsache, daß Außergewöhnliches, in jugendlichem Alter erlebt, mit seinen Eindrücken nie vergessen wird.

Meine erste Erinnerung geht lebendig zurück auf die mit Kränzen, Grün und Fahnen geschmückten Aussteuerungen meiner ältesten, später auf See verunglückten Schwester und auf den Gesang, das Flaggenschwenken und den lustigen Trubel, die den Beginn der sogenannten Brautfahrt begleiteten. Ich war damals etwa 3 Jahre alt und wenn ich jetzt auf unseren umliegenden Dörfern eine solche Brautfahrt mit ansehe, so kann ich noch Vergleiche mit jener erst erlebten anstellen; den Vergleich aber hält keine aus, mein Herz ist dem Eindruck von der Pracht, dem Glanz und dem Zauber einer ersten Brautfahrt treu geblieben.

Als ich 5 Jahre alt war, kam ich zur Schule, doch des weiten Schulweges wegen nur für den Sommer. Der alte liebenswürdige Lehrer leitete uns mit Liebe und Milde an und ich weiß noch sehr gut, daß ich auf seinem Schooß das: »A. B. C.« gelernt habe und daß er mich das Lernen lieben gelehrt hat.

Während des Winters studierte ich zu Hause im Katechismus, Lesen und Auswendiglernen und ich halte es für meinen ersten äußeren Erfolg, daß der Lehrer mich im nächsten Frühjahr prüfte, ob meiner selbst erworbenen Kenntnisse lobte und mich als Beispiel für andere Knaben hinstellte; diesem ersten Erfolg, der meinen Ehrgeiz anspornte und mein Selbstvertrauen hob, habe ich wahrscheinlich manchen anderen in meinem Leben zu danken.

In meinem 12. Jahre war ich einer der ersten in der Schule, allerdings einer Elementarschule, doch einer für damalige Verhältnisse ziemlich guten. Namentlich wurden wir im Schönschreiben, Rechnen und Auswendiglernen recht geübt. Wir hatten keinen Zeichnenunterricht, doch wurde der Entwickelung des Talentes nicht entgegen gewirkt, denn als ich eines Tages neben

Ansichten von Papenburg, um 1870.

weniger guten Rechnungen wohlgelungene Schiffchen auf meiner Tafel gemalt hatte, meinte der gutmütige Lehrer nur: »hier bist Du ein besserer Schiffer als Rechner gewesen, aber zum tüchtigen Schiffer gehören auch tüchtige Rechenkenntnisse.« Ich habe diese Worte nie vergessen und im späteren Leben die Wahrheit derselben öfters bestätigt gefunden.

Zu dieser Zeit erwachte schon in mir der Sinn fürs Schifferleben; die unsern Ort ganz durchziehenden Kanäle, auf denen Kanalfahrzeuge und Böte stets fuhren und lagen, boten ein vorzügliches Terrain für Entwickelung der aufkeimenden Neigung; stundenlang ruderte ich auf dem Kanal herum und bestieg gern die Masten der größeren Schiffe.

Zwei Knabenerlebnisse muß ich noch anführen; das eine hat mich vom Unrechthandeln abgehalten und das andere hat mich früh nach See geführt.

Meine Eltern, gut katholisch, hielten strenge auf das Fastengebot und an den Betfasttagen gab es Vormittags nichts zu essen. Etwa 9 Jahre alt ging ich an einem solchen Tage mit meiner Schwester zur Schule durch unsern Garten an einem Baum mit herrlichen reifen Birnen vorbei. Wem von uns der Gedanke kam, »daß Obst kein Essen sei«, weiß ich nicht, aber er fand von Seiten meiner Schwester einen Ausdruck in Worten und durch mich stärker in der That. – Jedoch ich hatte Glück; denn ich halte es wirklich für ein Glück, wenn ein junges Menschenkind bei einem ersten Fehltritt gerecht und nachdrücklich auf den rechten Weg gewiesen wird. – Es brach beim Aufsteigen auf den Baum nämlich ein Ast, ich fiel zur Erde und wurde auf mein Angstgeschrei von der Mutter abgefaßt und bekam, nachdem ich auf das doppelte der von mir begangenen Sünde, als Bruch des Fastengebots und Vergehen gegen das 7. Gebot hingewiesen war, die

Rute nach Noten zu kosten, wie man sagt, wobei es mir nur übrig blieb, die Musik zu liefern und gute Vorsätze zu fassen. Ich habe trotz meiner damaligen Notlage, das gegebene Versprechen, religiöse und weltliche Gebote zu befolgen, gehalten und habe Gutes davon gehabt.

Anfangs April 1830 wurde ich konfirmiert. Als ich aus der Kirche nach Hause kam und an das Krankenlager meiner Mutter eilte, reichte sie mir die Hand mit den Worten: »Lieber Hermann, bleibe fromm, brav und gut, wie du es heute bei der Konfirmation vor der ganzen Gemeinde feierlich versprochen hast und der Segen deiner nun bald sterbenden Mutter wird dich begleiten. Um deinetwegen hätte ich gern noch einige Zeit gelebt, aber es scheint, daß der liebe Gott es anders beschlossen hat, denn ich fühle, es geht mit mir zu Ende! Weinend erwiderte ich: »Nein, Mutter, du darfst, du sollst noch nicht sterben und ich werde heute und alle Tage den lieben Gott bitten, daß er dich bald wieder gesund macht«, – und um meinen Gebeten mehr Kraft zu verleihen, gelobte ich bei mir, in der bevorstehenden Karwoche baarfuß, betend um die Kirche zu wandern. – Am grünen Donnerstag nach der Abendandacht schloß ich mich der gläubigen Menge, welche nach damaliger frommer Sitte betend um die Kirche pilgerte, baarfuß an, in der festen Zuversicht, daß der liebe Gott mein Gebet erhören werde; – aber all mein Beten half nichts, denn nach acht Tagen lag meine gute Mutter – kaum 55 Jahre alt – auf der Totenbahre.

Einige Zeit nach dem Tode meiner Mutter und Bestallung der Vormünder wurde ich in eine Privatschule geschickt, wo ich besseren Unterricht in der deutschen Sprache, Geographie, Geschichte u. s. w. bekam. – Während der Schulferien im Herbst besuchte ich eines Tags einen Onkel väterlicherseits, der auf dem Oberende Papenburgs – der Ort ist 8–9 Kilometer lang – wohnte. Bei Gelegenheit dieses Besuchs erkundigte derselbe sich angelegentlichst nach der Erbschaftsverteilung unter uns Geschwistern. Ich erzählte ihm, was ich davon wußte, unter anderm auch, daß mein Schwager die elterliche Besitzung übernommen hatte, worauf derselbe anscheinend recht teilnehmend bemerkte, daß man mir damit Unrecht gethan habe und daß mir dieselbe, als einzigem Sohn, rechtlich zukomme.

Auf mich wirkten diese teilnehmend klingenden Worte, und ohne etwas von Erbschafts- und Vormundschaftsrechten zu kennen, derartig, daß ich eines Tages, als meine Schwester mich wegen einer Unart bestrafen wollte, damit heraus platzte. – Sie begann zu weinen, nannte den Onkel unverantwortlich und rief ihren Mann, der nach Anhörung des Vorgefallenen nur sagte: »er würde mit den Vormündern sprechen.« – Acht Tage darauf setzten mir diese den Fall sachgemäß auseinander und rechtsgemäß erhielt ich für das ungezogene Betragen meiner Schwester gegenüber eine Tracht Prügel und mußte Letztere um Verzeihung bitten. Wenn ich nun auch fühlte, daß ich sie ungerechtfertigt gekränkt hatte und daß mir in jeder Weise Recht geschehen sei, so war mir der Aufenthalt bei meinem Schwager doch in etwas verleidet und ich drängte darauf hin, von der Schule zu kommen, um Seemann zu werden. Ich fand Unterstützung bei einem der Vormünder, der mit seiner Meinung, daß man, um ein tüchtiger Schiffer zu werden, früh zur See gehen müsse, durchschlug. So kam es, daß ich, noch nicht volle 13 Jahre alt, Seemann wurde.

2. Kapitel.
Meine erste Seereise. Ich stürze durch die offene Kajütenluke in den Raum.

Anfangs Januar 1831 hatte mein Vormund eine Stelle auf einem der größten Papenburger Schiffe für mich gefunden und teilte mir dieses mit. Als ich mich darauf dem Kapitän vorstellte, wurde ich recht freundlich empfangen und erfuhr von ihm, daß sein Schiff in Harlingen in Winterlage[4] läge und zwei seiner Söhne, nämlich der Steuermann und der Kajütenwächter, an Bord geblieben seien. Die andern Schiffsleute habe er hier geheuert und schienen ihm ganz ordentliche Leute zu sein und müsse ich mich, wenn wir an Bord, auch gegen diese artig betragen, dann würde ich nichts auszustehen haben. Ferner gab er mir Anweisung, betreffs der notwendigen

Kleidungsstücke, wobei Seestiefel nicht fehlen durften und entließ mich mit den Worten, daß ich mich auf Anfang Februar zur Abreise fertig halten müsse. – Freudig erregt und jubelnd teilte ich dieses meinen Schulkameraden und meinen Schwestern mit, welch Letztere dann alle Hebel in Bewegung setzten, damit meine Ausrüstung rechtzeitig fertig würde.

Ende Januar wurde ich mit den andern Schiffsleuten angemustert; als die Musterrolle[5] von allen unterschrieben, erhielt jeder eine Monatsheuer Handgeld nebst Reisegeld nach Harlingen vom Kapitän ausbezahlt. Da ich als Kajütenwächter[6] ohne Lohn angemustert, konnte ich kein Hand- noch Reisegeld beanspruchen, was mir recht leid that.

Wie beordert, versammelten wir uns alle am 3. Februar, Morgens 4 Uhr, beim Hause des Kapitäns, um gemeinschaftlich die Reise anzutreten. Ich war etwas niedergeschlagen und traurig ob des Abschieds von meinen Schwestern. Doch der Frohsinn der andern Leute steckte auch mich bald an und als der Marsch nach Halte mit Gesang begann, war hinter mir alles vergessen und vor mir schwebten lauter herrliche Zukunftsbilder des Seelebens.

Von Halte ging's nach Stapelmoor, wo in einem Wirtshause eine halbe Stunde ausgeruht wurde. Hier wurde ein großer Stein gezeigt, den die Bauern vor mehr als 100 Jahren beim Umarbeiten eines Ackers gefunden hatten, welcher bei hinreichender Phantasie das Bild der Mutter »Maria« zeigte. – Noch heute wird der Stein den Fremden, die sich dafür interessieren, gezeigt und knüpfen sich an denselben allerhand unglaubliche Sagen.

Von Stapelmoor gings über Bunde nach Neuschanz, wo gefrühstückt wurde. Die Treckschuite[7], mit der wir nach Groningen fahren sollten, lag vor dem Wirtshause fertig und um 10 Uhr gab der Junge mit seiner Trompete das Signal zum Einsteigen. Als sämtliche Passagiere eingestiegen und der Junge sich auf das vorgespannte Pferd geschwungen hatte, setzte sich die Schuite in Bewegung, die Matrosen stimmten das Lied an: »Auf Matrosen, die Anker gelichtet«, worin auch ich heiter mit einstimmte! Wir kamen durch einige Ortschaften, dann in Winschooten, wo angelegt wurde, damit die Passagiere sich stärken konnten. Die Sauberkeit und Reinlichkeit dieses Städtchens setzte mich ganz in Erstaunen: denn eine solche Properität hatte ich bei uns nicht gefunden. Mehrmals wurde ich von den proper gekleideten Mädchen mit den goldenen Köpfen gefragt, ob auch ich Seemann werden wolle, worauf ich mit einem gewissen Stolz antwortete: »wel zeker!«[8]

Als die Passagiere wieder eingestiegen waren, gings wieder weiter und gegen 7 Uhr Abends erreichten wir Groningen, wo übernachtet wurde. Kaum eine Viertelstunde im Hotel kam ein Polizist herein und forderte den Kapitän auf, unverzüglich mit der ganzen Mannschaft auf das Stadhuis zu kommen, um uns zu legitimieren. Dort angekommen, stellte ein Herr in reicher Uniform verschiedene Fragen an den Kapitän und forderte schließlich uns auf, unsere Pässe vorzuzeigen,*) – womit die Untersuchung endete. Wegen des zwischen Belgien und Holland ausgebrochenen Krieges witterten die Holländer in jedem Fremden einen Spion; daher die scharfe Kontrolle. – Nachdem wir im Hotel Abendbrod gegessen, legten wir uns zu Bett und waren nach dem langen Marsch und den Strapazen der Reise bald im tiefsten Schlaf.

Am folgenden Morgen bestiegen wir wieder eine Treckschuite, um unsere Reise fortzusetzen. Es hatte die Nacht ziemlich stark gefroren, wodurch die Fahrt auf den Kanälen sehr erschwert wurde, so daß wir erst Abends spät in Dokkum kamen. Am nächsten Morgen ging's in derselben Weise weiter, erreichten gegen Mittag Leuwaarden und waren um 5 Uhr Abends in Harlingen an Bord unseres Schiffes. – Wir hatten zu der Tour von Papenburg nach Harlingen volle 3 Tage gebraucht, wogegen man jetzt, dank der Eisenbahn, ganz bequem in 3 ½ Stunden hingelangt. – Ich führe dieses nur an, um einen Vergleich zwischen damals und jetzt zu konstatieren!

*) In meinem, auf dem Gerichte in Papenburg bei der Musterung ausgestellten Reisepaß, heißt es bezüglich meines Signalements: Alter 13 Jahr. Größe 4 Fuß 3 Zoll. Haare blond. Augen blau. Stirn, Nase, Mund gewöhnlich. Zähne gesund. Bart ohne. Gesichtsfarbe gesund. Besondere Kennzeichen keine. (Dieser Reisepaß befand sich unter meinen Notizblättern).

Als wir uns an Bord unseres Schiffes etwas eingerichtet, wurden einige Matrosen in die Stadt geschickt, von den Müllern Buchweizen-Doppen zu kaufen, wovon Jeder von uns eine Portion in seinen Büllsack als Unterbett bekam. – Also statt der Federbetten zu Hause einen Sack mit Doppen[9] – dieses war die erste Enttäuschung.

Da ich, wie vorhin bemerkt, als Kajütenwächter ohne Lohn bzw. als Ueberzähliger angemustert war, so mußte auch erst eine Schlafstelle (Koje) für mich aufgeschlagen werden und schlief ich infolge dessen die ersten paar Nächte beim Kapitän in der Kajüte.

Noch am Abend unserer Ankunft an Bord des Schiffes hatten die Schiffsmaats[10] in Erfahrung gebracht, daß es mein 13. Geburtstag war, wozu mir alle gratulierten, so daß ich nicht umhin konnte, ihnen zur Feier des Tages, resp. des Abends, eine große Flasche Genever zu spendieren.

Der eigentliche Kajütenwächter (Sohn des Kapitäns, und 2 Jahre älter wie ich) mußte mich nun zunächst mit meinen demnächstigen Pflichten und Arbeiten vertraut machen, wogegen ich demselben, auf Anordnung des Kapitäns, in den freien Stunden Rechenunterricht erteilen mußte.

Bei unserer Abreise von Papenburg hatte der Kapitän vom Rheder Orders bekommen, schnell möglichst mit Ballast[11] nach St. Uebes zu segeln, um dort eine Ladung Salz für Schiffsrechnung zu laden und damit direkt nach Riga zu segeln. Als wir nahe genug segelfertig waren, bekam der Kapitän vom Rheder Gegenordre, d. h. nicht nach St. Uebes, sondern direkt nach der Ostsee zu segeln, weil man befürchtete, daß Deutschland in einen Krieg mit Frankreich verwickelt werde und wir in solchem Fall Gefahr liefen, im englischen Kanal von den französischen Kriegsschiffen aufgebracht, resp. gekapert zu werden.

Da es, um direkt nach der Ostsee zu segeln, noch zu früh war, blieben wir noch etwa 3 Wochen in Harlingen liegen.

Da meine geringe Arbeitskraft noch selten oder nie in Anspruch genommen wurde, hatte ich viel freie Zeit und benutzte dieselbe, die Sehenswürdigkeiten der Stadt und namentlich die großen Dreimaster, welche für den Wallfischfang nach Grönland ausgerüstet wurden, in Augenschein zu nehmen. Auch machte es mir vielen Spaß, wenn die Matrosen bei unruhigem Wetter und Seegang in der Schaluppe mit mir vor den Hafen hinaus fuhren, um mich recht tüchtig schaukeln zu können.

Gegen Mitte März verließen wir, unter Führung von 2 Lootsen, weil die Tonnen zur Bezeichnung des Fahrwassers noch nicht ausgelegt waren, den Hafen von Harlingen und ankerten des Abends unweit der Insel Terschelling. Da, im Hafen liegend, die Leute des Abends immer alle zu Bett gegangen und die Nacht durchgeschlafen, war es mir neu, daß hier auf der Rhede[12] die ganze Nacht durch beständig ein Mann auf dem Verdeck Wache halten mußte. Da mir, wie begreiflich, keine Wache zugeteilt, weil ich die Obliegenheiten einer solchen noch nicht kannte, aber doch gerne wissen mochte, worin diese Obliegenheiten bestanden, so bat ich den, der die ersten 2 Stunden Wache hatte, mir zu erlauben, mit ihm zusammen Wache halten zu dürfen, was derselbe mir gewährte. Es war ziemlich kalt und düster und mußten wir beständig auf und nieder gehen, um warme Füße zu halten. Die Zeit ging unter fortwährendem Erzählen schnell dahin. Unter anderm erklärte er mir die Notwendigkeit der Wache und die Pflichten des Wachegehenden, die Einrichtung und Nützlichkeit der Leuchtfeuer, wovon 3 vom Schiffe aus zu sehen waren; ferner die Entstehung und Eigentümlichkeit des Meerleuchtens und besonders interessirte mich seine Erzählung von seinen bereits gemachten Reisen. Nachdem die Zeit der Wache um, weckte er einen andern Mann und wir legten uns in die Koje. Wir blieben kontrairen Windes halber 2 Tage hier liegen, während welcher Zeit ich mich vom Steuermann über die Pflichten und Arbeiten der Matrosen unterrichten ließ.

Den 3. Tag wurde der Wind günstig und nachdem der Seelootse an Bord gekommen war, hieß es: »Anker auf«! Jeder der Leute kannte nach solchem Kommando seinen Dienst, und auch ich wurde vom Steuermann zum ersten Mal zur Arbeit kommandiert, nämlich das Ankertau mit stoppen zu helfen. Als der Anker aufgezogen, die Segel beigesetzt waren, segelten wir bei günstigem Winde zwischen den Sandbänken, welche mit schwarzen und weißen Tonnen bezeichnet waren, durch und waren gegen Abend auf offener See, wo der Lotse uns verließ. – Nachdem alles auf dem Verdeck befestigt und geordnet war, wurde Abendbrod gegessen, nachher ein gemeinschaftliches Gebet verrichtet und die Mannschaft in 2 Wachen eingeteilt. Die eine Abtei-

Alltag auf einem Segler, Schildt, um 1870.

Schiffsjunge im Mars eines Segelschiffes. Holzstich nach einer Zeichnung von Ferdinand Lindner, um 1875.

lung mußte von 8 bis 12, die andere von 12 bis 4 Uhr Wache halten und so alle vier Stunden abwechselnd.

Da ich, wie bemerkt, noch keine Wache mit halten brauchte, begab ich mich um 8 Uhr in meine Koje und schlief bis zum nächsten Morgen 7 Uhr.

Als ich an Deck kam und rund um uns herum nichts wie Luft und Wasser, nur in der Ferne einige Schiffe segeln sah, war ich ganz erstaunt und konnte mich nicht satt sehen an dem schönen hellgrünen Wasser und die von dem Schiffe durchfurchten Wellen, mit deren Schaum ich versuchte, von vorn nach hinten in die Wette zu laufen, aber stets zurück blieb. Der Kapitän, welcher sich sichtlich an meinem Wettlaufen amüsierte, fragte: »Das gefällt Dir wohl recht, Hermann?« Ich bejahte natürlich und fügte hinzu, daß es doch ein wahres Vergnügen sei, auf See zu fahren. Er lachte über meine naive Bemerkung und sagte: »Na, Du wirst wohl bald die Erfahrung machen, daß es doch nicht immer so schön ist, wie Du glaubst.«

Ueber Tag nahm der Wind nach und nach an Stärke zu und infolge dessen wurde die See auch unruhiger, wodurch das Schiff zwar nicht in seiner Fahrt gehemmt wurde, aber mehr oder weniger stark schlingerte (hin und her schwankte) und auf und nieder stampfte, so daß ich mehrmals, zum Gaudium der Leute, aufs Deck niederpurzelte und schließlich unwohl wurde. Mein Kamerad, der Sohn des Kapitäns, war schon seit einiger Zeit sehr unwohl und brachte ab und zu dem Gott Neptun seinen Tribut. Obgleich ich ihn anfangs wegen seiner Seekrankheit auslachte, konnte ich ihr schließlich auch nicht mehr widerstehen und folgte seinem Beispiele hinsichtlich des Tributs an Gott Neptun. Obschon ich ganz elend war, wurde ich doch von den Matrosen, die mich anfangs wegen meiner Willenskraft bewundert, nun auch recht tüchtig ausgelacht. Der Kapitän nahm mich dagegen in Schutz und befahl mir zu Bett zu gehen, wogegen sein eigner Sohn auf Deck bleiben mußte, was ich eigentlich recht hart fand vom Vater.

Als ich im Bette lag, verließ mich bald darauf die Seekrankheit und habe ich seitdem auch nie wieder daran gelitten.

Als der Abend kam, ging alles wieder in vorherbeschriebener Weise vor sich und nachdem ich etwas Abendbrod gegessen hatte, legte ich mich wieder in mein Bett (Koje), welches in der sogenannten Segelkoje, wie im Anfange bemerkt, provisorisch aufgeschlagen war. Als ich über Nacht wach wurde, lag ich, statt in meiner Koje, in der sogenannten Rummelkoje, (welche der meinen gegenüber) zwischen allerhand Tauwerk, Theer- und Schmierpützen (Eimer), Theerpinseln, Kleidköhlen[13] u. s. w., wohin ich durch die starke Bewegung des Schiffes hinabgerutscht und fest geraten war, ohne zu erwachen; ein Beweis, daß ich einen gesunden Schlaf hatte. – Wie ich mich nun aufraffen und mein Bett wieder aufsuchen will, wurde ich durch die Bewegung des Schiffes auf die entgegengesetzte Seite mit dem Kopfe gegen die Wand geschleudert, daß mir Hören und Sehen verging. Da ich in der totalen Finsternis eigentlich nicht wußte, wo ich war, fing ich an zu rufen und schließlich aus voller Kehle zu schreien, bekam jedoch keine Antwort. Als ich mich endlich in mein Schicksal ergeben hatte und lauschte, hörte ich den heulenden Sturm und dazwischen die Donnerstimme des Kapitäns, der die Leute zum Bergen und Wegschneiden der Segel kommandirte und schloß daraus, daß das Schiff in großer Gefahr schweben müsse. Ich raffte mich in meiner Angst nun wieder auf und versuchte, auf allen Vieren kriechend, die Thüre nach dem Roof (Logis)[14] zu erreichen. Trotz aller Anstrengung konnte ich die Thür nicht finden; rollte und purzelte von der einen Seite zur andern und legte mich schließlich aus Verzweiflung platt auf den Boden und weinte ganz bitterlich. Ich mochte wohl eine halbe Stunde, oder länger, so gelegen haben, während welcher ich alle Gebete, die ich auswendig konnte, hergesagt und mich auch auf den frühen Tod vorbereitet hatte, als ich hörte, daß die Außen-Roofthür geöffnet wurde und der Steuermann mit noch zwei Mann hineinkamen. Jetzt atmete ich wieder auf und namentlich, als ich den Steuermann sagen hörte: »Donnerwetter! daß war eine fürchterliche Böe und ein Glück, daß das Topsegel gleich platzte, denn sonst wäre der Kasten kopseiset (gekentert) und wir alle zusammen jetzt in Neptuns Keller.« Obgleich ich diesen Ausdruck nicht verstand, war es mir doch völlig klar, daß das Schiff furchtbar auf der Seite gelegen und ich infolge dessen aus meiner Koje gerutscht war. – Als ich nun meine Stimme vernehmen ließ, öffnete der Steuermann die Verbindungsthür und wie er mich in der beschriebenen Stellung liegen sah, rief er mich an mit den Worten: »Junge, wat makst Du dar, warum blifst Du nich in diene Koje?«[15] Ich erzählte dann, was der Leser bereits weiß, worüber aber die Leute recht herzlich lachten. – Als ich in ihre Nähe kam und man mich bei Licht betrachtete, bemerkte der Steuermann: »Junge, Du siehst ja aus, als ob Du in einer Theertonne hast ans Land fahren wollen.« – Ich hatte in meiner Angst nämlich gar nicht bemerkt, daß ich in der Rummelkoje meinen ganzen Nachtanzug mit Theer, Fett und Pech beschmiert hatte und war darüber sehr ärgerlich. Der Steuermann tröstete mich und meinte: der Koch würde alles wieder rein machen, wenn das Wetter wieder schön geworden.

Wie der Leser weiß, hatte ich mich den Abend vorher, bei gutem Wetter, zu Bett gelegt. – Nach Mitternacht war der Wind plötzlich in einer schweren Böe umgesprungen, was der Steuermann, der die Wache hatte, nicht vorher hätte ahnen noch sehen können. Bevor noch die Böe mit voller Kraft eingefallen, hatte der Steuermann alarmirt, worauf die ganze Mannschaft, (welche auf See nie ganz entkleidet schläft,) im Nu an Deck gesprungen, die Segel zu bergen, wovon jedoch einige, wie auch das Topsegel, von der Kraft des Windes geplatzt und weggeflogen waren, wodurch das Schiff bedeutend erleichtert und die Gefahr des Kenterns gehoben war. – Als die Leute, welche vom Seewasser und Regen ganz durchnäßt, der Reihe nach trockene Kleider angelegt, auch ich mich rein angezogen hatte, ging ich mit Tagesanbruch an der Hand des Steuermanns an Deck. – Welch ein Unterschied zwischen Gestern und Heute! – Gestern bei schönem Wetter und gutem Wind durchschnitt das Schiff mit vollen Segeln die weißköpfigen Wellen, einen prächtigen Anblick darbietend; und heute schwerer Sturm aus entgegengesetzter Richtung, so daß nur einige kleine Segel geführt werden konnten. Die sturmgepeitschten Wellen, welche das Schiff bald auf einem Wellenkamm in die Luft hoben und kurz darauf in einen Abgrund stürzten, als ob sie es bedecken wollten, war für mich eine großartige Ueberraschung und zugleich ein herrlicher Anblick. Ich konnte mich um so mehr daran ergötzen, weil der Kapitän mir sagte: »ein solcher Sturm auf offener See thut einem guten Schiffe, wie das unsrige, selten Schaden: nur dann ist er sehr gefährlich, wenn man nahe der Küste ist oder auf Sandbänke getrieben wird, wo dann beim etwaigen Stranden in den meisten Fällen auch die ganze Mannschaft mit untergeht resp. ertrinkt.

Als ich den nächstfolgenden Morgen wieder an Deck kam, hatte der Sturm sich etwas gelegt und waren bereits wieder mehr Segel beigesetzt, obgleich der Wind noch kontrair war, folglich wir dagegen ankreuzen mußten.

Nach ungefähr 8 Tagen erblickten wir die Norwegische Küste; der Anblick derselben war für mich ganz entzückend, weil ich eben noch nie hohe Berge gesehen und nun diese noch obendrein auf den Gipfeln mit Schnee bedeckt waren. Einige von ihnen zeichneten sich durch ihre außerordentliche Höhe aus und waren, wie der Kapitän mir sagte, über 15 geographische Meilen von uns entfernt, was ich mir kaum denken konnte.

Wir segelten von da ab mit günstigem Wind und gutem Wetter das Kattegatt durch, passirten Kullen (ein Vorgebirge an der schwedischen Küste am Eingange des Sund), wo nach seemännischem Gebrauch, Jeder, der zum ersten Mal hier passirt »Hensen« muß, wie die Matrosen mir mittheilten. Zu dem Ende brachte man mich vorn aufs Deck, wo ein großer Kübel mit Wasser fertig stand, um über meinen Körper geschüttet zu werden, wenn ich mich nicht durch ein Lösegeld davon befreite. Da eine solche »Hensung« bei der Kälte mir nicht behaglich schien, gelobte ich im nächsten Hafen drei Flaschen Genever zu spenden; auf diese Weise wurde ich vor dem kalten Sturzbade bewahrt.

Den folgenden Morgen warfen wir Anker auf der Rhede von Helsingoer, wo der Kapitän in einer dazu gemieteten Jolle ans Land fahren mußte, zu klariren. (Ein zu damaliger Zeit noch

Lenzen bei schwerem Wetter.

In den Wanten.

Segelschiffe im Sund vor Helsingör und Schloß Kronborg, um 1820, anonym.

bestehendes Recht der Dänen war, von jedem Schiffe, das den Sund passirte, einen bestimmten Zoll zu erheben.)[16]

Der Kapitän nahm mich mit ans Land. Als wir an der Festung Kronburg vorüber fuhren, sah ich zum ersten Mal eine sogenannte Schildwache, die aus einem ganz kleinen Häuschen schaute und uns anrief. Der Kapitän nannte ihm den Namen des Schiffes und woher wir kamen, wonach wir weiter fahren konnten. Am Eingange des Hafens von Helsingoer mußte der Kapitän wider dieselbe Auskunft geben.

Im Hafen an der großen Treppe angelangt, wurden wir vollständig umzingelt von Frauen, welche Gemüse, Eier, Fische u. s. w. zu verkaufen hatten. Eine der Frauen nahm mich bei der Hand, streichelte mir mit ihren groben Handschuhen die Backen und sagte zum Kapitän: »er habe an mir einen hübschen, flinken Jungen, wo er seine Freude an haben werde.« Der Kapitän mußte darüber lachen, ließ die Frau aber in ihrem Wahn.

Uebrigens hatte dieselbe doch richtig spekuliert, denn als wir Nachmittags wieder abfahren wollten, kaufte der Kapitän seinen ganzen Bedarf an Erfrischungen von dieser Frau.

Als wir in dem bekannten Wirtshause ankamen, traf der Kapitän dort mehrere bekannte Kollegen, welche nach der ersten Begrüßung sich um den runden Tisch setzten, gut aßen und tranken, während dem der Commis des Hauses die sämtlichen Schiffe klarirte und den Zoll erlegte.

Gegen Abend kamen wir wieder an Bord und wußte ich dem Steuermann vieles von meinen Erlebnissen am Lande zu erzählen.

Den nächsten Morgen wurde der Anker gelichtet und wir segelten bei gutem Wind und Wetter den Sund durch, ohne ein festes Ziel, in die Ostsee hinein. Zwei Tage nach der Abfahrt von Helsingoer ankerten wir kontrairen Windes halber an der Westseite der Insel Bornholm. Da Ostern vor der Thüre stand (es war Karfreitag), kamen andern Tags verschiedene Böte von der Insel nach den Schiffen, um Eier, Fische ec. zu verkaufen. Da namentlich die Eier außergewöhnlich billig waren, so kaufte der Kapitän eine ganze Menge davon und stellte sie dem Koch zur Verfügung, um für die ganze Mannschaft in alt hergebrachterweise ein recht opulentes Ostermahl zu bereiten.

Am Ostermorgen nach dem üblichen Morgengebet wurde im Chorus das schöne Lied »Christus ist auferstanden« angestimmt und darauf, nachdem der Kapitän und Steuermann sich entfernt, gefrühstückt. Daß dieses Oster-Frühstück (Speck und Eier) ganz vorzüglich schmeckte und die Leute, so wie auch ich, nicht blöde waren zuzulangen, kann der Leser sich wohl denken, nicht aber, daß ich als Beigabe von einem der Matrosen eine tüchtige Ohrfeige bekam für meine vorlaute Bemerkung über seinen riesigen Appetit.

Zwei Tage nach Ostern ging der Wind nach West und die ganze dort versammelte Flotte machte Anstalten, die Anker zu lichten. Unter Gesängen der Matrosen wurden die Segel beigesetzt, um die Nordspitze der Insel Bornholm gesteuert, die kleine Inselgruppe Erdholmen links liegen lassend, die Fahrt in der Ostsee fortgesetzt.

Nach einigen Tagen kam die niedrige Lieflandische Küste, und bald darauf die Stadt Libau in Sicht. – Da wir, wie vorhin bemerkt, kein festes Ziel hatten, sondern auf »gut Glück« eine Fracht suchten, beschloß der Kapitän zuerst Libau[17] anzulaufen. In der Nähe des Hafens angekommen, kam ein Lootsenboot heraus, übergab uns einen Lootsen und der Kapitän fuhr mit dem Lootsenboot ans Land. Nachmittags wurde vom Leuchtthurm ein Signal gegeben, worauf wir unter Führung des Lootsen in den Hafen von Libau einsegelten.

Diese Stadt, jetzt ein ganz bedeutender Handelsplatz mit einem schönen geräumigen Hafen für die tiefgehendsten Schiffe, war d. Z. eine kaum 4 000 Einwohner zählende Stadt mit einem Hafen, worin 20 Schiffe, wie das unsrige, kaum Platz gefunden hätten.

Der Kapitän teilte uns dann mit, daß wir dort eine Ladung Gerste einzunehmen hätten und damit nach Schiedam befrachtet wären. Nun wurde gleich des andern Tags Anstalt getroffen, den Ballast zu löschen und den Raum für die einzunehmende Ladung fertig zu machen, wobei alle Hände vollauf zu thun hatten und auch ich mit herangezogen wurde. Ich konnte als nicht, wie ich gewünscht, die Stadt durchstreifen, um das Leben und Treiben der russischen und sonstigen Einwohner zu beobachten.

Eines Tags, nachdem ich eben den Mittagstisch in der Kajüte abgeräumt hatte, lief ein kleines Dampfschiff, von Stettin kommend, in den Hafen ein. Da zu der Zeit ein Seedampfer noch eine große Seltenheit war, so kann der Leser sich leicht denken, daß die Einwohner der Stadt scharenweise nach dem Hafen wanderten, um dieses Wunderschiff in Augenschein zu nehmen. – Auch ich konnte meine Neu- oder vielmehr Wißbegierde nicht überwinden. Nachdem ich die Schüssel und Teller dem Koch zum Reinigen abgeliefert hatte, lief auch ich hin, dieses Schiff in nächster Nähe zu besehen und zu bewundern.

Als ich nach einiger Zeit wieder auf unser Schiff zurück kam, wurde ich vom Koch mit einigen Ohrfeigen begrüßt und beauftragt, eiligst das Eßgeschirr in die Kajüte zu bringen. Ich nahm schnell Schüssel und Teller ec. auf den Arm, schreite nach dem Kajüten-Eingang, trete wie gewöhnlich, ohne vorher hinzusehen, auf die sonst dort befindliche Treppe, und stürze, da die Treppe nicht am Platze, mit dem Geschirre im Arm, durch die unter der Treppe befindliche offene Luke, 15 – 16 Fuß tief in die sogenannte Piek[18].

Während meiner Abwesenheit (nach dem Dampfer) war der Zimmermann mit noch einem Mann in den hintern Raum (Piek) beordert, um das Garnier dort fertig zu machen und mit Matten auszuschlagen, hatten also, um besser sehen zu können, die Kajütentreppe weggenommen und die darunter befindliche Luke abgenommen und offen gelegt.

Ich war also oben vom Deck durch die offene Luke gestürzt und lag mitsamt den Scherben zwischen den beiden Leuten und deren Gerätschaften.

Daß ich als 13jähriger Knabe fürchterlich schrie, ist erklärlich; daß ich aber bei einem Fall aus solcher Höhe, dazu mit den Schüsseln und Tellern im Arm ohne schwere Verletzungen geblieben bin, ist fast als ein Wunder zu betrachten. – Als die Leute mich nach Mitschiffs unter die große Luke getragen hatten, wo ich untersucht wurde, stellte sich heraus, daß ich nur einige Hautabschürfungen bekommen und aus Nase und Mund etwas blutete, was aber bald aufhörte. Des andern Tags hatte ich zwar noch Schmerzen im Beine und Arme, war aber sonst guter Dinge, so daß ich das ganze bald vergessen hatte, und nur noch bedauerte, daß alle die schönen Schüsseln zerbrochen waren.

3. Kapitel.
Weitere Seereisen. Cholera in Riga. Meuterei an Bord.

Nachdem wir unsere Ladung eingenommen, verließen wir Libau und kamen nach etwa 20tägiger Reise, ohne etwas Bemerkenswertes erlebt zu haben, in Schiedam[19] an. Seit meiner Abreise vom Hause hatte ich nichts wieder von meiner Familie gehört und war nun nicht wenig froh, als der Kapitän mir einen Brief von meinen Schwestern überreichte. Diese schrieben, daß sie sehr viele Sorge um mich gehabt, weil im Frühjahr mehrere schwere Stürme gewütet hätten und ich jedenfalls mehrmals in Lebensgefahr gewesen sei. Sie hätten aber fleißig für mich gebetet und hofften somit auch, daß ich ihren Brief gesund und wohl erhalten werde. – Nachdem sie mir dann noch einiges von Hause mitteilten, bemerkten sie schließlich: »wenn mir das Seeleben nicht gefiele, solle ich ruhig wieder nach Hause kommen, womit sie alle einverstanden.«

»Diese schwesterliche Teilnahme«, schrieb ich zurück, »thäte meinem Herzen wohl, aber auf die letzte Bemerkung müsse ich erwidern, daß ich nie von der Seefahrt zurücktreten würde, nicht allein deshalb, weil der Seemann mehr verdiene, als auch weil man Länder und Völker kennen lerne und besonders noch, weil man auf See das Großartige der Schöpfung und die Allmacht Gottes bewundern könne und müsse.«

Während in Schiedam die Ladung gelöscht wurde, nahm der Kapitän mich einige Male mit nach Rotterdam, wo wir per Omnibus hinfuhren. Während der Kapitän dann die Börse besuchte und sonstige Geschäfte abmachte, durfte ich mich in der Stadt und am Hafen umsehen, wenn ich mich nur zur rechten Zeit wieder beim Wagen einfand.

Im Hafen von Rotterdam lagen verschiedene große Ostindienfahrer[20], die sämtlich abgetakelt[21] waren. Da ich mir den Grund nicht erklären konnte, fragte ich einen am Hafen spazierenden alten Herrn, – der sich auch die Schiffe ansah, – aus welcher Ursache die Schiffe stillägen. Der Herr war sehr artig und erwiderte, daß dieselben in Folge des Krieges zwischen Holland und Belgien nicht fahren dürften, weil sie befürchten müßten, von den Engländern, welche mit den Franzosen für Belgien Partei genommen, aufgebracht und möglicher Weise als gute Prise verkauft zu werden. Ich bemerkte darauf, daß ein solches Verfahren, nach meiner Ansicht, doch ungerechtfertigt von den Engländern sei, weil diese ja nur friedliche Handelsschiffe seien. »Du hast Recht mein Junge, aber die Engländer sind in dieser Beziehung nicht so gewissenhaft und fischen gerne im Trüben.« Da ich dieses nicht verstand und weitere Fragen stellen wollte, sagte er: »Du scheinst mir ein recht wißbegieriger Junge zu sein, aber noch zu jung um dieses zu verstehen«; reichte mir die Hand und entfernte sich.

Auf unserer Zurückfahrt erzählte ich dem Kapitän diese Unterredung mit dem alten Herrn, worauf derselbe bemerkte, daß er der Ansicht des Herrn betreffs der Engländer in jeder Weise beipflichte.

Der Kapitän hatte inzwischen eine Fracht angenommen von Riga nach Rotterdam und als wir unsern Ballast u. s. w. eingenommen hatten, traten wir die Reise nach Riga an.

Diese Reise, in der schönsten Jahreszeit, wurde vom Wind und Wetter begünstigt und nach 8 Tagen warfen wir wieder Anker auf der Rhede von Helsingoer. Der Kapitän fuhr wieder ans Land zu klariren[22] und kam Nachmittags mit einem ganz traurigen Gesichte wieder an Bord. Auf die Frage des Steuermanns, ob ihm nicht wohl sei, erwiderte er: »Denken Sie sich, in Riga ist die Pest[23] ausgebrochen!« – Als die Leute dieses hörten, fuhr ihnen, so wie auch mir der Schrecken in alle Glieder, und der Koch, ein geborner Holländer, sagte mit einem ganz verdutzten Gesicht: »Wel Jongens, dat ziet er donker uit.«[24] – Wenn das Schiff nicht befrachtet gewesen, dann hätte der Kapitän jedenfalls einen andern Hafen aufgesucht, so aber mußten wir uns in das Unvermeidliche fügen. –

Ohne jedweden Laut wurde der Anker gelichtet, die Segel beigesetzt und nach etwa 8 Tagen liefen wir in Boldera, (Vorhafen von Riga) ein. Die uns dort klarirenden Beamten teilten uns

Ansicht der russischen Hafenstadt Riga.

mit, daß nicht die Pest, sondern die asiatische Cholera in Riga grassire, aber seit einigen Tagen im Abnehmen begriffen sei. Diese Worte richteten in etwas unsere Gemüter wieder auf und wir segelten, Gott vertrauend, nach Riga hinauf.

Wenn nun diese heimtückische Krankheit auch etwas im Abnehmen war, so wütete sie immer noch schlimm genug; denn täglich fuhren einige Frachtwagen mit Leichen aus der Stadt kommend über die Dünabrücke nach dem Kirchhof auf den Holmen, wo die Leichen in ein gemeinschaftliches Grab (Kalkgrube) ohne jedwede Ceremonie, versenkt wurden. Auch die Mannschaften der im Hafen liegenden Schiffe wurden stark mitgenommen, denn selten verging ein Tag, daß nicht einige Schiffe die Flagge halb Stock wehen hatten, ein Zeichen, daß eine Leiche an Bord sei.

Obgleich es von der Polizei vorgeschrieben, die Leute nur in Geschäften und nicht zu ihrem Vergnügen ans Land gehen zu lassen, so wurde diese Vorschrift doch wenig beachtet; denn jeden Abend zogen viele Seeleute singend nach den Tanzlokalen auf den Holmen, um bei Gesang, Tanz und einem starken Grog ihre Furcht vor der Cholera zu vertreiben.

Obgleich der Tod in der Stadt sowohl wie auf den Schiffen eine reiche Ernte hielt, gingen die Geschäfte doch ihren geregelten Gang; nur ab und zu wurde das Laden oder Löschen eines Schiffes auf kurze Zeit eingestellt, um die Leiche eines Kameraden, mit dem sie vielleicht an dem vorhergegangenen Abend noch gezecht, auf den Leichenwagen zu bringen.

Nach reichlich 14tägigem Aufenthalt hatten wir unsere Ladung ein und machten uns fertig, des folgenden Tags abzusegeln. – Als wir Abends vor unserer Abfahrt alle gemütlich auf dem Hinterdeck beisammen saßen und uns freuten, daß die heimtückische Krankheit Niemanden aus unserer Mitte gerissen hatte und einige sogar meinten, unsere anfänglich gehabte Furcht sei doch etwas übertrieben gewesen, kommt der Koch und bittet den Steuermann, er möge ihm einen starken Bittern geben, weil er sich nicht recht wohl fühle im Leibe und glaube, er habe den Mittag zu viel Schnittbohnen gegessen. Während der Steuermann ihm den gewünschten Schnaps holte, neckten ihn die andern und meinten, er habe dies nur gesagt, um einen Schnaps zu bekommen, den er bekanntlich gerne trank. Als er seinen Bittern getrunken hatte, legte er sich zu Bett, und auch wir verfügten uns einer nach dem andern in unsere Koje.

Etwa gegen 2 Uhr Nachts wacht der Steuermann auf und hört jemand im Roof schwer stöhnen und würgen; geht hinein und findet den Koch auf dem Boden liegen, sich krümmend vor Leibschmerzen. Der Steuermann, noch nicht ahnend, daß es vielleicht die Cholera sei, welche den Koch befallen, weckt doch aus Vorsicht den Kapitän. Dieser, die gefährliche Lage gleich erkennend, giebt dem Koch die von einem Doktor bei unserer Ankunft für einen eventuellen Cholerafall verordneten Pillen, kleidet sich an und eilt in die Stadt, um einen Doktor zu holen.

Die dem Koch eingegebenen Pillen thaten leider nicht die gewünschte Wirkung und als der Kapitän mit dem Doktor zurück kam, lag derselbe bereits in heftigen Krämpfen.

Der Arzt verordnete, den Kranken unverzüglich ins Hospital zu bringen, was auch sofort mittelst einer Droschke geschah. – Gegen 7 Uhr ging der Steuermann nach dem Hospital, sich nach dem Kranken zu erkundigen, brachte aber die Trauerbotschaft mit, daß derselbe leider bereits vor einer halben Stunde gestorben sei. –

Diese traurige Nachricht wirkte furchtbar niederdrückend auf unsere Gemüter und alle verlangten sehr darnach von der Stadt fortzukommen.

Der Kapitän war um 9 Uhr Morgens nach dem Hospital gefahren, um mit dem Inspektor über die Beerdigung des Kochs zu sprechen, hörte aber zu seinem nicht geringen Erstaunen, daß derselbe schon vor einer Stunde, mit noch 5 andern Leichen hinaus gefahren worden und in der üblichen Weise, d. h. in der Kalkgrube beerdigt sei.

Erst nachdem wir wieder auf offener See waren, konnten wir im allgemeinen wieder frei aufatmen; nur unser Zimmermann konnte den Schrecken und die Furcht nicht überwinden und setzte sich fest in den Kopf, daß er auf der Reise dem Koch nachfolgen werde, was aber, Gott sei gedankt, nicht zutraf.

Trotz der besten Jahreszeit hatten wir auf der Reise viel stürmisches Wetter und Gegenwind, infolge dessen wir einige Tage schutzsuchend in Norwegen einliefen. – Hier an der Küste hat man Gelegenheit, den kühnen Mut und die Entschlossenheit der norwegischen Lootsen zu bewundern, welche beim schwersten Wetter mit ihren kleinen Segeljollen hinaus kreuzen, um gegen verhältnismäßig geringen Verdienst die schutzsuchenden Schiffe in einen sichern Hafen zu bringen.

Als wir uns der Küste näherten, kam ungeachtet des schweren Wetters eine solche Jolle auf uns zu und boten die Insassen ihre Dienste an. Nachdem der Kapitän über das Lootsgeld mit ihnen einig, riefen sie, wir möchten ihnen ein Tauende zuwerfen, weil die Jolle des hohen Seegangs wegen nicht an unsere Seite legen konnte, ohne vielleicht beschädigt zu werden.

Das zugeworfene Tau schlang sich einer der Insassen um den Leib, sprang darauf ins Meer und wurde von unsern Leuten an Bord unseres Schiffes gezogen. – Nachdem er ein paar Worte mit dem Kapitän gesprochen, nahm er das Kommando, stellte sich ans Ruder und steuerte das Schiff zwischen den Außenklippen durch in den kleinen Hafen Hellesund.

Kaum vor Anker, kam ein Fischer angefahren und bot Fische und lebende Hummer zum Verkauf an. Aus Neugierde und um besser besehen zu können, nahm ich eine Hummer in die Hand, aber ehe ich mich versah, hatte dieselbe mit einer ihrer Scheeren meinen Daumen erfaßt und kniff denselben so, daß ich laut aufschrie, bis ich durch einen der Matrosen erlöst wurde.

Als nach zwei Tagen Wind und Wetter sich geändert, brachte derselbe Lootse uns wieder nach See. – Einige Tage nachher trafen wir in der Nordsee mit einer englischen Fischerflotte zusammen, von der wir gegen einige Flaschen Branntwein eine ganze Menge der delikatesten Fische eintauschten.

Obschon ich seit dem Tode des Kochs als wirklicher Kajütenwächter angestellt war, wurde ich dennoch vom Kapitän und Steuermann gewissermaßen als Kind behandelt und bekam für vorkommende Unordentlichkeiten oder Nachlässigkeiten – nicht wie es damals noch üblich war,

Der Lootse geht bei schwerem Wetter an Bord. Holzstich nach einer Zeichnung von Ferdinand Lindner, 1895.

Schläge – nur Verweise und ernste Ermahnungen. Dagegen bekam ich wohl ab und zu – wenn die Officire nicht zugegen waren – eine Ohrfeige oder einen Rippenstoß von einem oder andern der Matrosen, namentlich, wenn ich etwas vorlaut oder naseweis, besonders aber, wenn ich ihnen einen Schabernack spielte, wozu ich zuweilen reineweg gekniffen wurde, wovon nachstehend eine Probe. Als wir nämlich oben bemerkte Fischerflotte passirt waren, bekamen wir des Nachmittags dichten Nebel und wurde einer der wachehabenden Matrosen mit dem Nebelhorn nach vorn geschickt, um, wie es allgemein Brauch, wenigstens alle halbe Minute einigemal zu blasen, damit die etwa entgegen kommenden Schiffe gewarnt wurden, um einer Collision vorzubeugen. – Der Kapitän war mit seiner Wache zu Bett und der Steuermann saß in seiner Cabine, um die täglichen Begebenheiten in das Schiffsjournal einzutragen. Die Neuheit dieses Signalisirens veranlaßte mich nach vorn zu gehen und den Mann zu ersuchen, mich auch einmal blasen zu lassen. Da meine Probe gut ausfiel, so erlaubte er mir weiter zu blasen; mittlerweile ging er in den Roof, sich eine Pfeife Tabak anzuzünden. Ich benutzte seine Abwesenheit und öffnete leise die Kappe des Vorlogis – wo zwei Matrosen schliefen – und blies mit voller Kraft in das Logis hinein. Im Nu waren beide an Deck, ertappten mich also auf frischer That und mit den Worten: »Nu will wi ook mal blasen«[25], ergriff der Eine ein Tauende und bekam ich mit demselben die Noten auf den Rücken geschrieben. Zum Glück hatte ich bei dem Nebel eine dicke Jacke angezogen, wodurch die Schläge weniger fühlbar wurden und ich das Schreien verbeißen konnte. Wenn der Steuermann während dieser Exekution an Deck gekommen, dann würde ich zweifelsohne für diesen dummen Streich von dem eine zweite Auflage bekommen haben.

Nach reichlich fünfwöchentlicher Reise kamen wir auf die Rhede von Helvoet, eine Stadt an der untern Maas, wo uns von der holländischen Behörde mitgeteilt wurde, daß alle von Rußland kommenden Schiffe eine 40tägige Quarantäne[26] abhalten mußten. Wir segelten dann mit noch mehr Schiffen unter Vorsegelung eines Lootsenboots und Kontrolle der Gesundheits-Behörde die Maas hinauf und ankerten auf dem uns angewiesenen Platz, in der Nähe von Willemstadt[27], von wo wir während der Quarantäne mit Lebensmitteln und sonstigen Bedürfnissen versehen wurden. Jeden Morgen fuhr nämlich ein Boot mit einem Wächter zwischen den Schiffen herum, nahm die verschiedenen Aufträge entgegen und brachte dann später die bestellten Sachen an Bord der Schiffe.

Die ersten 3 bis 4 Wochen unserer Quarantäne hatte die Mannschaft tüchtig zu arbeiten, denn die ganze Takelage wurde von Grund aus nachgesehen und ausgebessert, das Schiff selbst innen- und außenbords nachgesehen, kalfatert[28], später blank geschrappt und mit Farben und Firnissen angestrichen u. s. w., so daß es wie neu aussah.

Da nach dem Tode des Kochs der Sohn des Kapitäns provisorisch dessen Stelle einnahm, wurde ich, wie gesagt, als wirklicher Kajütenwächter angestellt mit sechs Gulden monatlicher Gage. Da ich während der Quarantäne nicht viel in der Kajüte und mit Bedienung des Kapitäns zu thun hatte, so benutzte ich die freie Zeit, meine wenigen Kräfte beim Ab- und Auftakeln zu

Kochsmaat beim Kartoffelschälen, Zeichnung von E. Plass.

wegen ihres strafwürdigen Betragens um Verzeihung zu bitten, die ihnen dann auch in Anbetracht ihrer frühern guten Führung nach vorheriger eindringlicher Ermahnung zu teil wurde.

Ohne weitere besondere Ereignisse kamen wir dann gegen Ende Mai in Rotterdam an.

Hier hatte ich nun öfters Gelegenheit, die großen Ostindienfahrer zu besehen, welche jetzt teilweise aufgetakelt wurden, um bald eine Reise nach Indien anzutreten.

Da der Krieg zwischen Holland und Belgien beendet, die Unabhängigkeit Belgiens zum Teil anerkannt war, brauchten die Holländer nicht mehr zu befürchten, von den Engländern molestirt, bzw. gekapert zu werden.

Der Kapitän eines dieser großen Schiffe, ein geborener Papenburger, welcher mit unserm Kapitän bekannt war, hatte diesen eines Tages auf sein Schiff eingeladen. Wie ich das hörte, bat ich um die Erlaubnis, mitgehen zu dürfen, um dieses große Schiff näher zu besehen, welches mir auch gewährt wurde.

O! wie war ich erstaunt, als ich meinen Fuß auf das weiß gescheuerte Deck setzte; alles so spiegelblank und neu gestrichen. Wie ganz anders war es hier, als bei uns an Bord; und nun noch die große Kajüte ganz aus Mahagoni-Holz, mit gepolsterten Möbeln; geräumige Zimmer für Passagiere und Steuerleute; kurz es war mir so überraschend, daß ich mich kaum satt daran sehen konnte und immer mehr stieg in mir die Sehnsucht und das Verlangen, daß auch ich recht bald auf einem solchen Schiffe fahren könnte. Als ich dieses Verlangen und den Wunsch gegen die beiden Kapitäne äußerte, erwiderten sie: »ich wäre jetzt noch zu klein und müsse erst so weit sein, daß ich als Leichtmatrose[31] fahren könne.« – Da ich unter der Mannschaft, welche wohl 30 Personen zählte, weder auf dem Deck, noch im Raum keinen solch kleinen Knirps, wie ich war, gesehen hatte, dachte ich, sie würden wohl recht haben, um so mehr, da selbst der Kajütenwächter ein großer, bärtiger Mann war und mit dem Namen Hofmeister angeredet wurde.

Beim Verlassen der Kajüte sagte der betreffende Kapitän zu mir: »So Junge, wenn Du gut und brav bleibst und mich über 2 oder 3 Jahre wieder antriffst, dann ist auf meinem Schiffe immer ein geeigneter Platz für Dich offen,« worüber ich mich sehr freute.

Die darauf folgende Nacht träumte ich nur von dem großen, schönen Ostindienfahrer und seinem freundlichen Kapitän.

Dieser Kapitän des Indienfahrers war, wie ich später in Erfahrung brachte, auch zuerst mit einem Papenburger Schiffe zur See gegangen, hatte dann nach einigen Jahren auf holländischen Schiffen Dienste genommen und wenngleich nur mit geringen Schulkenntnissen ausgerüstet, es durch Fleiß und unermüdliches Studium beim Besuch der Navigations-Schule mit seinem 25. Jahre so weit gebracht, daß er in Holland die Steuermanns-Prüfung bestand und ihm das Prädikat mit Auszeichnung erteilt wurde. Er habe dann zuerst als dritter Steuermann, darauf als zweiter Steuermann gefahren und sei zuletzt als Obersteuermann wegen seiner Tüchtigkeit, Ordnungsliebe und Handhabung einer strengen Disciplin sehr gesucht worden.

Schon in seinem 34. Lebensjahre sei ihm die Führung eines ziemlich großen Schiffes übertragen. – Zu der oben bemerkten Zeit war er etwa 45–46 Jahre alt, kommandirte einen der größten Indienfahrer und war in dieser Stellung als Kapitän ein sehr geachteter und beliebter Mann, nicht allein bei seinen Rhedern, sondern auch bei sämtlichen Kollegen, welche ihn unter Umständen gern um Rat fragten.

Inzwischen hatte unser Kapitän auch für weitere Beschäftigung des Schiffes gesorgt und eine Reise nach Archangel[32] angenommen. – Der bisherige Steuermann (Sohn des Kapitäns) war nach Hause berufen, um als Kapitän ein neues Schiff anzutreten. Sein Nachfolger war ein bejahrter, mürrischer Mann, wodurch die frühere Gemütlichkeit an Bord viel einbüßte. Wenn derselbe nämlich mit den Matrosen Differenzen gehabt hatte, dann mußte ich in der Regel das Bad kühlen und bekam unschuldigerweise Schelten und mitunter sogar Prügel. Da dem Kapitän diese Handlungsweise im höchsten Grade zuwider war, stellte er den Steuermann darüber zur Rede und untersagte ihm dieses rohe Benehmen.

Die Routen der Reisen von Hermann Sandmann 1831 bis 1834. (Zeichnung von H. Peineke, Papenburg)

Als das Schiff für diese Reise wieder fertig war, liefen wir mit erster Gelegenheit in See und nach einer 14tägigen Fahrt befanden wir uns in der Nähe des Nordkaps, wo ich zum ersten Mal die Mitternachtssonne beobachten konnte.

Die Luft war hell und klar und majestätisch schön bewegte sich die Sonne langsam, eine Zeit lang mit dem untern Rande den Horizont berührend, vorwärts und stieg nach einer halben Stunde allmählich wieder in die Höhe. Es war ein erhabenes Schauspiel und wurde noch um so prachtvoller dadurch, daß wir zugleich mit der Mitternachtssonne die gegenüber liegende norwegische Küste sahen, deren hohen Berge mit Schnee bedeckt, von den Sonnenstrahlen silberglänzend beleuchtet, einen herrlichen Anblick darboten. – Etwa 10 Tage lang hatten wir ununterbrochen Tag, und verschwand die Sonne erst wieder auf kurze Zeit, als wir uns dem weißen Meere näherten. Einige Tage später erreichten wir den Hafen von Archangel.

Obgleich die Sonne hier schon ungefähr 1 Stunde um Mitternacht verschwand, trat doch nur eine leichte Dämmerung ein, so daß, wenn erforderlich, die Nacht durchgearbeitet werden konnte.

Wenngleich die Sonne hier um Mittag nicht hoch steht, so herrscht doch namentlich bei Südwind eine tropische Wärme. Zu solchen Zeiten wird dann gewöhnlich die Nacht durchgearbeitet und um die Mittagszeit einige Stunden geschlafen, wobei man aber Hände und Gesicht gut verdecken muß, um nicht von den vielen Mosquitos belästigt zu werden.

Gegen Abend sieht man viele Böte, mit Frauen und Männern besetzt, den Fluß hinunter fahren, um die Nacht über den Holzungen am untern Flußufer zu arbeiten. Diese Leute, welche von Natur mit Gesang begabt sind, singen während der Fahrt hinab die schönsten melodischen Lieder, die übers Wasser hinüberschallen und herrlich anzuhören sind.

Wir nahmen hier eine Ladung Roggen ein, welche in einem großen Flußschiffe, Struse genannt, an die Seite unseres Schiffes gebracht wurde. Diese Flußschiffe, oben auf der Dwina im Winter auf dem Eise gebaut, werden mit den Landesprodukten beladen und treiben beim Aufbrechen des Eises den Fluß hinunter, kommen aber der fortwährenden Abströmung wegen nicht wieder herauf und werden nach einigen Jahren, wenn sie als Lagerschiffe nicht mehr zu gebrauchen sind, in der Nähe von Archangel abgebrochen.

Die Rückreise von Archangel nach Rotterdam, (welche lange, sieben Wochen, dauerte), ging anfangs gut von statten. Als wir aber das Nordkap umschifft, hatten wir fast fortwährend kontrairen Wind und stürmisches Wetter, so daß das tiefbeladene Schiff mitunter ganz unter Wasser lag, hielt sich aber zu unserer Beruhigung dicht und gut. – Diese Herbststürme setzen gewöhnlich von Süd-West ein und wenn sie ihre Höhe erreicht haben, springen sie in einer starken Regenböe auf Nord-West und klären dann die Luft in Zeit von einer halben Stunde gänzlich ab und bringen auf einen Tag, oder mehr, gutes Wetter. Zur Nachtzeit sieht man dann das in allen Farben spielende Nordlicht, welches einen prachtvollen Anblick gewährt.

Als wir wieder in Rotterdam angekommen waren und die Ladung gelöscht hatten, wurde Schiff und hauptsächlich die Takelage, welche auf der Reise sehr gelitten, nachgesehen und ausgebessert. Als auch der Monat November schon zur Hälfte verstrichen war, beschloß der Kapitän auf Wunsch des Rheders das Schiff in Winterlager zu legen. Die ganze Mannschaft wurde entlassen und abgelöhnt. Auch ich bekam meine Abrechnung mit 60 Gulden bar, nebst 6 Gulden Reisegeld.

Die ganze Mannschaft, mit Ausnahme des alten Steuermanns, verheuerte sich gleich nach der Ablöhnung auf verschiedenen anderen Schiffen, um den Winter über in gutem Verdienst zu bleiben. Auch ich hatte große Lust, mich auf ein holländisches Schiff als Decksjunge oder auch als Kajütenwächter zu verheuern, wurde aber von meinem Kapitän entschieden davon zurückgehalten, weil er sich meinem Vormund gegenüber verpflichtet hatte, dafür zu sorgen, daß ich bei einer etwaigen Entlassung von seinem Schiffe wieder nach Hause befördert würde. Infolge dessen reiste ich also mit meinem Kapitän nach Hause, wo ich von meinen Schwestern, wie von sämtlichen Angehörigen ganz liebevoll empfangen wurde. Alle drückten ihre Verwunderung aus, daß ich mich in den zwei Jahren zu einem kräftigen Knaben entwickelt hatte.

Den Winter über besuchte ich wieder die Privatschule, wo ich außer in den gewöhnlichen Fächern auch im Englischen und Französischen etwas unterrichtet wurde, so daß ich mich später durch Selbstübung darin ausbilden konnte.

Zum Frühjahr verheuerte ich mich auf ein hiesiges aber viel kleineres Schiff, als das frühere, als Koch und Junge für 10 Gulden monatlich. Da mir schon gleich beim Antritt meines Dienstes diese Doppelstellung durchaus nicht zusagte, so erbat ich und erhielt nach einer beendeten Reise nach der Ostsee meine Entlassung in Amsterdam.

Schon am zweiten Tage nach meiner Entlassung erhielt ich eine mir zusagende Stellung als Decksjunge auf einem holländischen Schooner[33], welcher nach Norwegen in Ladung lag und von da mit Stockfisch nach Triest befrachtet war. Auf dieser Reise nach Triest wurden wir in der Nordsee eines Nachts von einem englischen Schooner angesegelt. Das Wetter war z. Zt. stürmisch aus S.-W. mit Regen, folglich wenig Gesichtsweite. Wir hatten grade unsere Segel dicht gereeft, als der Mann auf dem Ausguck rief: »Schiff in Lee voraus!« Im Nu wurde unserseits eine Laterne gezeigt, auch da das entgegenkommende Schiff schon dicht an uns heran gekom-

Seeleute in Amsterdam.

men war, ihm durchs Sprachrohr zugerufen, sein Ruder hart Backbord zu legen. Ob die Leute auf dem andern Schiffe uns nicht bemerkt, oder das Schiff bei der geringen Fahrt unter Sturmsegel dem Ruder nicht so schnell gehorchte, weiß ich nicht; genug, im nächsten Augenblick prallte daßelbe mit einem fürchterlichen Gekrach gegen uns an, wobei sein gebrochenes Bugspriet[34] mit einem Teil seiner Vordertakelage über unserm Schiffe baumelte. In diesem Augenblicke wurde, unter derbem Fluchen des Engländers, dessen Topsegel back geholt, wonach das Schiff, - nachdem es durch die Bewegung der See noch einmal gegen uns geschleudert war, an unserm Heck vorübertrieb. – Da wir nach Lage der Sache befürchten mußten, daß unser Schiff ein schweres Leck bekommen, wurde schnell möglichst über den andern Bug gelegt, um das event. Leck über Wasser zu bekommen und zu verstopfen. Glücklicherweise stellte sich bei Tagesanbruch heraus, daß unser Schiff nur über Wasser beschädigt, also nicht schwer leck geworden und daß der erlittene Schaden durch an Bord befindliches Material provisorisch wieder hergestellt werden konnte, mithin wir keinen Nothafen aufzusuchen brauchten. – Ohne weitere Ereignisse kamen wir nach einer etwa 60tägigen Reise in Triest an und segelten von da mit Oel, Wein und Südfrüchten nach Amsterdam zurück.

In Amsterdam angekommen und abgemustert, erkundigte ich mich beim Wasserschaut[35] in Rotterdam nach dem vorhin erwähnten Ostindienfahrer mit dem Papenburger Kapitän und mußte zu meinem größten Bedauern erfahren, daß derselbe vor etwa 3 Monaten nach Ostindien abgefahren sei; ich mußte also meine Hoffnung, auf diesem Schiffe in Stellung zu kommen, aufgeben.

Nachdem ich einige Wochen im Quartier (sogenannte Schlafstelle) gelegen und meine wenigen Ersparnisse auf die Neige gingen, erhielt ich nach vieler Bemühung eine Heuer als Leichtmatrose, nicht auf einem Ost- sondern auf einem großen Westindienfahrer und teilte dieses freudig erregt meinen Schwestern und meinem Vormund mit. Ich erhielt umgehend von meinen Schwestern einen langen, recht liebevollen Brief, worin sie mich unter anderm baten, mein

Im Logis eines Seglers.

Vorhaben aufzugeben und nach Hause zu kommen, weil sie sonst meinetwegen stets in Angst und Sorge sein müßten. Der Vormund schrieb, daß er meine Handlungsweise und mein Vorhaben durchaus nicht billige und deshalb wünsche, daß ich unverzüglich davon zurücktrete und nach Hause komme, denn in meinem jugendlichen Alter könne es leicht möglich sein, daß ich auf einem solchen Schiffe »an Leib und Seele verdorben würde«. Da ihm bekannt, daß ich einige Wochen im Quartier gelegen, fügte er noch hinzu, wenn ich vielleicht Schulden und kein Geld zur Reise habe, möge ich umgehend berichten, damit er mir das Benötigte einschicke. Ich dankte ihm für diesen guten Willen, bemerkte aber auch zugleich, daß ich bereits angemustert sei, folglich nicht mehr freie Hand habe, zurückzutreten. Was aber seine Bemerkung, »ich könne leicht an Leib und Seele verdorben werden«, anbetreffe, darüber brauche er, wie meine ganze Familie sich keine Sorge zu machen und hoffe ich zu Gott, sie bald vom Gegenteil zu überzeugen, indem ich stets nur von dem Gedanken geleitet werde, mich zu einem tüchtigen Seemann heranzubilden, um demnächst, so Gott will, auch die verantwortliche Stellung eines Kapitäns voll und ganz ausfüllen zu können.

Bei der Anmusterung[36] bekam jeder von uns 2 Monats-Gage vorausbezahlt. Ich bekam also 32 Gulden, kaufte für 20 Gulden Kleidungsstücke und ging mit dem Rest zum Schlafbaas, meine Schuld bei ihm zu begleichen. Da dieser kleine Ueberschuß nicht hinreichte, mußte ich für das daran Fehlende einen Schuldschein unterschreiben, damit der Wirt, falls ich in Westindien stürbe, oder auf der Reise verunglücke, den Betrag von meinem Vormund einziehen könne.[37]

Am zweiten Morgen nach der Anmusterung war die sogenannte freie Zeit abgelaufen und wie verabredet, versammelten wir uns 8 Uhr morgens bei der »nieuwen Stads-Herberge«, um gemeinschaftlich an Bord zu fahren und unsern Dienst anzutreten. – Der Obersteuermann empfing uns bei der Fallrepstreppe[38], fragte jeden nach seinem Namen und seiner Stellung, worin angemustert, und notirte sich diese Angaben in seinem Notizbuch.

Das Schiff führte den Namen »Diligentia«, war an die 400 Lasten groß und hatte eine Besatzung, inclusive der Offiziere, von 26 Mann, wovon unsere 18 vorn unter dem großen sogenannten Back das Logis hatten. Den Tag unseres an Bordkommens hatten wir keinen Dienst, konnten unsere Sachen auspacken, die Hängematten aufschlagen und uns auf dem Schiffe überall umsehen, um uns zu orientieren.

Nachdem der Rest der Ladung an Bord, Proviant und Wasser eingenommen war, wurde das laufende Tauwerk eingeschoren[39] und die Segel angeschlagen[40]. Bei dieser Arbeit konnte ich so recht zeigen, daß ich in Schiffsarbeiten nicht unerfahren und wurde dieserhalb vom Bootsmann[41] gelobt, mit der Hinzufügung: »er werde bald einen tüchtigen Matrosen an mir haben.« – Der Kapitän, welcher bis dahin am Lande geblieben, um die Papiere und sonstige Angelegenheiten zu ordnen, kam nun auch an Bord und bald darauf wurden die Taue, womit das Schiff von hinten an den »Duc-d'Alben« befestigt war, los gemacht, die Anker gelichtet und das Schiff mittelst Gangspill[42], unter fröhlichem Gesang der Matrosen, über den »Y«-Fluß gehievt, nach der Einfahrt des nordholländischen Kanals, wo 8 Pferde bereit standen, nun daßelbe durch den Kanal nach Nieuwediep zu ziehen, welche Tour zwei volle Tage in Anspruch nahm.

Einige Tage nachher, als der Wind günstig war, kam der Lootse an Bord und brachte das Schiff in See. Wir fuhren bei günstigem Winde durch den englischen Kanal, arbeiteten uns bei veränderlichem Winde durch den atlantischen Ocean, passirten Madeira und die kanarischen Inseln in der Nähe und erreichten nach etwa 25tägiger Fahrt den Nordostpassat (so benannt nach dem in dieser Region vorherrschenden beständigen Ostwind bei fast immer schönem Wetter). Das tiefblaue, nur wenig bewegte Meer mit den vielen um das Schiff herumspielenden Delphinen auf Jagd hinter den Scharen der fliegenden Fische*) gewährt Jedem, der diese Fahrt zum ersten Male macht, ein sehr interessantes Schauspiel. Die nicht übermäßige Hitze wurde durch die 12stündige Nacht in etwas abgekühlt; es blieb aber immer noch warm genug, um unter freiem Himmel auf Deck schlafen zu können.

Da das Meer, wie gesagt, nur leicht bewegt war, wurde unser Schiff innen- und außenbords neu angestrichen und liefen wir somit nach einiger Zeit im schönsten Putz in den Fluß Sürinam[43] ein.

Die Hafenstadt Paramaribo liegt ungefähr 4 deutsche Meilen oberhalb der Mündung, zum Teil längs des Flusses, an dessen Ufer einige Landungsbrücken liegen zur Bequemlichkeit der löschenden und ladenden Schiffe.

Sie ist ziemlich regelmäßig gebaut, hat mehrere große Gebäude und könnte für eine europäische Stadt durchgehen, wenn nicht die ziemlich starke Hitze und die Hunderte ja Tausende von Negern und Mulatten, (der Zeit fast ausnahmsweise Sklaven) daran erinnerten, daß man sich in einer tropischen Gegend befinde.

Als das Schiff an einer der sogenannten Werfte angelegt war, kam ein ganzes Dutzend Negerweiber, leicht in grelle Kattunkleider gekleidet, große Körbe mit Südfrüchten auf dem Kopfe, an Bord, um ihre Waare als: Bananen, Ananas, Orangen ec. in gebrochener holländischer Sprache feil zu bieten. Obschon wir, wie begreiflich, kein Geld in Händen hatten, gaben die Weiber uns gern auf Kredit, was uns veranlaßte, uns in diesen schönen Früchten recht bene zu thun.

Unter dem Begriff »Sklaven« hatte ich mir ein ganz anderes Bild entworfen, als wie ich es hier in Wirklichkeit fand.

Diese Sklaven hier, welche so zu sagen alle körperlichen Arbeiten in der Stadt, auf den Plantagen, sowie das Löschen und Laden der Güter bei den Schiffen besorgten, waren alle kräftige, gesunde Leute, arbeiteten in der Regel fleißig, ohne angetrieben zu werden und zeigten bei einigen gewissen Arbeiten eine große Gewandtheit und Geschicklichkeit. Bei der schwersten Arbeit wurde häufig gesungen und mehrmals sah ich, daß sie sich gegenseitig neckten und sehr vergnügt waren, ein Beweis, daß sie mit ihrem Los zufrieden. – Die sie begleitenden weißen Aufseher sprachen für gewöhnlich in freundlichem Ton mit ihnen und niemals habe ich gesehen, daß

---

*) Fliegende Fische, so groß wie ein ausgewachsener Hering, auch diesen an Gestalt ähnlich, haben eine außerordentlich lange Rückenflosse, welche sie befähigt, sich aus dem Wasser emporzuschnellen und seitwärts zum Winde dahinzuschweben, wodurch es den Anschein hat, als ob die Fische dahinflögen. Es geschieht dieses, um den sie verfolgenden Schweinefischen, die die Verfolgung unter Wasser bleibend fortsetzen, zu entgehen, was indessen nur selten gelingt. In dunkler Nacht fliegen sie öfters vereinzelt auf gerade im Wege befindliche kleine Schiffe, eine willkommene Beute der Mannschaft.

60tägiger Fahrt auf die Rhede von Montevideo. Obgleich dieses Schiff im Verhältnis zu dem frühern klein war, ging es wegen seiner scharfen Bauart verhältnismäßig tief und mußte infolge des seichten Hafens von Montevideo etwas weit hinaus ankern, um später, wenn ein Teil der Ladung gelöscht war, weiter hinein zu legen. Um keine Zeit zum Löschen zu verlieren, hatte der Kapitän mit dem Steuermann überlegt, diese Verlegung den nächsten Sonntagabend zur Zeit des hohen Wassers zu bewerkstelligen.

An diesem Sonntagmorgen erhielten wir 3 Kameraden Erlaubnis, ans Land fahren zu dürfen, jedoch mit der ausdrücklichen Bedingung, gegen 5 Uhr nachmittags wieder an Bord zu sein, um das Schiff zu verlegen.

Ans Land gekommen, besahen wir uns zunächst die Stadt, die schönen Kirchen u. s. w. und spazirten darauf eine Strecke aufs Land hinaus, wo wir von einem Deutschen, – der, als er hörte, daß wir platt miteinander sprachen, sich zu uns gesellte und sich anscheinend freute, Landsleute angetroffen zu haben, – herum geführt wurden. Auch wir freuten uns darüber, um so mehr, da er sehr unterhaltend, mehrere Jahre in dortiger Gegend gelebt hatte und uns recht Vieles über die dortigen Verhältnisse zu erzählen wußte. Nachmittags ging er mit uns zur Stadt zurück und lud uns ein, in einem ihm bekannten Wirtshause ein Glas Wein mit ihm zu trinken, was wir selbstredend acceptirten. Hier im Wirtshause erzählte er uns dann auch, daß er vor etwa 15 Jahren dort von einem englischen Schiffe desertirt sei, was ihn heute noch nicht gereue, trotzdem er das erste halbe Jahr in den Kampas[52] Schäfer gewesen sei, später aber viel Geld verdiente und alljährlich Geld in die Bank legen könne. Bei diesem Gespräch fragte er auch nach unserm Verdienst; und wir erzählten ihm treuherzig, daß wir bei einem Holländer an Bord und monatlich 20 Gulden verdienten. Dies, meinte er, wäre doch recht wenig für einen Matrosen, denn dort könne man jeden Tag als Matrose 20 Patacons[53] monatlich bekommen. – Er wolle diese Bemerkung nicht gemacht haben, als ob er uns zum Desertiren Veranlassung geben wolle, denn das läge ihm fern; aber er wolle diese Bemerkung nur gemacht haben, um zu zeigen, daß Arbeit eines Mannes hier bedeutend besser bezahlt werde als in Europa und deshalb dächte er auch nicht daran, je nach Europa zurück zu kehren. – Er führte uns dann noch in ein anderes Wirtshaus und ließ es sich nicht nehmen, das Verzehrte für uns zu bezahlen; obgleich wir dagegen protestirten, bestand er fest darauf und bemerkte: »Es mache ihm dieses unendlich viel Vergnügen!« Als wir wieder in das erste Wirtshaus zurück kamen und noch immer mehr trinken sollten, lehnten wir entschieden ab und bemerkten ihm, daß unser Urlaub abgelaufen und wir wieder an Bord fahren müßten. Er begleitete uns dann bis ans Boot, drückte nochmals seine Freude darüber aus, uns getroffen zu haben, wonach wir mit bestem Dank für die uns erwiesene Freundschaft Abschied nahmen und nach dem Schiffe abfuhren.

Als wir eine Strecke gefahren waren, sahen wir zu unserm Schrecken, daß das Schiff bereits verlegt und entdeckten, daß wir unsern Urlaub um mehr als eine Stunde überschritten hatten. – An Bord gekommen, wollten wir uns beim Steuermann entschuldigen; dieser erwiderte aber in furchtbar aufgeregter Stimmung: »Was ist das für eine Sache, ich habe mich mit den andern Leuten abquälen müssen und Ihr mißbraucht in solch impertinenter Weise mein Vertrauen! Wo bleibt da die Disciplin?«

Als der Schwede darauf erwidern wollte, schnitt der Steuermann ihm das Wort ab und sagte: »Da Ihr doch eigenmächtig handelt und den Befehl Eures Steuermannes nicht beachtet noch befolgt habt, so könnt Ihr meinetwegen auch nur gleich wieder ans Land fahren,« drehte sich um und ging in die Kajüte. – Da wir mit unserm vermeintlichen Freunde mehrere Flaschen schweren spanischen Wein getrunken, waren wir, wie man sich denken kann, bei einem solchen Empfang nicht weniger aufgeregt, wie der Steuermann. Wir sahen uns einander an und der Schwede bemerkte: »Wenn wir hier vom Steuermann wie Jungens behandelt werden, dann ist es besser, wir befolgen seinen Rat und fahren wieder ans Land, denn noch ist das Boot hier!« – Obgleich ich eigentlich keine Lust dazu hatte, wurde ich mit Hinweis auf unser gegenseitiges

Versprechen in Amsterdam dazu überredet, und wir fuhren mit dem Boot, das uns hergebracht hatte, wieder ans Land, um unsern neuen Freund wieder aufzusuchen. Im Wirtshause wieder angelangt, kam derselbe gleich auf uns zu und fragte nach der Ursache unseres Zurückkommens. Als wir ihm den Vorfall erzählt hatten, bemerkte er: »Nein, so etwas dürft Ihr Euch nicht bieten lassen« und bestärkte uns in unserer Ansicht betreffs der schlechten Behandlung seitens des Steuermanns. Er forderte uns dann auf, unsern Aerger in einer Flasche Wein zu ersäufen, was wir auch gerne thaten. Der Wein erhitzte unsere Köpfe immer noch mehr und nach einiger Zeit reichten wir uns die Hände und beschlossen, nicht wieder an Bord zu gehen.

Unser neuer Freund schien recht teilnehmend und bemerkte: »Leute, Ihr müßt selbst wissen, was Ihr wollt, aber es gefällt mir doch, daß Ihr Männer seid, die Energie besitzen! Aber was wollt Ihr denn jetzt machen, nachdem Ihr diesen Beschluß gefaßt, der, wie es mir scheint, fest steht? Hier in der Stadt zu bleiben ist kein Plan, denn Morgen früh 9 Uhr wird Euch die Polizei schon beim Kragen haben und Euch entweder an Bord, oder auch ins Gefängnis abliefern; das Beste wäre am Ende, noch heute Abend aufzubrechen nach den Kampas, d. h. aufs Land, wo Ihr dann morgen möglicher Weise, ja sehr wahrscheinlich, eine Stellung als Schäfer erhalten werdet.« – Der Gedanke, ins Gefängnis wandern oder Schäfer werden, war für mich schrecklich, und ich bedauerte sehr, daß ich mich hatte verleiten lassen; aber ich hatte mein Wort gegeben.

Der Wirt, der uns selbst bediente, redete nun in spanischer Sprache mit unserm neuen Freunde, wonach dieser uns mitteilte, daß der Wirt ihm soeben gesagt, daß auf der Außenrhede eine spanische Bark[54] fertig läge zum Absegeln nach Valparaiso und noch einige Leute brauche; vielleicht könnten wir da an Bord kommen und würden dann statt 20 Gulden 20 spanische Dollars monatlich bekommen. Der Schwede meinte, diese Gelegenheit müßten wir benutzen, denn zum Schäfer spielen habe auch er keine Lust; die Frage wäre nur, wie bekommen wir unsere Kleider? denn eine Reise ums »Kap Horn«[55] bei dieser Jahreszeit ist, wie ich aus Erfahrung weiß, keine Sommerspritztour, die man nötigenfalls im baumwollenen Hemd und Hose machen kann. – Ueber Nacht an Bord des holländischen Schiffes fahren und unsere Sachen in der Stille wegholen, würde nicht gehen, denn der Matrose, der die Wache habe, würde jedenfalls Alarm machen und dann wäre das Letzte noch schlimmer wie das Erste! – Unser Freund, der uns beratend zur Seite stand, riet auch entschieden von solchem Versuch ab, erbot sich aber, wenn wir uns entschlössen, auf das spanische Schiff zu gehen, uns gerne etwas Geld vorzuschießen, um das Notwendigste anschaffen zu können. Da wir zögerten, dieses großmütige Anerbieten anzunehmen und nochmals auf unsere Kleider an Bord zurück kamen, bemerkte er: »daß wir ja auf dem spanischen Schiffe in einem Monat mehr verdienten wie sonst in drei, und so wäre der Verlust unserer Sachen bald ersetzt. Was seine Auslagen für uns beträfe, so könnten wir, wenn wir uns über kurz oder lang wieder träfen, regulieren, und wenn nicht, dann mache es ihm Vergnügen, seinen Landsleuten einmal einen Dienst erweisen zu können, denn seine Mittel erlaubten ihm solches!« – Als wir darauf seine Offerte dankend angenommen, gingen wir zusammen nach einem Kleiderhändler und jeder von uns bekam einen Arbeitsanzug im Wert von 5 – 6 Patagons. Das weiter Benötigte könnten wir, meinte er, vom Kapitän bekommen, der, so wie alle diese Kapitäne gewöhnlich Reserve-Kleidungsstücke für die Matrosen an Bord habe.

So ausgerüstet, mit unserm Anzug in einem Taschentuch, gingen wir in das Wirtshaus zurück, tranken dann zum Abschied noch einige Flaschen Wein und fuhren in Begleitung unseres Freundes nach dem spanischen Schiffe.

Es mochte gegen 11 Uhr sein, als wir an Bord kamen; ein Mann, der die Wache hatte, wurde von unserm Freunde angeredet, worauf ersterer nach der Kajüte hinzeigte, wo noch Licht brannte.

Unser Freund ging darauf in die Kajüte, während wir versuchten, mit der Wache zu sprechen, aber uns nicht verständlich machen konnten und auf unsere Fragen immer nur das gemeine Wort »Caracho«[56] als Antwort bekamen. Nach einer Viertelstunde kam unser Freund wieder zu uns und teilte uns mit, daß er alles mit dem Kapitän arrangirt habe, auch, daß wir die weiter benötigten Kleidungsstücke bekommen könnten. – Der Kapitän sei, da er Morgen früh abzufahren gedenke, mit dem Ordnen seiner Papiere so beschäftigt, daß er uns für den Augenblick nicht persönlich begrüßen könne.

Wir bedankten uns dann nochmals für seine gehabte Mühe und Freundschaft, reichten ihm die Hand zum Abschied und taumelten, nachdem er ins Boot gestiegen, nach vorn unter die Back, wo wir, trotz der harten Deckplanken, bald darauf im tiefsten Schlaf lagen.

Das Schiff hieß »Providentia«, kam von Paranagua[57] mit einer Ladung »Gerba-Mattè[58], nach Valparaiso bestimmt und war in Montevideo eingelaufen, um, wenn möglich, noch einige Matrosen für die beschwerliche Reise ums »Kap Horn« anzuwerben.

Am nächsten Morgen wurden wir zugleich mit den andern Leuten geweckt mit dem Ruf: »Wire la cable«, d. h. »Anker auf!« wozu dann sofort die nötigen Anstalten getroffen wurden.

Trotz der fürchterlichsten Kopfschmerzen erschraken wir nicht wenig, als wir uns die Situation bei Licht besahen. Eine fürchterliche Schmierwirtschaft überall und namentlich in der Nähe der Combüse war ein Knoblauch-Geruch, kaum auszuhalten.

Ich wurde in den Großtop[59] kommandirt, um die Segel los zu machen und konnte bei dieser Arbeit über den fürchterlich dummen Streich, den wir gemacht, nachdenken; auch fühlte ich neben meinem Kopfschmerze bittere Reue über das Geschehene. Anderseits freute ich mich auch wieder, so ganz unerwartet nun mal eine Reise mit einem spanischen Schiffe machen zu können.

Als der Anker gelichtet, das Schiff unter Segel war, stellten wir uns dem Kapitän, der etwas Englisch sprach, vor und bemerkten ihm, daß der Mann, der uns gestern in später Stunde an Bord gebracht, uns gesagt habe, wir bekämen 20 Dollars monatlich und könnten bei ihm (dem Kapitän) die benötigten Kleidungsstücke bekommen, weil wir deren nur wenig mitgebracht. – Zu dem ersten Punkt bemerkte er, daß das seine Richtigkeit habe und habe der Mann gleich gestern Abend für jeden von uns 20 Dollars in Empfang genommen. Was aber die Kleidungsstücke anbeträfe, müsse er zu seinem Bedauern bemerken, daß er keine Sachen zum Verkauf an die Mannschaft an Bord habe; entweder habe der Mann es nicht besser gewußt, oder er habe uns etwas vorgeschwindelt. – Nach diesen Aeußerungen des Kapitäns gingen uns die Augen auf; denn wir sahen nun ein, daß der vermeintliche Freund uns in der raffinirtesten Weise bei der Nase herumgeführt und schließlich als fromme Schäfchen geschoren habe. – Wir mußten, wollen oder nicht, zum bösen Spiel gute Miene machen.

Das Frühstück, zu dem wir gerufen wurden, bestand aus einem Ragout aus Hammelfleisch, stark durchsetzt mit Knoblauch und Zwiebeln, dabei etwas Hartbrot; dazu konnte jeder aus einer großen Kanne so viel sauren Wein trinken, als er mochte. Da ich nicht mal den Geruch von Knoblauch ertragen konnte, begnügte ich mich mit einem Stück Hartbrot und einer Tasse Wein.

Das Mittagsessen war in ähnlicher Weise zubereitet und konnte nur der Hunger mich dazu veranlassen, von den Speisen etwas zu genießen. Meine Kameraden lachten über mich und meinten: »In der Not frißt selbst der Teufel sogar Fliegen« und so war's auch. – Die Spanier glotzten uns an und konnten nicht begreifen, daß wir solch ein delikates Essen nicht mochten. Das schmutzige Logis, die unsaubern Näpfchen und Schüsseln, aus denen wir essen mußten, waren mir so widerlich, daß ich manchmal tief seufzte und bei mir dachte: »Ach, wärest du doch auf dem »Vooruit« geblieben!«

Auf offener See angekommen, mußten wir einer nach dem andern die Probe ablegen, ob wir auch gut steuern konnten. Da dieselbe zur Zufriedenheit des Kapitäns ausfiel, wurden wir zunächst als ständige Steuerer, resp. Rudergänger angestellt; vielleicht aber auch deshalb, weil der Steuermann – welcher nur Spanisch sprach – bei den andern Schiffsarbeiten besser mit den Spaniern fertig werden konnte. Schon in den nächsten Tagen stellte sich aber heraus, daß die obige Anordnung des Kapitäns seitens der spanischen Matrosen als eine Zurücksetzung betrachtet wurde, letztere ließen ihren Unwillen und Groll darüber durch gemeine Schimpfwörter und dergleichen rohes Benehmen gegen uns aus, wovon wir aber, um Streit zu vermeiden, keine Notiz nahmen. Der Kapitän, ein feiner und scharfblickender Mann, hatte dieses gemeine Betragen gegen uns bald gemerkt und gab ihnen dieserhalb einen tüchtigen Verweis; allein es wurde dadurch eher schlimmer als besser und wir hatten schon Furcht, daß sie uns eines guten Abends möglicher Weise in der Dunkelheit überfallen und erdolchen würden, wozu sie nach unserer Meinung wohl fähig waren.

Die ersten 10 Tage war das Wetter schön und verhältnismäßig warm; als wir aber in der Nähe von der Straße »la maire«[60] Südwind mit Schnee und Hagel bekamen, wurde es uns bei unserer Kleidung sehr unbehaglich und kalt. Der Kapitän, der dieses wohl einsah, war so liebenswürdig und schenkte uns manches Stück von seinen überflüssigen Unterkleidern und stellte auch seinen dicken Ueberzieher (ein Mantel mit Kapuze) zur Verfügung für den jedesmaligen Rudersmann.

Bei »Kap Horn« hatten wir schweres Wetter zu bestehen, verloren mehrere Segel und Teile der Verschanzung; auch wurden durch eine Sturzsee nicht allein verschiedene lose Gegenstände, unter andern auch der Schweinestall mit einem Schweinchen über Bord gespült, sondern auch das Ruder beschädigt. Das Schiff wurde durch diese Sturzsee mit einem fürchterlichen Ruck so auf die Seite geworfen, daß infolge dessen die Vormarsstenge dicht über dem Eselshoofd[61] abbrach und über die Seite hing. Die Leute mußten nun tüchtig arbeiten, um die gebrochenen Stengen mit Raaen und Segeln teils zu bergen, teils wegzukappen, damit, soweit thunlich, weiteren Schäden vorgebeugt werde. Während dieser Arbeit hatten wir Drei hauptsächlich auf das Ruder zu achten, wurden aber ab und zu mit zu der Arbeit herangezogen. Da das Schiff, welches vorher dicht, sich durch diese Sturzsee wohl etwas begeben hatte und leck gesprungen war, so mußte von der Zeit an alle 2 Stunden eine Zeitlang gepumpt werden, um dasselbe lenz[62] zu halten. Wer von uns Dreien nicht am Ruder war, half gern mit beim Pumpen, um so mehr, weil dieses eine Arbeit war, wobei man so recht behaglich warm wurde.

Endlich hatten wir das stürmische Kap Horn umschifft, eine Notstenge wieder aufgebracht und segelten nun bei zum Teil gutem Winde längs der Westküste von Amerika.

Der Groll und die Eifersucht der Spanier war seit dem Ereignisse beim Kap Horn noch schlimmer geworden und wir getrauten uns kaum, des Abends ins Logis zu gehen. Der Kapitän, der die Sachlage einsah, ließ einige Ballen Matté unter der Hinterluke wegnehmen und dort für uns ein Bett, bzw. eine Schlafstelle einrichten; ein altes Segel diente als Bett und Decke. Wir waren dafür sehr dankbar, um so mehr, als der Koch auch Order bekam, unser Essen dorthin zu bringen, und waren wir somit vollständig von den Spaniern isolirt. Daß durch diese, vom Kapitän getroffene Anordnung, die Gemüter der Spanier nicht besänftigt wurden, ist leicht erklärlich, aber die Furcht vor dem Kapitän hielt sie von weitern Schritten zurück.

Die Beschädigung am Ruder war jedoch schlimmer als wir anfangs geglaubt, denn mitunter konnten wir mit zwei Mann kaum das Ruder so bewältigen, um das Schiff auf seinem Kurs zu halten, welches in der Nähe der Küste und namentlich beim Einlaufen in einen Hafen, der mit Schiffen gefüllt ist, unter Umständen sehr gefährlich werden konnte.

In Anbetracht dieser Eventualität beschloß der Kapitän, der, wie mir schien, an dortiger Küste sehr bekannt war, in eine kleine Bucht an der S.-O.-Seite der Insel Chiloe[63] einzulaufen, um dort wo möglich das Ruder auszubessern.

Als wir dort geankert und der Kapitän ans Land gefahren war, um Vorrichtungen für die Ausbesserung des Ruders zu treffen, glaubten die rachsüchtigen Spanier ihre Wut nun gegen uns auslassen zu dürfen, forderten uns beim Dunkelwerden auf, nach vorne zu kommen, drohten uns mit den Fäusten und zwei sogar mit ihren Messern. Da wir ihre Herausforderung nicht beachteten, wurden sie immer aufgeregter und machten Miene, uns auf dem Hinterdeck anzugreifen. Der Steuermann, ein schon bejahrter Mann, forderte sie auf, wieder nach vorn zu gehen

BEZEICHNUNG DER SEGEL EINER BARK

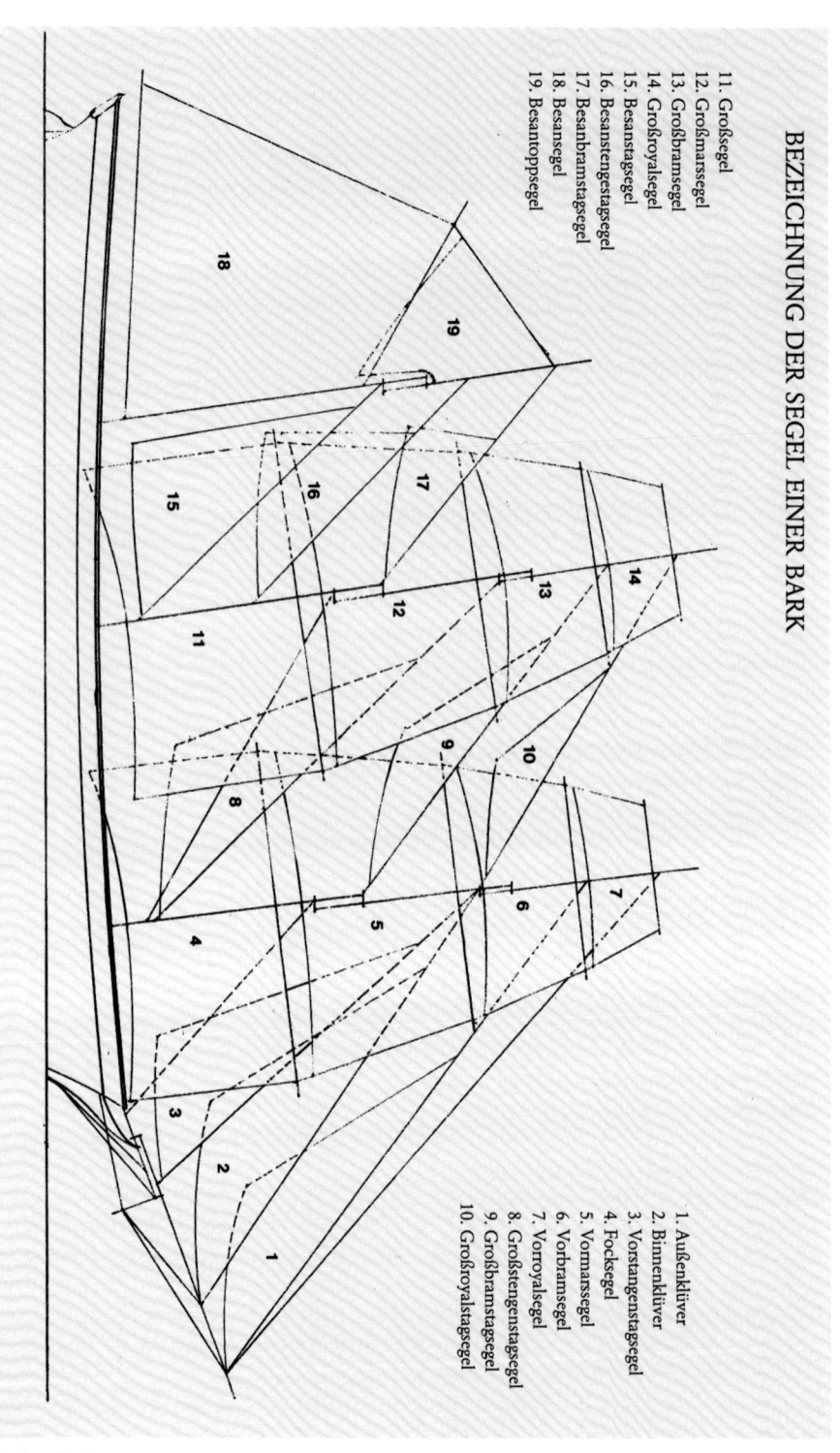

1. Außenklüver
2. Binnenklüver
3. Vorstangenstagsegel
4. Focksegel
5. Vormarssegel
6. Vorbramsegel
7. Vorroyalsegel
8. Großstengenstagsegel
9. Großbramstagsegel
10. Großroyalstagsegel
11. Großsegel
12. Großmarssegel
13. Großbramsegel
14. Großroyalsegel
15. Besanstagsegel
16. Besanstengestagsegel
17. Besanbramstagsegel
18. Besansegel
19. Besantoppsegel

Segelriß einer Bark.

und sich ruhig zu verhalten, fand aber kein Gehör. Da er wohl einsah, daß der etwaige Angriff schlimm für uns ausfallen könne, gab er uns einen Wink, uns in die Kajüte zu begeben, den wir schleunigst befolgten und die Thüre von innen verriegelten. Als sie dieses bemerkten, wurden sie nach einiger Zeit ruhig und legten sich wahrscheinlich zu Bett, denn wir hörten keinen Laut mehr.

Der Steuermann kam dann später durch die Hinterthüre in die Kajüte, teilte uns mit, daß die Leute sich beruhigt und wir uns nach unserm Bett begeben könnten. Als wir ihn baten, uns die Nacht in der Kajüte bleiben zu lassen, gab er nach, weil der Kapitän über Nacht nicht mehr an Bord käme. – Hierauf sagte er uns gute Nacht und begab sich in seine Kabine.

5. Kapitel.
Zum zweiten Male desertirt. Trauriges Zukunftsbild.

Da wir unter den obwaltenden Umständen unseres Lebens an Bord nicht mehr sicher waren, beschlossen wir nach kurzer Beratung, noch die Nacht zu desertiren. – Als wir uns überzeugt, daß der Steuermann schlief und die Wache auf dem Vorderdeck war, öffneten wir leise die Kajütenthüre und einer schlich sich nach der Hinterluke, um unsere wenigen Habseligkeiten, so wie das noch vorhandene Hartbrot zu holen. Die Schaluppe, womit der Kapitän des Nachmittags ans Land gebracht worden war, lag hinter dem Schiffe. Wir zogen dieselbe heran, warfen unsere Sachen hinein und ließen uns einer nach dem andern ins Boot hinabgleiten, fuhren ganz leise in der Dunkelheit ans Land, um dort die Morgendämmerung abzuwarten. Als wir unbehindert ans Ufer gekommen, stiegen wir aus, befestigten das Boot, nahmen unsere Sachen und spazirten am Ufer hin und her.

Bei Tagesanbruch wanderten wir mit unserm Bündel unter'm Arm landeinwärts, umgingen den Ort, weil wir dort möglicher Weise dem Kapitän begegnen konnten. Wir wählten also vorläufig ein nahe gelegenes Wäldchen zu unserm Aufenthalt, aßen ein Stück Hartbrot und legten uns nieder, um uns von der durchwachten Nacht einige Stunden auszuruhen.

Obgleich todmüde, konnte ich doch nicht einschlafen, sondern mußte beständig über das Erlebte und was uns jetzt noch bevorstand, nachdenken. Mein Gewissen sagte mir, daß ich unrecht gehandelt und alles Elend meiner Dummheit, jugendlichem Leichtsinn und Unerfahrenheit zuzuschreiben habe. Wie gut, dachte ich, war es doch bei dem Holländer und du ließest dich von den Kameraden verleiten, zu desertiren, um nun gewissermaßen als ein Spitzbube hier in einem ganz fremden Lande herumzuschleichen, ohne Geld, ohne Aussicht, etwas zu verdienen, dem Elend preisgegeben, vielleicht heute oder morgen gefesselt wie ein Dieb, wieder an Bord des spanischen Schiffes gebracht zu werden? Ich bat den lieben Gott inbrünstig, er möge mich doch vor solcher Schande bewahren, gelobte ihm unter heißen Thränen, niemals wieder solche dummen Streiche zu begehen! Und ich kann dem Leser sagen, daß ich dieses freiwillige Gelöbnis treu gehalten habe!

Als meine Kameraden erwachten, war die erste Frage: »Was nun?« Hier im Walde können wir die nächste Nacht nicht bleiben und nach dem Orte dürfen wir nicht, so lange das Schiff im Hafen liegt. Das Beste wird wohl sein, wir wandern aufs geradewohl nach dem Innern der Insel, wo wir möglicher Weise Leute antreffen, welche sich unser annehmen und uns zu essen geben.

Während wir uns das traurige Zukunftsbild ausmalten, entdeckten wir in einiger Entfernung zwei Männer in Uniform auf das Wäldchen zukommen.

Nichts Gutes ahnend machten wir uns eiligst auf die Füße, um wo möglich uns im Dickicht zu verstecken. Die Polizisten (denn solche waren es) hatten uns aber längst vorher schon gesehen, riefen uns an und forderten uns zugleich durch einen Büchsenschuß auf, uns zu stellen. Da unter solchen Umständen an ein Entrinnen nicht mehr zu denken war, blieben wir ruhig stehen,

Karte von Feuerland mit Magellanstraße und Kap Hoorn.

Bahía Grande

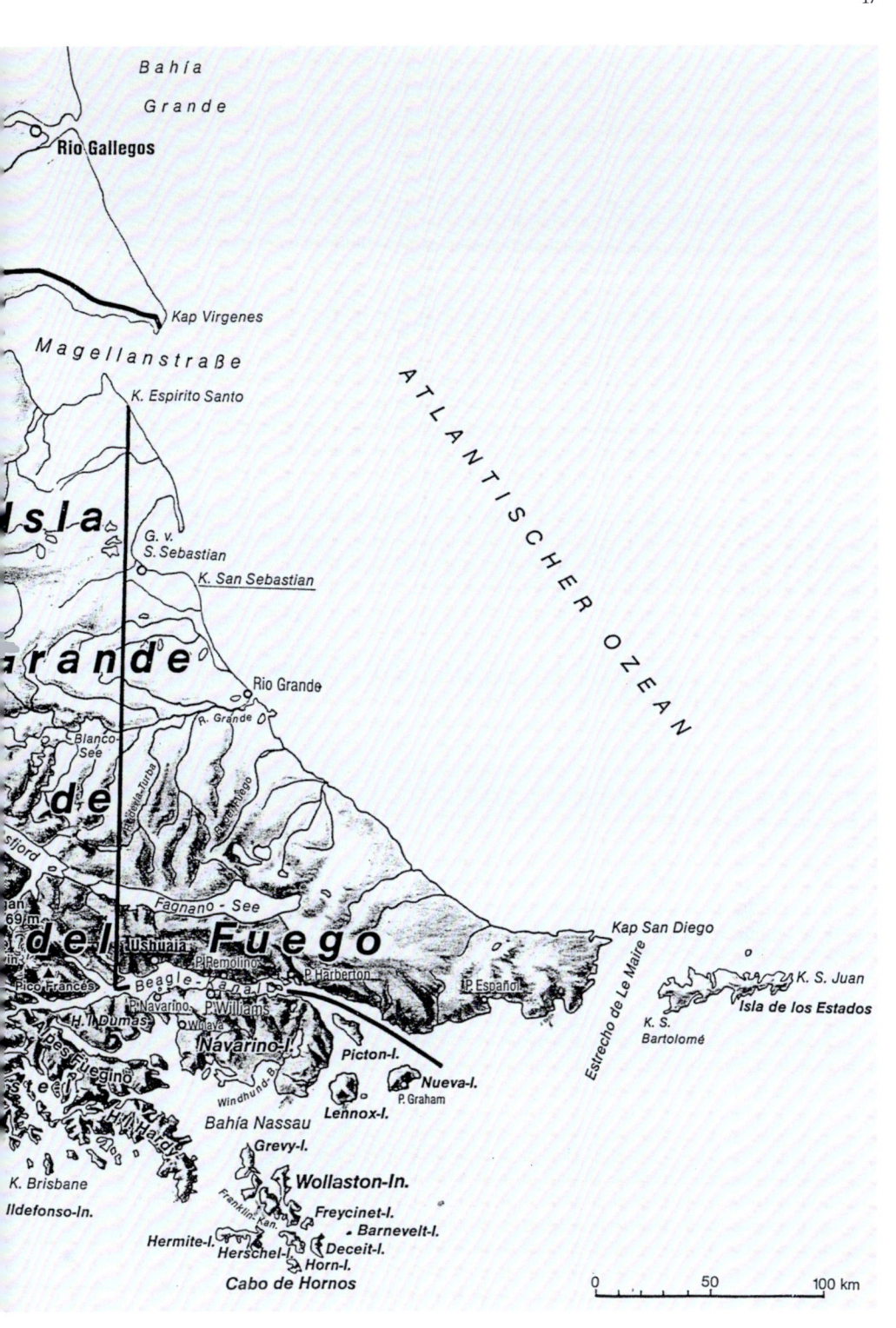

Río Gallegos

Kap Virgenes

Magellanstraße

K. Espirito Santo

Isla

G. v. S. Sebastian
K. San Sebastian

ATLANTISCHER OZEAN

Grande

Río Grande
R. Grande

Blanco-See

de

Mitre-Turba

fjord

Fagnano - See

69m

Kap San Diego

del Fuego

P. Remolino
Pico Francés
Beagle-
P. Harberton
I.P. Español

K. S. Juan

H. I. Dumas
Navarino
P. Williams

Estrecho de Le Maire

K. S. Bartolomé

Isla de los Estados

Wulaya

Navarino-I.

Picton-I.

Tres Fuegino

Nueva-I.
P. Graham

Windhund-B.
Lennox-I.

H. Hardy

Bahía Nassau

Grevy-I.

K. Brisbane

Wollaston-In.

Franklin-Kan.

Freycinet-I.

Ildefonso-In.

· Barnevelt-I.

Hermite-I.
Herschel-I.
Deceit-I.
Horn-I.

Cabo de Hornos

0   50   100 km

47

unser Schicksal erwartend. – Die Polizisten traten an uns heran, zeigten den Haftbefehl vor und forderten uns ganz artig durch Worte und Pantomimen auf, ihnen zu folgen. – In diesem Augenblicke trat das vorhin entworfene traurige Zukunftsbild wieder vor meine Augen und durch diese Gedanken vollständig erschüttert, brach ich in Thränen aus.

Meine Kameraden verhöhnten mich dieserhalb, und der Schwede machte die Bemerkung: »Du hast sonst immer so vielen Mut bewiesen und jetzt gebärdest Du Dich wie ein altes Weib! Man wird uns doch nicht gleich aufhängen.«

Der eine Polizist hatte jedenfalls wegen meiner Jugend Mitleid mit mir, legte seine Hand auf meine Schulter, beruhigte mich und gab mir zu verstehen, daß mir nichts Schlimmes passiren würde.

Diese Teilnahme des Polizisten war Balsam für mein wundes Herz.

In den Hafenort zurück gekommen, wurden wir vorläufig in das Vorzimmer der Polizei-Wache einquartirt und man brachte uns Wein, Wasser und Brot, um uns zu stärken.

Als wir ungefähr eine Stunde da gewesen waren, kam unser Kapitän mit einem Herrn herein, der uns in deutscher Sprache anredete und zunächst die Frage stellte, was uns bewogen habe, von dem Schiffe zu desertiren. Wir erzählten ihm den ganzen Hergang (den der Leser bereits weiß) und bemerkten dazu, daß wir unter solchen Umständen unmöglich länger an Bord hätten bleiben können. Als der Herr das Gehörte dem Kapitän in spanischer Sprache erzählt hatte, zog dieser die Schultern und meinte, ganz so schlimm wäre es doch wohl nicht gewesen, zumal er uns in Schutz genommen und gewissermaßen uns, soweit es seine Stellung erlaube, freundschaftlich behandelt habe. Wir erkannten dieses dankend an und fügten hinzu, wir würden gern, wenn es sein müßte, mit dem Kapitän und dem Schiffe eine Reise um die Welt machen, wenn nicht dieser Janhagel[64] von spanischen Matrosen an Bord wäre; so aber könnten wir in keinem Falle wieder an Bord gehen, das müsse er (der Herr) doch auch einsehen, und wir bäten ihn, er möge doch den Kapitän (der uns ja wieder in seiner Gewalt habe) überreden, uns zu entlassen. – »Aber,« fragte der Herr, »was wollen Sie denn hier anfangen?« – Hierauf erwiderten wir, daß wir gern bei jemand im Orte, oder auf dem Lande für die Kost arbeiten wollten, bis sich Gelegenheit böte, mit einem Schiffe von hier fortzukommen.

Nachdem der Herr nun noch längere Zeit mit dem Kapitän konferirt hatte, teilte er uns mit, daß derselbe davon abstehe, uns zum Anbordgehen zu zwingen, vielmehr unsere Entlassung, die, wie es ihm schien, gerechtfertigt, genehmige; auch weil er, wenn das Ruder wieder fertig, wohl ohne uns Dreien nach Valparaiso segeln könne.

Unendlich froh über diese Mitteilung, gingen wir auf den Kapitän zu, dankten ihm für seine Güte und besonders auch für seine milde Nachsicht hinsichtlich unsers Desertirens. Er reichte darauf jedem von uns die Hand und beauftragte den Herrn, jedem 10 Dollars zu geben, damit wir bis zu einer Schiffsgelegenheit doch etwas zu leben hätten.

Diese Großmut des Kapitäns rührte uns und besonders mich derartig, daß ich mich nochmals zu ihm wandte und mit thränenden Augen unsern Dank wiederholte.

Mein gefühlvolles Gemüt mochte auch wohl ihn rühren, denn er griff in die Tasche und gab mir mit einem Händedruck einen Dubloon[65] mit den Worten: »Diese Kleinigkeit bewahre als Andenken an mich.«

(Lange habe ich diesen Dubloon vorsichtig aufbewahrt, aber schließlich ist er auch den Weg alles Irdischen gegangen.)

Hierauf wünschte er uns alles Gute und gab der Polizei Ordres, uns unsere Freiheit zu geben. Auch wir wünschten ihm alles Gute, dankten ihm nochmals für seinen Edelmut und verabschiedeten uns.

Der deutsche Herr war zusehends froh, daß diese Scene solch ein schönes Ende genommen hatte, schrieb uns eine Adresse auf, wo wir logiren konnten, dabei bemerkend, daß der betreffende Wirt zwar dort geboren, aber von deutschen Eltern abstamme und gut Deutsch spreche.

Wir bedankten uns, besonders aber für seine gütige und teilnehmende Vermittelung und zogen freudigen Herzens mit unserm Bündel unter'm Arm ab nach dem Wirtshause.

Hier erfuhren wir, daß der betreffende Herr ein deutscher Kaufmann aus Valparaiso sei, welcher alljährlich ein bedeutendes Quantum Getreide in Chiloe kaufe.

Vorläufig war nun unser Elend und unsere Not beseitigt und verbrachten wir die ersten paar Tage ganz gemütlich bei unserm freundlichen Wirt, der recht Vieles über den Getreidebau auf der Insel zu erzählen wußte und setzte dann stolz hinzu: »Diese Kornkammer hat Chili allein den Deutschen zu verdanken, welche, wie auch meine Eltern, sich vor ungefähr 40 Jahren hier angesiedelt haben.«

Fünf Tage nach unserer Entlassung war das Ruder der »Providentia« wieder hergestellt. Tags darauf lichtete das Schiff seinen Anker und segelte nach seinem Bestimmungshafen Valparaiso.

Wir hatten uns bis dahin noch nicht um Arbeit bemüht, sondern waren jeden Tag auf den Ausguck gegangen, ob nicht ein Schiff einlaufen würde. Zwei Tage war die »Providentia« fort, als eines Morgens eine Brigg um die Südspitze steuerte und in der Bucht Anker warf. Unser Herz schlug hoch auf, als dieselbe die englische Flagge entfaltete. Wir fuhren sofort mit einem Fischerboot an Bord, erkundigten uns, wohin sie bestimmt, schilderten dem Kapitän unsere Lage und baten ihn, uns nach seinem Bestimmungsorte (Montevideo) mitzunehmen.

Derselbe war sofort dazu bereit und zwar ohne irgend welche Entschädigung; hieß uns, unsere Sachen an Bord zu bringen, weil er, sobald er den nötigen Proviant eingekauft habe, seine Reise fortsetze. Unsere Sachen waren, wie der Leser sich wohl denken kann, bald gepackt; darauf nahmen wir Abschied von unserm liebenswürdigen Wirt, der nicht 'mal Bezahlung von uns annehmen wollte, und ließen uns durch einen Fischer an Bord der Brigg bringen.

Des folgenden Tags, als der Kapitän mit dem Proviant an Bord war, lichteten wir den Anker und segelten mit günstigem Winde die Küste entlang. Den fünften Tag darnach liefen wir in die Maghelhaenstraße[66] ein und gebrauchten, obgleich der Wind fast immer günstig, acht Tage, um durch die Straße zu kommen, weil dort zu der Zeit noch keine Leuchtfeuer waren und folglich bei Nacht nicht gesegelt werden konnte. Auch mußten wir einige Mal schon nachmittags Anker werfen, weil wir den nächsten Ankerplatz nicht mehr bis gegen Dunkelwerden erreichen konnten. – Obgleich wir während der Fahrt durch die Straße keine wilden Feuerländer sahen, konnten wir doch des Nachts in weiter Ferne ihre Feuer aufflackern sehen.

Als wir die Maghelhaen-Straße durch, den atlantischen Ocean erreicht hatten, ließen wir etwa 15 Tage später unsern Anker fallen im Hafen von Montevideo, wo wir vor reichlich zwei Monaten die holländische Brigg »Vooruit« so treulos und ungerechtfertigt verlassen hatten.

Als die Segel fest gemacht, das Schiff vertäut war, bedankten wir uns bestens beim Kapitän und Steuermann des englischen Schiffes und wurden dann von den Schiffsmaats mit dem zum Schiffe gehörenden Boot ans Land gebracht.

6. Kapitel.
Der Zufall führt mich auf das verlassene holländische Schiff zurück.

Von der Landungsbrücke die Straße hinauf gehend, um ein Logis aufzusuchen, trat aus einer Nebengasse ein Mann auf uns zu, in welchem wir zu unserm nicht geringen Schrecken unsern frühern Kapitän von der holländischen Brigg »Vooruit« erkannten. Da wir ihm nicht ausweichen konnten, begrüßten wir ihn mit den Worten: »Goeden Dag, Kaptein!« Er erwiderte unsern Gruß und setzte hinzu: »Heb ik het toch wel gedacht, dat het schaapedryven u niet bevallen zou.«[67] (Man hatte ihm nämlich erzählt, wir wären in die Kampas gegangen). Da der Kapitän durchaus nicht böse auf uns zu sein schien, erzählten wir ihm in der Kürze unsere Erlebnisse, worüber er herzlich lachen mußte.

Er lud uns darauf ein, mit ihm in ein Café zu gehen, wo er uns noch mehreres zu sagen hätte. Anfangs zögernd, weil wir befürchteten und ihm auch sagten, daß er uns vielleicht an die Polizei ausliefern wolle, erwiderte er: »Neen jongens, waneer ik dat van zins, had ik u dadelyk kunnen arreteeren laten, want ik zag u aan de wal stappen.«[68] Durch diese Aeußerung des Kapitäns war unsere Furcht beseitigt und wir gingen mit ihm ins Café.

Im Café angekommen, erzählte er uns, daß einige Tage nach unserm Desertiren eine Revolution in Uruguay ausgebrochen und infolge dessen der Handel und die Geschäfte in Montevideo gänzlich gestockt und die Schiffe im Hafen längere Zeit gelegen hätten, ohne zu löschen oder zu laden. Seit etwa 14 Tagen wäre die Ruhe wieder hergestellt und gingen die Geschäfte wieder ihren geregelten Gang; auch habe er, nachdem die Ladung gelöscht, eine Ladung Talg und Wolle nach Hamburg angenommen und dächte in sechs bis acht Tagen fertig zu werden. Er erzählte dann ferner, daß er wegen der politischen Wirren bis jetzt noch nicht daran gedacht habe, andere Leute zu engagiren und proponirte uns, wieder an Bord zu kommen; doch wolle er zuvor mit dem Steuermann sprechen, weil dieser sich durch unser damaliges Benehmen gegen ihn sich furchtbar beleidigt gefühlt habe. Wenn also der Steuermann nichts dagegen, dann wolle er uns des andern Tags in unserm Wirtshause Bescheid geben. Wir vertrauten seinen Worten, gaben ihm unser Wirtshaus auf und gingen nun, uns bei dem Wirt nach dem frühern Landsmanne und vorgeblichen Freund zu erkundigen. Der Wirt, der uns gleich wieder erkannte, vewunderte sich, daß wir schon wieder da und meinte, daß wir Schiffbruch gelitten. Auf unsere Frage nach dem betreffenden Landsmanne erwiderte er, daß er ihn bis jetzt nicht wieder gesehen, daß dieser also wahrscheinlich, gleich nachdem er uns abgeliefert habe, wieder in die Kampas gewandert sei.

Des andern Tags suchte der holländische Kapitän uns auf und erklärte, uns wieder an Bord nehmen zu wollen. Wir willigten unter der Bedingung ein, daß er uns einen Revers ausstelle, worin er erkläre, daß er uns in Hamburg kommend, nicht als Deserteure anzeigen wolle. Er überreichte uns darauf einen in diesem Sinne abgefaßten, schon an Bord fertig geschriebenen Revers, womit die Sache in Ordnung war. Wir dankten dem Kapitän für seinen Großmut, fuhren mit ihm an Bord und wurden vom Steuermann recht freundlich empfangen. – Wir waren seelenvergnügt, daß wir so unerwartet und leichten Kaufs auch wieder in Besitz unserer zurückgelassenen Kleider kamen, die der Kapitän während unserer Abwesenheit in der Kajüte aufbewahrt hatte. – Einige Tage darauf verließen wir den Hafen von Montevideo und kamen ohne erwähnenswerte Ereignisse nach einer 60tägigen Fahrt wohlbehalten in Hamburg an, wo wir entlassen wurden. Wir drei Kameraden, die wir in solch kurzem Zeitraum so vieles mit einander erlebt, nahmen Abschied von einander und haben uns seitdem nie wieder angetroffen.

7. Kapitel.
Eine Reise von Hamburg nach Australien mit deutschen Auswanderern.

Als ich mich einige Tage in Hamburg umgesehen, bot sich mir eine Gelegenheit auf einer Hamburger Bark, mit der ich eine Reise nach St. Thomas[69] und Portoriko[70] und von St. Domingo zurück nach Hamburg machte, ohne etwas Erwähnenswertes erlebt zu haben.

Wieder nach Hamburg zurückgekommen, takelte ich zuerst ein großes neues Vollschiff mit auf, nachher verheuerte ich mich auf eine Hamburger Bark, welche mit deutschen Auswanderern nach Adelaide (Süd-Australien) befrachtet war.

Bevor ich den Leser mit meinen eignen Erlebnissen weiter bekannt mache, werde ich mir erlauben, die derzeitigen Verhältnisse auf den Auswanderschiffen in etwas zu beleuchten.

Das vorhin erwähnte Schiff war ca. 260 Lasten groß und sollte auf diese Größe und den vorhandenen Raum hin etwa 130 erwachsene Personen nach Australien befördern, eine Zahl, die nach den jetzigen Bestimmungen und Vorschriften für die Passagierschiffe und deren vorzügliche Einrichtungen sich wie drei zu zwei und weniger verhält, abgesehen von der langen Reise.

Außerdem sollte das Schiff auf dem Verdeck zwei Schafställe mit je 20 Schafen mitnehmen; auch mußte auf dem Verdeck eine Combüse (Küche) mit eingemauerten Kesseln gebaut werden für die Passagiere, welche sich ihre Speisen selbst zubereiten, auch ihr eigenes Eßgeschirr halten mußten. Daß durch die Schafställe und Combüse der freie Raum auf dem Verdeck für die Passagiere, welche naturgemäß auf einer solchen Seereise das Bedürfnis nach Bewegung und frischer Luft hatten, sehr beschränkt war, ist klar einzusehen.

Das Zwischendeck hatte nur eine Höhe von etwa 5 Fuß englisch; es konnte demgemäß eine große Anzahl der Passagiere nicht ganz aufrecht gehen.

Die Bettstellen wurden an den Seiten des Zwischendecks aufgeschlagen, und zwar zwei über einander, je vierschläfrig. Ein zehn Zoll breites Brett wurde zwischen je zwei Bettstellen zur Begrenzung angenagelt, ebenfalls an die Seitenwände Bretterborden für ihre täglichen Bedürfnisse. An jedem Bett wurde eine in die Augen fallende Nummer angebracht und darnach die Passagiere eingeteilt. Vorn im Zwischendeck wurde ein Bretterverschlag abgezimmert für Kranke und etwaige Wöchnerinnen (es wurden während der Reise vier Kinder geboren, wogegen drei alte Leute starben und in dem Ocean begraben wurden). Hinten im Zwischendeck wurde der Proviantraum abgezimmert. Längs der Mitte des Zwischendecks wurden die großen Kisten und Kasten der Passagiere aufgestaut und befestigt, wogegen sie ihre kleinen Sachen, so wie ihr Eßgeschirr mit ins Bett nehmen mußten. Es blieb also auch im Zwischendeck, ebenso wie auf dem Verdeck, sehr wenig Raum für die Passagiere zur freien Bewegung und ist es kaum begreiflich, daß die Leute unter solchen Umständen und bei langer Fahrt gesund bleiben konnten; aber noch unbegreiflicher ist es, daß die ganze Einrichtung nicht, oder doch nur sehr schwach, von einer Behörde überwacht wurde.

Dieses eben nicht sehr erbauliche Bild vorausgeschickt, komme ich jetzt wieder auf meine eigenen Erlebnisse und Beobachtungen zurück.

Als ich, an Bord kommend, mich beim Obersteuermann meldete, wurde ich gefragt, ob ich schreiben könne und im Fall geneigt wäre, mit dem Untersteuermann zusammen den für die Passagiere bestimmten Proviant zu notiren, verstauen und später an dieselben zu verteilen; was ich natürlich bejahte.

Da das Schiff eigentlich nicht für die Passagierfahrt eingerichtet war, so mußte Tag und Nacht gearbeitet werden, um die vorhin angeführten Arbeiten rechtzeitig zu beenden, damit die Passagiere, welche mit einem Elb-Kahn von Posen herunter kommen sollten, gleich eingeschifft werden konnten und nicht erst in der Stadt einlogirt zu werden brauchten.

Die Schiffsmannschaft hatte ebenfalls vollauf zu thun, um den Ballast, bestehend aus Mauersteinen und Wasserfässern, im Unterraum zu verstauen und mit Elbwasser aufzufüllen, was bei dem großen Quantum und den primitiven Vorrichtungen mehrere Tage in Anspruch nahm. Einige der Mannschaft mit dem Untersteuermann und mir mußten den Proviant für die Passagiere, sowie für die Schiffsbesatzung übernehmen und wegstauen.

Wie nun alles soweit in Ordnung war, kamen nach einigen Tagen die Passagiere auf einem großen Elb-Kahn längs Seite des Schiffes. Die Mehrzahl der Leute schien aus den arbeitenden, bezw. niedrigsten Ständen zu sein, sahen sehr unproper aus und konnten sich deshalb auch um so eher in die vorhin beschriebenen Verhältnisse finden.

Nun wurde mit dem Ausladen des Kahns begonnen; zuerst die Kisten und Kasten, welche im Zwischendeck verstaut wurden; während dieser Arbeit mußten die Leute im Kahn warten. Darauf trat der Obersteuermann heran mit einem ihm vorher zugestellten Namensverzeichnis der sämtlichen Passagiere, rief die einzelnen Familien auf und forderte den Antwortgeber auf, mit seiner Familie herauf zu kommen. Wenn vier Personen von einer Familie an Deck waren,

Auswanderer im Zwischendeck, um 1850.

wurde ihnen eine Nummer erteilt, womit sie ins Zwischendeck hinunter gingen, um die gleiche Nummer ihrer Bettstelle aufzusuchen.

Nachdem die Familien auf diese Weise untergebracht, kamen die ledigen Personen, wovon auf je vier ebenfalls eine Nummer für ihr Bett verabreicht wurde, die Mädchen natürlich separirt von den Jünglingen. Alle waren sehr vergnügt und sangen, während sie sich unten einrichteten, schöne polnische und auch deutsche Lieder.

Als die Passagiere untergebracht, kam ein Kahn mit 40 Schafen, welche übergenommen, in die dazu fertigen Ställe gesetzt und mit dem nötigen Futter versehen wurden. Zu guterletzt kam noch ein Prahm mit Hafer und gepreßten Heuballen, wovon einige in das auf dem

Lokomobiler Dampfkran im Hamburger Hafen, dargestellt von Johann Gehrts, 1850.

Deck stehende Großboot gepackt, der Rest, etwa 30 Stück, mittelst Schlingen an die Außenseite der Verschanzung befestigt wurden, welche dem Schiffe ein ganz eigentümliches Aussehen gaben.

Der Kapitän, der bis dahin nur ab und zu eben an Bord gewesen, kam den nächsten Morgen mit noch drei Kajüten-Passagieren, nämlich: einem jungen Kaufmanne, einem Arzt und einem Kandidaten der Theologie an Bord; letztere beiden gehörten mit zu den Auswanderern. – Ein Dampfer schleppte uns nach Cuxhaven und nach zwei Tagen liefen wir bei günstigem Winde in See.

Wenn schon bei leicht bewegter See viele der Passagiere seekrank waren, so stellte sich diese Krankheit allgemein ein, als am andern Tage bei kontrairem stürmischem Winde das Schiff stark schwankte und stampfte. Es war schrecklich anzusehen, wie die Leute überall auf Deck herum lagen, stöhnten und sich würgten und erbrachen, so daß selbst einigen der Mannschaft bei dem Anblick übel wurde. Als wir nach hinten kamen, um die Segel im Großtop zu reefen, kamen viele der noch unten befindlichen Leute an Deck gekrochen, bestürmten uns mit Fragen, ob große Gefahr vorhanden und behinderten uns bei Ausführung der Arbeiten. Dieses verdroß den Kapitän und er befahl im strengen Ton, daß alle ohne Ausnahme sich nach unten verfügen sollten und da bleiben, bis er Erlaubnis erteile, wieder an Deck zu kommen. Einige, die nicht mehr im Stande waren, diesem Befehle nachzukommen, jammerten und baten, sie nur über Bord zu werfen, damit sie nur recht bald von ihrem Leiden erlöst würden. Selbstredend wurde hiervon keine Notiz genommen. – Da die Leute keine Ahnung vom Sturm auf See hatten, ist es erklärlich, daß sie glaubten, das Schiff ginge zu Grunde. Wir hörten nur noch Stöhnen, Beten und Würgen aus dem Zwischendeck hinauftönen, was schrecklich anzuhören war. Der Kapitän, schließlich durch die Angst der Leute gerührt, stieg die Treppe hinunter und ersuchte sie, sich doch ruhig zu verhalten, weil im geringsten keine Gefahr vorhanden sei. Diese Worte verfehlten nicht ihren Zweck; die Leute beruhigten sich.

Als der Sturm vorüber, die See wieder ruhig geworden, auch die Seekrankheit sich allmählich verloren hatte, wurden sämtliche Passagiere an Deck und wir nach unten kommandirt, um das Zwischendeck zu reinigen, so gut es sich eben vorläufig machen ließ.

Kranker im Logis, um 1850.

Es war dieses keine leichte und angenehme Aufgabe, denn der Dreck lag überall handhoch; dazu alles, Kleider, Betten, Eßgeschirre ec. bunt durcheinander im Zwischendeck herum. Einige der jungen Männer und Mädchen, die sich wieder erholt hatten, waren gern dabei behülflich. Nach etwa zwei Stunden Arbeit waren wir so ziemlich damit fertig. Das schmutzige Zeug wurde gereinigt, zwischen den Masten zum Trocknen aufgehängt und gegen Abend konnten alle mit ihren Sachen hinunter gehen, um die Nacht ruhig zu verschlafen. – Da die Mehrzahl, wie schon bemerkt, aus den niedrigen Ständen und aus eignem Antriebe nicht besonders auf Reinlichkeit hielt, wurde, als alle die Seekrankheit überstanden hatten, strikter Befehl gegeben, das Zwischendeck jeden Morgen selbst zu kehren und feucht aufzunehmen, bevor sie frühstücken durften. Wenn damit fertig, wurde das Zwischendeck mitsamt den Leuten ausgeräuchert und die Luken den ganzen Tag geöffnet. Diesen strengen Maßregeln ist es wohl hauptsächlich zuzuschreiben, daß während der 132tägigen Reise keine Krankheit unter den Leuten entstand.

Zum Kochen und Zubereiten der Speisen (welche der Untersteuermann mit mir jeden Morgen herausgab) wählten die Leute unter sich, für jede Woche eine andere Abteilung. Die fertigen Speisen wurden von irgend Jemand, einer Familie zugehörend, oder von einem Schlafkameraden bei der Küche in einer großen Schüssel in Empfang genommen, wobei es nicht selten vorkam, daß der eine oder andere schwankte und der ganze Inhalt der Schüssel übers Deck floß, zum Gaudium der andern.

Trotz der beschränkten Räumlichkeit im Zwischendeck und des Durcheinanderlebens kamen niemals ernste Streitigkeiten vor und kleine Differenzen wurden stets gleich wieder ausgeglichen. Einige der jungen Mädchen hatten schon bei fremden Herrschaften gedient, wovon sie vieles zu erzählen wußten. Auch die jungen Männer konnten mitunter recht interessant erzählen. Wir unterhielten uns gern mit ihnen, namentlich über ihre Zukunftspläne.

Der Theologe ging jeden Abend, wenn das Wetter darnach war, ins Zwischendeck, wo er dann eine kurze Predigt vorlas, mit ihnen betete und geistliche Lieder sang, welches sich recht erbaulich anhörte. Hierbei muß ich noch erwähnen, daß eines Abends diese Andacht durch einen kleinen verwachsenen Schneider gestört wurde. Als nämlich der Theologe eine soeben vorgelesene Bibelstelle auslegte, rief derselbe dazwischen: »Herr Kandidat, das ist nicht richtig, die Stelle muß so und so ausgelegt werden.«

Da der Kandidat ihn kraft seines Amtes zur Ruhe verwies, stieg er mit einem kleinen Anhang an Deck, wo er noch nach Beendigung der Andacht fortwährend über falsche Auslegung der Bibel ec. raisonirte.

Dieses Intermezo hatte zur Folge, daß der Schneider mit seinem kleinen Anhang nie wieder an der gemeinschaftlichen Andacht Teil nahm.

Der Arzt war ein liebenswürdiger Mann und sehr vorsichtig in Herausgabe von Medizin, zog vielmehr bei leichten Krankheiten (schwere kamen nicht vor) die Hungerkur vor und kurirte auf diese Weise gewöhnlich in kurzer Zeit. – Die drei Männer, welche auf dieser Reise starben, waren über 70 Jahre alt und sind an Altersschwäche gestorben. Nur der Durst nach Gold war die Veranlassung, daß sie in dem Alter noch auswanderten.

Hier kann ich nicht unerwähnt lassen, wie diese sonst frommen Leute dem toten Mitbruder auch nicht die geringste Ehre erwiesen.

Wenn die Leiche an Deck gebracht, in Segeltuch eingenäht, mit Steinen beschwert, auf ein Brett gelegt wurde, um ins Meer versenkt zu werden, kam die Mehrzahl nicht mal an Deck; andere standen bedeckten Hauptes dabei, lachten und scherzten, wenn nach kurzem stillen Gebet die Leiche ins Meer glitt und die Wellen über dieselbe zusammenschlugen.

Von den Heuballen, welche, wie vorhin bemerkt, außenbord befestigt waren, gingen schon in dem ersten Sturm einige verloren, und als wir in die Tropen kamen, waren deren nur noch wenige vorhanden. Uebrigens konnten die Schafe, wie wir später entdeckten, auch ohne Heu leben; wenigstens ist nicht ein einziges auf der Reise krepirt.

Da die Leute immer ganz artig waren und die Vorschriften betreffs der Reinlichkeit pünktlich befolgten, gab der Kapitän ihnen in den Tropen die Erlaubnis, bis 10 Uhr abends an Deck bleiben zu dürfen, wobei sie uns dann zuweilen von ihren polnischen Volksliedern vortrugen, was sich reizend anhörte.

Durch die fortwährende angenehme Unterhaltung und die Abwechselung der Arbeiten flohen die Tage wie Stunden dahin und allgemein wurde bedauert, als die Leute uns in Australien verließen. Ich muß gestehen, daß ich nie eine angenehmere Reise gemacht habe, die sich beim Beginn so trübe anließ.

Die mitunter in ganzen Rudeln mit fliegender Eile an dem Schiffe vorüberschwimmenden

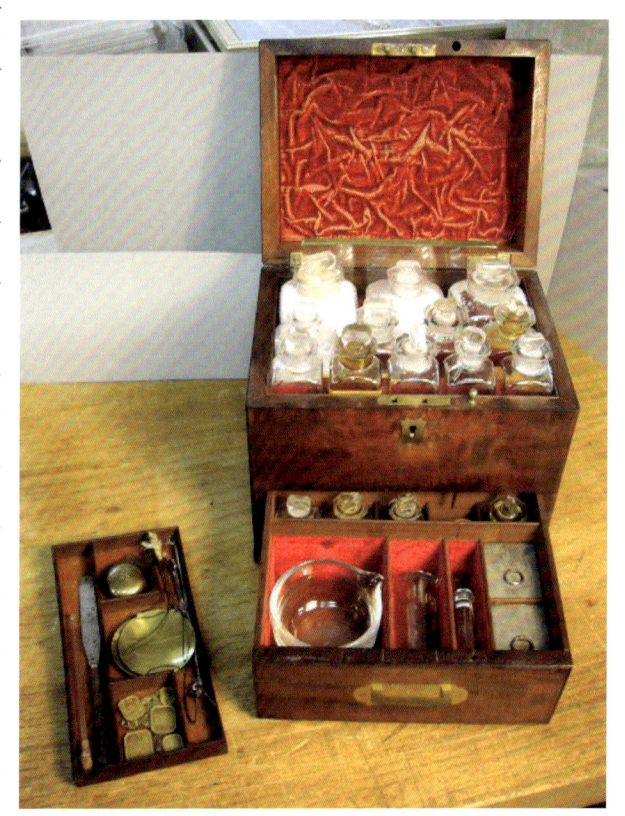

Schiffsapotheke, 19. Jh. (DSM)

Tümmler[71], und die auf Jagd hinter den fliegenden Fischen herschießenden Delphine, sowie die bei Windstille langsam hinter dem Schiffe herschwimmenden Haifische, welche auf Beute lauerten, versetzten die Leute immer in freudig aufgeregte Stimmung, namentlich, wenn die Matrosen einen von den Ersteren harpunirten, oder an der großen Angel einen Haifisch fingen. (Die Tümmler, welche warmes Blut haben, sind innerlich genau beschaffen wie Schweine, daher die Seeleute ihnen den Namen »Schweinefische« beilegen.)

Da ich infolge meiner Stellung als Beihülfe des Untersteuermanns mehr als die andern Matrosen mit den Leuten, und namentlich auch mit dem Arzt und Theologen in Berührung kam, hatte ich ab und zu Gelegenheit, ein Viertelstündchen mit Letzteren zu plaudern und mich über Verschiedenes belehren zu lassen. –

Eines schönen Abends, als ich die Wache und meine Stunde am Ruder abgehalten hatte, kam der Kandidat zu mir nach vorn, klagte über die Hitze in der Kajüte und wolle sich deshalb noch ein wenig abkühlen, damit er einschlafen könne.

Wir spazirten auf dem Vorderdeck zusammen hin und her, und ich benutzte diese Gelegenheit, die Frage an ihn zu richten, was doch eigentlich die Leute, die anscheinend fast alle unbemittelt, bewogen habe auszuwandern, worauf er folgendes erwiderte: »Sie wissen, lieber S., oder haben doch wahrscheinlich davon gehört, daß der König von Preußen schon seit einigen Jahren darnach strebt, die beiden Konfessionen, nämlich die Lutherische und die Reformirte, mit einander zu verschmelzen mit der Benennung »Uniirte Kirche«.

»Diese Leute nun, nebst noch vielen Familien, konnten es mit ihrem Gewissen nicht vereinbaren, die von ihren Vätern ererbte lutherische Konfession gewissermaßen zwangsweise abzutreten und sich der neuen Kirche anzuschließen, weil sie ja grade in der Hauptsache, d. h. in der Abendmahlslehre, sich schnurstracks entgegenstanden und infolge dessen dagegen protestirten; denn statt sich auf Befehl der Regierung der neuen Lehre anzuschließen, wollten sie lieber alles verkaufen und auswandern.«

»Kurz vor dieser Zeit hatte eine englische Gesellschaft »the south-australian Company« ein großes Terrain unbewohntes, unkultivirtes Land in Australien von der englischen Regierung angekauft und suchte nun durch die Zeitungen und herumreisende Agenten Leute zur Auswanderung nach Australien anzuwerben.«

»Diese Agenten kamen im letzten Frühjahre auch nach meiner Heimat im Posenschen[72] und schilderten die Aussichten für den Arbeiterstand im dortigen Lande so rosig und gewinnbringend, daß dieselben nur einige Jahre gut zu arbeiten brauchten, um sich ein Vermögen zu erwerben, wovon sie später in Europa sorgenfrei leben könnten.«

»Durch die gegebenen Verhältnisse und den geringen Verdienst im Posenschen wurde es den Anwerbern leicht gemacht, in kurzer Zeit an die 300 Personen anzuwerben, zumal ihnen die Versicherung gegeben wurde, frei und unbehindert ihre Religion ausüben zu dürfen. – Die Bedingungen, unter der die Leute angeworben wurden, lauteten folgendermaßen:

1. Jede erwachsene Person, männlich oder weiblich, erhält bei der Unterzeichnung des Kontraktes 50 Thaler ausbezahlt, wofür sie sich das Nötige für die Reise anschaffen kann;
2. vollständig freie Ueberfahrt mit Beköstigung ab Heimat nach Australien;
3. bei Ankunft in Australien erhält jeder ein Areal fruchtbares Land überwiesen, wozu ihm das nötige Saatkorn frei geliefert wird. Erst nach dem dritten Jahre muß der Besitzer eine später zu vereinbarende mäßige Abgabe dafür entrichten;
4. Jeder der Angeworbenen verpflichtet sich, 12 Jahre dort zu bleiben. Falls er nach Ablauf dieser Zeit nach Europa zurück will und keine Erben oder Nachkommen hat, dann übernimmt die Company das betreffende Grundstück zu dem von einer Kommission eingeschätzten Wert.«

»Sämtliche Leute haben eine Abschrift des Kontraktes in Händen.« »Ich,« sagte der Kandidat,« habe mich weniger des Verdienstes wegen, als der Gründe betreffs der Konfession den Leuten angeschlossen, um die Lehre der heiligen Religion auch den Kindern beizubringen; bekomme aber von der Company freie Wohnung und 150 Pfund Salair.«

»Ob nun alles so rosig ausfällt, wie es von den Agenten geschildert worden ist, das muß die Zukunft lehren.«

Es war über diese interessante Mitteilung 12 Uhr geworden; meine Wache war zu Ende, der Kandidat ging in die Kajüte und ich legte mich in meine Koje und träumte von der goldenen Zukunft dieser Leute.

Beim Passiren des Aequators wurde zwar nicht die übliche Ceremonie (wie Verkleiden als Neptun ec.) vorgenommen, aber das scherzhafte Begießen mit Seewasser, wovon die jungen Mädchen unter Lachen und Scherzen die stärkste Taufe erhielten, durfte nicht ausbleiben. Der Arzt, Theologe und Kaufmann hatten zwar vom Kapitän die Weisung bekommen, in der Kajüte zu bleiben, konnten aber dem Reiz, diesen Spaß in der Nähe anzusehen, nicht widerstehen und traten aus der Kajüte. Kaum waren sie aufs Deck getreten, als unter Jubel und Händeklatschen ein großer Kübel voll Wasser aus dem großen Mers (Mastkorb), wohin dasselbe die Nacht vorher hingeschafft war, auf sie herab stürzte. Die Herren wollten sich nun schnell, träufend von Wasser, in die Kajüte zurückziehen, aber der Kapitän, dem dieser Spaß gefiel, hatte die Thüre verriegelt und somit wurden alle Drei von den Matrosen gefangen genommen und mußten sich durch ein Lösegeld loskaufen. Noch mehrere Tage wurde über diese scherzhafte Mimik viel gesprochen und herzlich gelacht.

Wir steuerten vom Aequator ab nun beständig südwärts und als der südliche Wendekreis passirt war und der S.-O.-Passat[73] uns verlassen hatte, wollte der Kapitän, wie ich vom Untersteuermann erfuhr, um unsere Reise in etwas abzukürzen, im sogenannten größten Kreise segeln, kamen dabei aber so weit südlich[74], daß wir mehrere hohe Eisberge passirten; auch wurde die Kälte so intensiv, daß die Passagiere, um die Wärme zu erhalten, fast die ganzen Tage im Bette blieben. Da dem Kapitän dieses doch nicht recht war, ließ er mehr nördlich steuern, wo bald wieder milderes Wetter eintrat.

Außer den hohen Eisbergen sahen wir verschiedene große Wallfische, eine Menge Albatroße und sogenannte Kaptauben, wovon die Passagiere verschiedene mittelst kleiner Angeln, woran ein Stückchen Speck gesteckt, fingen, brieten und als Delikatesse verzehrten. Auch harpunirten wir einige Tümmler, deren Fleisch uns ganz vorzüglich schmeckte.

Wir segelten dann bei mehr oder weniger Sturm aus West und Südwest bis in die Nähe von West-Australien, von wo ab wir wieder schönes Wetter hatten, bis wir nach etwa 10 Tagen die Insel Kangeru vor der Mündung des Adelaide-Flusses zu Gesicht bekamen.

Der Jubel der Passagiere, nach 130 Tagen Seereise endlich das gelobte Land mit ihren eigenen Augen zu sehen, war unbeschreiblich, aber auch erklärlich, indem sie jetzt ihrem Ziele nahe und nun bald ihr vermeintliches Eldorado in Besitz nehmen konnten.

Die Nacht über lagen wir vor der Mündung des Flusses beigedreht und konnten von hier aus in weiter Ferne mehrere Feuer lodern sehen, welche, wie wir später erfuhren, von den Wilden herrührten, welche dem Vollmond Opfer brachten.

Am nächsten Morgen mit Eintritt der Flut liefen wir in den Fluß ein und kamen nachmittags, nachdem einigemal auf Grund gestoßen, in die Nähe einiger Schuppen und Baracken, welche die Vorstadt resp. den Hafen von Adelaide vorstellten, vor Anker.

Ein englisches Schiff, welches mit dem größeren Teil dieser Auswanderer etwa acht Tage vor uns von Hamburg abgefahren war, lag schon da. Der Kapitän desselben kam gleich zu uns an Bord, begrüßte unsern Kapitän und machte ihn mit den dortigen Verhältnissen bekannt, die jedoch, so viel ich, - in der Nähe arbeitend, - verstehen konnte, eben nicht verlockend waren.

Den folgenden Morgen fuhr unser Kapitän mit der Schaluppe, deren Besatzung (vier Mann) ich zugesellt wurde, ans Land.

Während derselbe den Agenten der Compagnie aufsuchte, hatten wir, die Bootsmannschaft,

Zeit, uns etwas auf dem Lande umzusehen. Wir trafen einige Irländer beim Bau eines Schuppens beschäftigt und einige Neger im paradiesischen Anzuge bei ihnen herumlungern. Auf unsere Frage an Erstere, wo denn eigentlich die Stadt sei, erwiderten sie: »dear me, there is no town at all, but about three miles inward is a village called Adelaide.«[75] Diese Antwort überraschte uns, denn wir hatten uns Adelaide wenigstens als eine mäßig große Stadt vorgestellt.

Während wir so mit einander plauderten, kamen die Wilden an uns heran und schrieen in einem fort: »what is your name?« Wir lachten über diese Frage der Neger und erwiderten dieselbe mit den Worten: »Ihr seid ja Teufelskerls!« worauf sie sofort erwiderten: »a very good name,« und zogen ab. – Die irischen Arbeiter, welche vor einem Jahre mit den ersten Emigranten dort angekommen, erzählten uns, daß in der Umgegend sich etwa 3 – 400 Wilde aufhielten, daß diese ganz harmlose Menschen seien, nur keinen Begriff von Mein und Dein hätten. Viele von ihnen hätten diese Frage, welche die Weißen gewöhnlich an sie richteten, aufgeschnappt und meinten, selbige bei jeder Begegnung mit Weißen laut schreien zu müssen.

Diese Wilden, welche einer ganz anderen Negerrasse angehörten, als jener, welche ich in Brasilien und Westindien gesehen, hatten schlichtes, schwarzes Kopfhaar und die Männer einen ziemlich starken Vollbart. Vom Nacken bis auf die Mitte des Rückgrats hinab hatten die Männer dichten Haarwuchs von etwa einem Zoll lang. Abgesehen von ihrer Magerkeit hatten sie einen ganz normalen Körperbau; keine aufgeworfenen Lippen, noch platte Nase.

Sie hatten keinen festen Wohnsitz, sondern zogen in Abteilungen herum und lagerten sich da, wo sie Nahrung fanden, unterm freien Himmel. Da sie nicht kriegerischer Natur, hatten sie auch keine Pfeile und Bogen, sondern nur Lanzen aus schwerem Holz, etwa 6 Fuß lang, als Wurfgeschoß für die Jagd, welche sie auch nur soweit betrieben, als für ihren Lebensunterhalt notwendig war.

Im Lanzenwerfen waren sie sehr geschickt, denn ich war eines Tages Augenzeuge, daß sie Vögel im Fluge auf etwa 25 – 30 Fuß Entfernung erlegten. Außer dieser Lanze trugen viele auch eine Keule, sogenannte Bumarun. Wenn sie auf die Jagd gingen, trugen sie ein aus Vogeldärmen angefertigtes Netz auf dem Rücken, wo sie das Erlegte hineinpackten. Die Kängerus, welche sich in dem Gebüsch viel aufhalten und mitunter über Nacht ein fürchterliches Geheul anstimmen, sind für die Eingeborenen ein Leckerbissen und werden bei Gesang, oder vielmehr Geheul und Tanz, halb roh verzehrt. Die Felle dieser Tiere werden aufbewahrt, um sich bei kalter Witterung damit zu bekleiden. Die Weiber, welche im Verhältnis zu den Männern nur wenige gesehen wurden, trugen ihre Zöglinge in solchen Netzen auf dem Rücken.

Als wir Abends wieder an Bord kamen, drängten sich die Passagiere alle an uns heran, um etwas von ihrem vermeintlichen Eldorado zu erfahren. Auch an den Kapitän stellten sie allerhand Fragen, welche derselbe jedoch möglichst reservirt beantwortete; sagte ihnen aber, daß sie wohl, da noch keine Wohnungen vorhanden waren, sich vor der Hand Hütten bauen müßten, wie es ihre Landsleute, welche mit dem englischen Schiffe gekommen, auch gethan hätten, bis der Agent ihnen nach und nach ein Stück Land anweise, oder auch vorläufig ihnen Stellungen in der Stadt besorgen werde. – Es war dieses keine ermunternde Antwort für die Leute, allein sie hatten Vertrauen zu der Compagnie und hatten ja ihren bündigen Kontrakt!

Des andern Tags, als die Schafe gelandet waren, kam der Agent der Compagnie an Bord und teilte den Leuten in gutem Deutsch mit, daß die kräftigen, jungen Männer mit Beilen, Sägen ec. ans Land fahren müßten, um Bäume und Sträucher zum Bau von Hütten zu fällen, worin sie dann vorläufig wohnen müßten. – Da sie wohl einsahen, daß sie nicht so lange auf dem Schiffe bleiben konnten, bis der Agent alles arrangirt, so fügten sie sich. Etwa 30 Männer wurden ausgeschifft und gingen, von dem Agenten begleitet, ans Land zum Holzfällen und Hütten aufzuschlagen.

Als sie nach Feierabend wieder an Bord geholt wurden, waren sie ganz vergnügt und erzählten, daß auch wilde Männer bei ihnen gewesen, welche ihnen sogar beim Fällen und Tragen der

Sträucher geholfen hätten. Dieses war doch zu interessant und gern wären am andern Morgen einige Mädchen mit ihnen gegangen, wenn der Kapitän es nur erlaubt hätte.

Nach ungefähr acht Tagen waren die Hütten fertig, worauf die ganze Gesellschaft mit Kisten und Kasten nebst dem übrig gebliebenen Proviant ans Land befördert wurde.

Die Leute, welche von Hause aus wenig Bedürfnisse hatten, wie sie auch auf dem Schiffe bewiesen, hatten sich nach weiteren acht Tagen wohnlich eingerichtet und waren vergnügt und guter Dinge. Der Kandidat der Theologie, der, solange das Schiff dort war, an Bord wohnte, ging zweimal wöchentlich zu ihnen, Gottesdienst abzuhalten und sie auf die Freuden des Himmels hinzuweisen, wenn sie hier auf Erden nur alles mit Geduld ertrügen.

Verschiedene Mädchen und junge Männer hatten gleich in den ersten Tagen durch Vermittelung des Agenten Stellungen in der Stadt bekommen, wurden gut bezahlt, so daß es ihnen sehr gefiel.

Eines Sonntags bekam ich mit noch zwei Kameraden Erlaubnis, den ganzen Tag über an Land zu bleiben, weil wir doch gern die Stadt in Augenschein nehmen und die in derselben dienenden Passagiere besuchen möchten.

Ungefähr halben Wegs vom Hafen zur Stadt sahen wir seitwärts vom Wege unter einer Menge hoher Bäume wohl an die 80 Stück schwarze Männer und Weiber, alle in vollständig paradiesischen Anzügen, singend um ein großes Feuer tanzen, wo sie wahrscheinlich ein Kängeru verzehrten.

Einige Neger waren oben auf den Bäumen beschäftigt, Nahrung für das Feuer, nämlich Zweige, abzubrechen.

Die Neugierde trieb uns, dieses Schauspiel in der Nähe zu beobachten, und wir bogen vom Wege ab dahin. Als wir ziemlich nahe heran waren und uns an diesem Gebahren ergötzten, kamen drei Männer mit ihren Lanzen wurfbereit auf uns zu springen und schrieen uns an: »what is your name?« – Da wir auf einen derartigen Angriff nicht gefaßt waren, beantworteten wir in unserer Angst die Frage mit den Worten: »Verfluchte Kerls, geht zum Teufel!« worauf sie die Arme mit den Lanzen herunter sinken ließen, umschwenkten und laut riefen: »a very good name!« Auch wir machten schnell Kehrt, froh, mit einem Schrecken davon gekommen zu sein und suchten schleunigst den Weg zur Stadt wieder auf.

Als wir des Abends zurück kamen, war die Festlichkeit noch im vollen Gange; wir waren aber diesmal vernünftig genug, ruhig vorüber zu gehen.

Die Stadt war in einer Niederung, umgeben von natürlichen ziemlich hohen Wällen, – im großartigen Styl mit breiten Wegen (gepflastert war nicht) angelegt. Im Centrum waren ein Dutzend Häuser aus Mauersteinen aufgeführt, wogegen die andern zerstreut umher liegenden teils aus Holz, teils aus Eisenblech gebaut waren, so daß das Ganze mehr einem großen Bauerngehöft als einer Stadt ähnlich sah.

In einem Wirtshause trafen wir zwei von den jungen Mädchen, welche als Kellnerinnen engagirt waren. Dieselben waren sehr zufrieden und erzählten uns, daß sie bei leichten Arbeiten dort in einem Monat mehr verdienten, als bei ihnen im Posenschen bei schwerer Arbeit in einem ganzen Jahre. Auch von den jungen Männern, welche in Dienst waren, trafen wir einige, die uns dasselbe erzählten, dabei bemerkend, daß sie auch schon etwas englisch sprechen könnten, worüber sie sehr froh waren.

So wie die Stadt an und für sich, so machte auch die Umgegend, die wir durchwanderten, keinen guten Eindruck. Der Boden war überall sehr trocken und wie es schien, unfruchtbar, so daß wir die armen Einwanderer bedauerten.

Dennoch hat sich später das Gegenteil von dem Vermeinten herausgestellt, denn schon seit einer Reihe von Jahren exportirt Süd-Australien ganz bedeutende Quantitäten schönen Weizen und sonstiges Getreide. – Auf den schönen Wiesen weiden Hunderttausende von Schafen, denn die Schafzucht, (wozu die von uns der Zeit [Dezemer 1837] eingeführten den Grund gelegt), ist

Hafenleben in Singapore im 19. Jahrhundert.

größtenteils aus Holz und Bambus auf Pfählen gebauten Häusern; nur die öffentlichen Gebäude, Paläste des Königs, Kirchen und Buddhistischen Klöster sind aus Mauerwerk aufgeführt. Die Straßen, durchweg eng und schmutzig, sind von mehreren Kanälen durchschnitten, welche bei niedriger Ebbe trocken, einen üblen Geruch verbreiten. – In der Nähe des königlichen Schlosses ist ein großer freier Platz, welcher mit einer Mauer umgeben als Exerzirplatz dient. Außer den feststehenden Häusern sind eine Menge dergleichen auf Bambusflößen am Ufer liegend gebaut, die nach Umständen ihren Platz wechseln können.

Queen's Road in Hongkong um 1867, nach einem Aquarell von Eduard Hildebrandt.

Da der Verkehr zwischen beiden Stadtteilen nur zu Wasser möglich, wimmelt es auf dem Flusse von Kanoes in allen Größen. Die Einwohner bestehen in der Mehrheit aus Siamnesen, ferner Chinesen und Malaien.

Einige englische Kaufleute, welche sich einige Jahre vor der Zeit (1838) dort niedergelassen hatten, betreiben fast ausschließlich den Handel nach dem südlichen Indien, wogegen die Chinesen den Handel nach China mit ihren großen Dshonken[80], von welchen d. Z. wohl an die 20 im Hafen lagen, betreiben. Zur Zeit des N.-O.-Monsuns[81] kommen diese Dshonken mit ihren Waaren von China, verkaufen oder tauschen dieselben aus und fahren nach einem halben Jahre mit dem S.-W.-Monsun wieder zurück. – Als bemerkenswert muß ich erwähnen, daß die Siamnesen beiderlei Geschlechts gewandte Schwimmer sind und häufig sieht man dieselben quer durch den Fluß schwimmen, der dort über 1000 Fuß breit ist. – Die Mütter werfen ihre Kleinen in den Fluß und springen dann nach, um ihnen das Schwimmen zu lehren. Die Kleidung der Siamnesen ist sehr primitiv und wenig hindernd beim Schwimmen.

Wir waren das erste deutsche und überhaupt das fünfte oder sechste europäische Handelsschiff, welches bis dahin je Bangkock besuchte. Etwa drei Jahre vorher war eine amerikanische Brigg lange Zeit dort gewesen, hatte ihre amerikanischen Erzeugnisse ausgehökert und Landesprodukte wieder eingekauft. (Die Landesmünze ist kugelförmig in der Größe einer kleinen Kirsche, die an einer etwas abgeplatteten Stelle ein Gepräge hat. Sie hat in Gold einen Wert von zwanzig, in Silber von zwei Mark. Als Scheidemünze[82] werden Cowry-Muscheln benutzt.) Zu dem Ende hatte der amerikanische Kapitän einen Dolmetscher von Singapore mitgenommen, der in den vielen müßigen Stunden dem wiß- und lernbegierigen königlichen Prinzen Unterricht in der englischen Sprache erteilt hatte. Dieser Prinz, der d. Z. etwa 35 Jahre alt war und fließend englisch sprach, kam mehrere Male mit seinen fünf Frauen und sonstigem Gefolge in drei oder vier reich vergoldeten Böten zu uns an Bord gefahren und unterhielt sich gern mit den Offizieren, auch wohl zuweilen mit dem einen oder andern der Mannschaft, welche Ehre auch mir zu Teil wurde und kann ich daher den Leser auch mit dieser königlichen Familie in etwas bekannt machen.

Der Prinz war keine große, aber stattliche Figur, hatte wie alle Siamnesen eine etwas gelbliche Hautfarbe, schwarzes Haar, wovon aber nur ein Büschel mitten auf dem Kopfe stand, das andere abrasirt war; einen nicht starken schwarzen Bart, durchdringende schwarze Augen und schwarze Zähne, vom Kauen der Betelnuß mit besondern Blättern künstlich erzeugt. Seine Kleidung bestand aus einem gelben seidenen Shawl um den Unterleib geschlungen, wovon der eine Zipfel zwischen den Beinen durch vorn befestigt war, mithin der Oberkörper und die Beine vollständig nackt, mit Strohsandalen an den Füßen und barhaupt. Von der Dienerschaft trug der eine seinen Degen, dessen Griff mit Diamanten eingelegt war; ein anderer seine goldene Uhr mit Kette, die ihm der Amerikaner geschenkt hatte; ein dritter den großen Sonnenschirm; der vierte die Pfeife und den Tabaksbeutel und ein fünfter die Schachtel mit Betelnuß nebst Zubehör. – Alle diese Leute trugen ähnliche Kleidung wie der Prinz, aber in blauer Seide und gingen barfuß.

Die Frauen, fünf an der Zahl, hatten eine hellere Hautfarbe und ganz nette Gesichtszüge, schwarze Augen, pechschwarzes, glänzendes, schön frisirtes Haar, dabei ebenfalls schwarze Zähne vom Kauen der Betelnuß, was als Gegensatz zu den weißen Zähnen unserer Damen als Schönheit gilt. – Eine schon bejahrte Dienerin war fortwährend beschäftigt, diese Prümchen anzufertigen.

Gekleidet waren die Frauen wie der Prinz in gelber Seide; doch reichte dieser Shawl bis halb über den Busen, nicht zwischen den Beinen durchgezogen, sondern hing schlaff herunter bis an die Knie; dabei waren sie barfuß.

Bei allen standen die Nägel an der linken Hand, resp. an den Fingern beinahe einen Zoll hervor, wogegen die an den rechten Fingern kurz geschnitten waren.

Was diese langen Nägel eigentlich für einen Zweck hatten, habe ich nicht erfahren können.

Wenn der Prinz mit seinem Gefolge ausfahren wollte, fuhr ihnen ein sogenannter Vorruderer voraus, welcher die Leute, die mit ihren Kanoes auf dem Flusse waren, durch Zurufen aufmerksam machte, daß sie ihre Riemen[83] während der Vorüberfahrt des Prinzen ruhen lassen mußten.

Er selbst fuhr gewöhnlich in einem zwölfruderigen Boot, wozu er die Leute selbst eingeübt hatte; darauf folgte ein achtruderiges mit den Frauen, und zuletzt die Dienerschaft mit sechs Ruderern. Letztere stand, wenn sie an Bord waren, in angemessener Entfernung hinter dem Prinzen und hockte jedesmal, wenn dieser sich umdrehte, mit vorgebeugtem Oberkörper nieder; dagegen waren die Frauen recht frei und ausgelassen.

Der Prinz war ein Fortschrittsmann im wahren Sinne des Wortes; denn der einige Jahre später abgeschlossene englisch-siamnesische Handelsvertrag, der einen gewaltigen Aufschwung in Handel und Schiffahrt dort hervorgerufen hat, sowie die nach und nach eingeführte europäische Kultur ist in erster Linie ihm zu verdanken.

Das der Zeit noch bestehende Gesetz, wonach kein Prinz über die Landesgrenze hinaus reisen durfte, hat dieser gleich nach Antritt der Regierung aufgehoben und seine Söhne auf europäischen und amerikanischen Universitäten studiren lassen. – Der vor einigen Jahren die europäischen Höfe besuchende Kaiser von Siam ist ein Sohn des oben beschriebenen Prinzen.

Hier muß ich noch bemerken, daß wir, d. h. einige Kollegen mit mir, von einem englischen Comptoiristen, unter andern auch in den großen budhaistischen Tempel geführt wurden, welcher uns darauf aufmerksam machte, daß die auf dem Altare prangende etwa 10 Fuß hohe Figur (Götze) ein diamantenes Auge und ein Glasauge habe, was folgende Bewandtniss hatte:

Ein Matrose von dem erwähnten amerikanischen Schiffe habe sich eines Tags in dem Tempel versteckt und über Nacht dem Götzen das eine diamantene Auge ausgestochen, also seines Wertes wegen gestohlen und sei damit spurlos verschwunden. Als dieser Diebstahl einige Tage nachher entdeckt wurde, habe der Oberpriester in größter Verlegenheit schnell ein Glasauge anfertigen und einsetzen lassen, welches bis jetzt noch nicht durch ein diamantenes habe ersetzt werden können.

Nach sechswöchentlichem Aufenthalt in Bangkock gingen wir mit einer Ladung Zucker und Reis, nach Singapore bestimmt, wieder in See.

Auf dieser Reise wurden wir von einem Cyklon[84] gestreift, dessen Wut wir aber glücklich widerstanden.

Da die Atmosphäre schon seit einigen Stunden unheimlich drückend, auch das Barometer, welches vom Kapitän genau beobachtet wurde, anfing zu fallen, so mußten die Offiziere voraussetzen, daß etwas Ungewöhnliches im Anzuge war und trafen demnach alle möglichen Vorrichtungen, dem event. Wirbelsturm widerstehen zu können. Die Bramrahen und Stengen wurden eiligst herunter genommen, alle Segel mit Ausnahme des dicht gereeften Großmarssegels doppelt mit Seisingen[85] beschlagen u. s. w. Als der Wind zuerst aus N.-W. einsetzte, konnten wir denselben benutzen und lenzten für das dicht gereefte[86] Marssegel. Allmählich drehte der Wind sich herum, nahm stets an Stärke zu und nach zwei Stunden trieben wir vor Top und Takel[87] dem Schicksal überlassen.

Das Schiff krachte bei der fürchterlich wild durcheinander laufenden See und heulendem Sturm in allen Fugen, so daß man zuweilen denken mußte, es bräche auseinander. Nach Verlauf von etwa vier Stunden ließ der Wind, zuerst in kleinen Pausen, etwas nach; das vom Kapitän fortwährend beobachtete Barometer fing an zu steigen, und wir atmeten frei auf in dem Bewußtsein, daß die größte Gefahr vorüber und das Schiff keinen erheblichen Schaden genommen hatte. – Nach einem an Bord befindlichen Instrumente hatte der Druck des Windes 45 Pfund auf den Quadratfuß betragen, also etwa ein Drittel mehr als die schwersten Stürme in Europa.

Den darauf folgenden Tag wurde alles wieder in Ordnung gebracht, die Reise bei veränderlichen Winden (der Monsun hatte sich noch nicht eingestellt) fortgesetzt, und nach etwa 16 Tagen waren wir in Singapore.

Als die Ladung gelöscht, die kleinen Schäden, welche das Schiff in dem Wirbelsturm erhalten hatte, wieder ausgebessert waren, wurde eine Ladung Stück-Güter, als: Gambier[88], Zucker, Sago, Pfeffer, Tabak ec. ec., nach Hamburg bestimmt, eingenommen. So beladen, traten wir unsere Reise an und kamen, ohne etwas Erwähnenswertes erlebt zu haben, bis in die Nähe vom »Kap der guten Hoffnung«, wo bei einem heftigen Sturme das Schiff ein Leck bekam. Als der Sturm sich gelegt, der Wind wieder günstig geworden war, und wir das eindringende Wasser durch Pumpen bewältigen konnten, versuchten wir das Leck aufzufinden, um es wo möglich zu stopfen resp. zu dichten. Nach einigem Suchen entdeckten wir dasselbe nahe beim Hintersteven, konnten aber von innen nicht dabei kommen, weshalb der Kapitän beschloß, St. Helena[89] anzulaufen, dort etwas Ladung aus dem Hinterraum in einen Prahm zu löschen, um das Leck über Wasser zu bekommen. Gesagt, gethan; wir löschten einen Teil der Ladung, verstopften das Leck und waren in vier Tagen mit Allem fertig, um unsere Reise fortzusetzen. – Ich hätte hier gern das Grab Napoleons besucht, konnte aber wegen der vielen Arbeit und wegen des kurzen Aufenthaltes keine Erlaubnis dazu bekommen.

Von St. Helena ab ging die Reise gut und ziemlich schnell von statten und am Weihnachtstage bezw. – Abend liefen wir bei stürmischem West-Winde unter doppelt gereeften Marssegeln in den englischen Kanal ein. – Nach der damaligen Sitte auf den deutschen Schiffen wurde zu Weihnacht-Abend Pfannkuchen und Punsch als Abendbrot gegeben. Auch bei uns war solches der Fall und hatte der Koch sich schon den ganzen Nachmittag gequält, hinreichend für die vielen hungrigen Magen zu backen. Als nun auch eine stramme Bowle vom Untersteuermanne angefertigt und dem Koch übergeben war, wurde alles in das Logis gebracht und der Koch läutete zum Abendessen, worauf wir uns (mit Ausnahme des Ausgucks) schnell ins Logis begaben.

Vor der Insel St. Helena, 19. Jh.

Noch hatten wir uns nicht niedergesetzt zum Essen, als der Steuermann mit einer Donnerstimme rief: »All Hands an Deck!« Nicht ahnend, welche Gefahr uns drohe, stürzten wir eiligst wieder an Deck, wo uns die Stimme des Kapitäns entgegen donnerte: »Schnell an die Steuerbordsbrassen[90], Raaen an den Wind!« und zum Rudersmann: »Ruder Steuerbord, luf an den Wind!« In Zeit von einer Minute lag das Schiff mit dem Kopf nach Norden und als nun noch Besahn[91] und Klüfer[92] schnell beigesetzt wurden, arbeitete dasselbe unter dem Druck der Segel fürchterlich, als ob es wütend war, daß man es in seinem frühern ruhigen Lauf gestört hatte. Nun erst konnten wir sehen, welche Gefahr uns bedroht hatte; denn quer ab, am Steuerbord, sahen wir in unserer Nähe die drei Feuer auf den Felseninseln, »Casquets« an der französischen Küste, an denen wir, wenn nicht noch rechtzeitig die Feuer entdeckt worden wären, unrettbar zerschellt wären.

Als wir nach einiger Zeit weit genug von den gefährlichen Rocks entfernt waren, wurde das Schiff durch die Wiedereinnahme des frühern Kurses wieder ruhig, und wir wurden ins Logis geschickt, unser köstliches Weihnachtsmahl fortzusetzen, bzw. zu beginnen; wurden aber sehr unangenehm überrascht, als wir die leere Punschbowle, die Pfannkuchen, Schüsseln und Teller zerstreut im Logis herum liegen sahen. Wir klagten unser Elend dem Steuermann, welcher uns damit vertröstete, daß wir des andern Tags doppelt Ersatz haben sollten, weil es für den Abend doch schon zu spät sei. Dieses auch selbst einsehend, waren wir damit zufrieden, und die eine Wache begab sich später zur Koje.

Am letzten Dezember liefen wir in die Elbe ein und kamen am Neujahrstage, nach einer Abwesenheit von 16 Monaten, wieder an die Stadt Hamburg.

9. Kapitel.
Zeitweiliger Besuch der Navigationsschule. Ich bekomme auf Empfehlung einen Dienst auf einem Schiffe nach St. Thomas.

Da es einige Tage nachher stark zu frieren anfing und die Elbe mit dickem Eis belegt war, wurden wir abgemustert und jeder von uns ging, nachdem er sich von den Strapazen der Reise erholt hatte, seinen eignen Weg. Ich benutzte die Gelegenheit, den Winter über die Navigationsschule in Hamburg zu besuchen, um mich auch im Theoretischen für meinen Beruf auszubilden.

Nachdem ich etwa zwei Monate lang die Navigationsschule besucht hatte, bekam ich durch Empfehlung meines frühern Kapitäns eine Stellung als Untersteuermann auf einem hamburger Schiffe, welches nach St. Thomas bestimmt war.

Da zu der Zeit noch keine Dampfer zwischen Europa und Westindien fuhren, folglich die etwaigen Passagiere die Reise mit Segelschiffen machen mußten, so fuhr dann auch eine deutsche Familie: Mann, Frau, zwei Knaben von 14 resp. 16 und eine Tochter von 18 Jahren mit uns hinüber.

Diese junge Dame war ein freundliches, lebhaftes und sehr gesprächiges Kind, setzte sich in den Tropen häufig zu mir auf die Bank, wenn ich auf dem Quarterdeck saß, um Segel auszubessern. Da sie aus dem Gespräche mit mir erfahren, daß ich schon früher 'mal in St. Thomas gewesen war, so mußte ich ihr Alles, was ich von den dortigen Verhältnissen wußte und kannte, haarklein erzählen. Eines Nachmittags, als wir uns so ganz ungeniert unterhielten, mußte sie doch wohl bemerkt haben, daß ich, wie die meisten Seeleute, Tabak kaute, und richtete an mich in ganz naivem Ton die Frage: »Was sehe ich, Steuermann, kauen Sie Tabak?« Ich mußte, allerdings etwas verlegen, diese Frage bejahen und fügte hinzu, daß fast alle Seeleute die üble Gewohnheit hätten, Tabak zu kauen. Nach kurzer Pause erwiderte sie: »Wenn die Leute wüßten, wie widerlich den Damen diese üble Gewohnheit ist, sie würde dann nicht so allgemein sein, wie Sie sagen. Ich z. B. würde nie einem jungen Manne einen Kuß geben, der Tabak in den

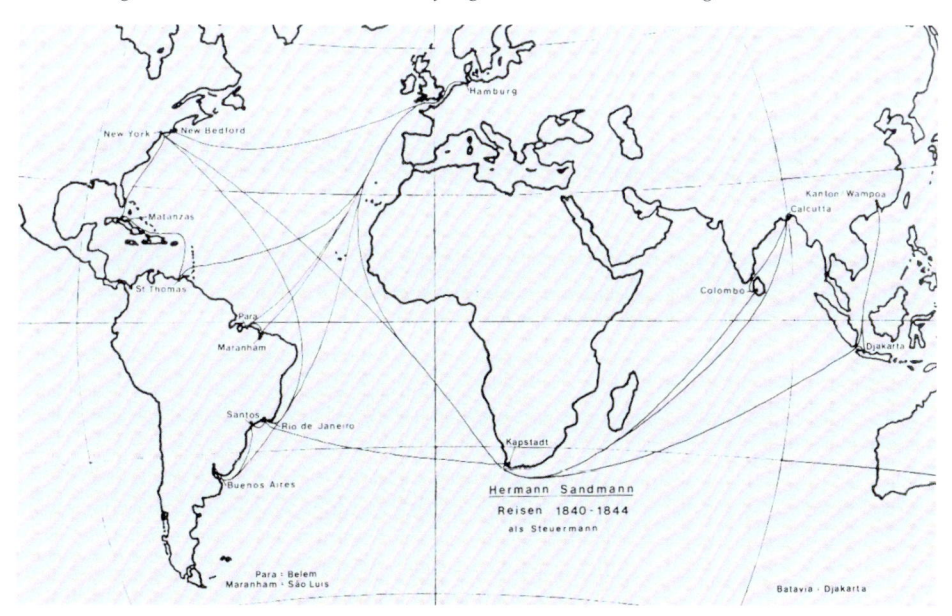

Die Reisen von Hermann Sandmann 1840 bis 1844. (Zeichnung von H. Peineke, Papenburg)

Mund nimmt!« Auf diese letzte Bemerkung hin wagte ich nach einigem Zögern die bescheidene Anfrage, ob sie mir denn wohl einen Kuß geben würde, wenn ich von jetzt an keinen Tabak wieder in den Mund nähme? Sie sah mich hierauf etwas errötend an und erwiderte: »Wenn ich die Gewißheit hätte, daß Sie Ihr Wort halten würden, dann wüßte ich nicht, was ich thäte!« Ich warf den Tabak fort und habe seitdem nie wieder gekaut. – Ob die Dame auch Wort gehalten, darf ich dem Leser nicht verraten. – Ich muß jetzt noch immer, wenn ich Jemanden Tabak kauen sehe, an diesen Vorfall denken.

Als wir nach einiger Zeit in St. Thomas angekommen und die Familie uns verließ, konnte das schelmische junge Mädchen doch nicht umhin, mir beim Abschiednehmen zu bemerken: »Steuermann, Sie müssen Ihr Versprechen halten!«

Nachdem wir einige Wochen in St. Thomas gelegen, erzählte unser Kapitän mir, daß ein Freund von ihm ein vor mehreren Monaten hier eingeschlepptes Vollschiff bekommen habe und gern einen zweiten Steuermann engagieren wolle, welcher etwas Navigation verstände. Er habe seinem Kollegen auf diese Bemerkung hin erwidert, daß ich vielleicht bei entsprechend höherer Gage geneigt wäre, diesen Posten anzunehmen. – Wenn ich also die Stelle annehmen wolle, dann könne ich mich wegen Gage ec. mit dem Kapitän verständigen. Er selbst habe kein Bedenken, die Heimreise ohne Untersteuermann zu machen. Ich nahm dankend dieses Anerbieten meines Kapitäns an und ging des folgenden Tags, mich dem Kapitän des andern Schiffes vorzustellen. Ueber Gage und Bedingungen waren wir bald mit einander einig, und nachdem er mich dem Obersteuermann vorgestellt, holte ich meine Sachen von dem hamburger Schiffe und trat meinen Dienst an.

Blick auf den Hamburger Hafen. Zeichnung um 1870.

Das fragliche Vollschiff[93] (früher Amerikaner) war vor etwa fünf Monaten in der Nähe von St. Thomas in einem Orkan zum Teil entmastet, hatte auch am Rumpf bedeutenden Schaden erlitten und war durch Küstenfahrer hülflos treibend aufgefunden und nach St. Thomas eingebracht, wo dasselbe wegen Reparaturunfähigkeit kondemnirt[94] und für Rechnung der Assecuradeure verkauft worden war.

Der neue Erwerber war ein in St. Thomas wohnender Kaufmann, dem es nach vieler Mühe und mit vielen Unkosten gelungen war, das Schiff soweit wieder herzustellen, daß es wenigstens im Stande war, nach einem andern Hafen zu segeln, wo es gründlich wieder hergestellt werden konnte.

Da das Schiff durch den Verkauf dänisches Eigentum geworden war, mithin die dänische Flagge führen durfte, mußte nach den Gesetzen auch der Kapitän ein Däne, resp. Holsteiner sein. Der Obersteuermann, welcher ebenfalls Holsteiner, war von einem flensburger Schiffe krank im Hospital zurück geblieben. Derselbe war ein großer kräftiger Mann von etwa 30 Jahren, sehr gewandt und hatte früher schon drei Jahre mit amerikanischen Schiffen als zweiter Steuermann gefahren.

Nachdem unser Schiff, so gut es in St. Thomas ging, hergerichtet war, wurde die Mannschaft, größtenteils Neger, komplettirt und segelten wir nach einigen Tagen in Ballast nach Matanzas[95], um dort für Rheders Rechnung einen Teil Ladung Molasses[96] zu laden, womit wir nach New-York segelten. In New-York angekommen, und nachdem der Molasses gelöscht, wurde das

Empfehlungsschreiben für Hermann Sandmann von Kapt. Möller, Führer der Brigg JOHANN GOTTLOB.

Daß Vorzeiger dieses, Herrmann Sandmann aus Papenburg, bei mir [...] unterschrieben auf der Hamburger Brigg Johann Gottlob zwei volle Jahre als Ober Steuermann ge,, fahren und sich während dieser Zeit stets zu meiner größten Zufriedenheit betragen hat; habe ich hierdurch allein bestätigen wollen, sondern empfehle ihn als einen braven und tüchtigen Seemann und Navigateur allen meinen resp. Herrn Mitcollegen bestens Diese bestätigt durch eigenhändige Unterschrift gerne

Aug. Ed.. Möller.
Hamburg im Septbr. 1844.
Führer der obengenannte Brigg

Schiff da gründlich reparirt und nachher eine Ladung Güter nach Colombo (auf Ceylon)[97] eingenommen.

Obgleich die Mannschaft an Bord sehr human behandelt wurde, konnten doch einige dem Reiz der Neuheit nicht widerstehen und desertirten. Als Ersatz hatte der Kapitän vier andere engagirt, welche im Augenblick unserer Abfahrt total betrunken von den Runnern[98] an Bord gebracht wurden. Als dieselben ernüchtert, stellte sich bald heraus, daß es richtige Rowdies waren, die sich vor jedweder Arbeit zu drücken verstanden und sogar dem Steuermann in brutaler Weise trotzten, so daß derselbe, nach Ueberlegung mit dem Kapitän, sich veranlaßt sah,

Im Hafen von St. Thomas nach einem Hurricane 1867.

Blick auf den Hafen von Colombo, der Hauptstadt von Ceylon/Sri Lanka. (Aus Dorn: Die Seehäfen des Weltverkehrs, 1891)

diese Leute nach amerikanischem System zur Raison zu bringen. Die Gelegenheit bot sich bald; denn als dieselben beim Deckwaschen eines Morgens sich widerspenstig zeigten, ergriff der Steuermann, ohne vorher ein Wort zu sagen, einen eichenen Coffey-Nagel[99] (Pinnen, woran die Taue aufgerollt werden) und bearbeitete damit zwei von ihnen derart, daß sie heulend nach dem Logis liefen. Als die andern Beiden folgen wollten, vertrat der Steuermann ihnen den Weg und bemerkte, daß, falls sie noch ein Wort sagen würden, ihnen eine ähnliche Portion zu Teil werden solle. – Noch einige Mal war der Steuermann genötigt, dieses amerikanische Mittel[100] anzuwenden und hatte die Wirkung, daß diese Rowdies nach einigen Wochen ganz brauchbare Matrosen wurden.

Ich muß gestehen, daß ich später auch öfters die Erfahrung gemacht habe, daß bei solchen Leuten ein ganz energisches Auftreten besser hilft, die Disciplin an Bord aufrecht zu erhalten, als alle guten Worte und Ermahnungen.

Brigg 1866, Handzeichnung von Franz von Wahlde.

Nach einer ziemlich schnellen Reise in Colombo angekommen, löschten wir den für dort bestimmten Teil der Ladung und gingen mit dem Rest nach Calcutta, von wo wir mit einer Ladung indischer Produkte nach Hamburg segelten.

10. Kapitel.
Navigationsschule wiederum besucht. Prüfung abgelegt. Mehrere Reisen als Obersteuermann. Besuch der Verwandten nach 11jähriger Trennung.

Nach Hamburg zurück gekommen, setzte ich meine Studien auf der Navigationsschule fort und stellte mich nach etwa dreimonatlichem Schulbesuche zum Examen. Da ich in allen verlangten Fächern das Prädikat »Gut« erhielt, wurde mir von der Prüfungs-Kommission das Zeugnis als Steuermann und Seeschiffer »erster Klasse« ausgestellt.

Sehr erfreut über dieses Resultat, schickte ich eine Abschrift des Zeugnisses an meinen Vormund zur Kenntnisnahme, welcher umgehend seine Freude und Anerkennung darüber in einem langen Schreiben Ausdruck gab. Seine Einladung, auf einige Zeit nach Hause zu kommen, lehnte ich mit der Bemerkung ab, daß ich jetzt erst einige Reisen als Obersteuermann machen wolle, um mich auch für den praktischen Dienst eines Kapitäns auszubilden.

Etwa sechs Wochen nach bestandenem Examen – während welcher Zeit ich Unterricht im Englischen nahm – gelang es mir endlich, eine Heuer als Obersteuermann zu bekommen und zwar auf einer hamburger Brigg, welche nach Maranham[101] und Para[102] in Ladung lag. Erst Anfangs Dezember traten wir unsere Reise an, kreuzten bei beständigem Süd-West-Wind bis südlich von Texel hinauf, wo wir am 9. Dezember abends plötzlich und unerwartet von einem orkanähnlichen Sturm aus W.-N.-W. überfallen und auf Legerwall[103] besetzt wurden. Die gut segelnde, erst zwei Jahre alte und vorzüglich ausgerüstete Brigg mußte jetzt auf ihre Tüchtigkeit und Leistungsfähigkeit geprüft werden, denn nur durch diese und durch einen ungewöhnlichen Segeldruck konnten wir die Leeküste klaren. Beim Beginn des Orkans, als die See noch nicht so hoch ging, durchschnitt das Schiff die Wellen, den Schaum an beiden Seiten von sich werfend. Als die Wellen aber höher und höher gingen, mußte es der Uebermacht weichen und wurde zeitweilig von denselben überschwemmt und in seiner Fahrt gehemmt, so daß wir uns immer mehr der Küste näherten und die Ueberzeugung gewannen, wenn nicht innerhalb einiger Stunden eine Veränderung eintrete, eine Strandung auf die Außenbänke voraussichtlich unvermeidlich war. – Als nach Mitternacht immer noch keine Veränderung eintrat, beschlossen wir nach kurzer Beratung den letzten uns noch zu Gebote stehenden Versuch zu machen, um Schiff und Leben zu retten, nämlich die Masten zu kappen und beide Anker zu werfen. – Während nun die Mannschaft mutig und entschlossen daran ging, die angeordneten Vorarbeiten zu diesem letzten Notversuch auszuführen, klärte die Luft im Norden sich etwas ab, der Wind ließ an Stärke allmählich nach und sprang kurz darauf nach Norden herum, welche plötzliche und unerwartete Veränderung bei uns allen ein Gefühl der Dankbarkeit gegen die Vorsehung hervor rief. Als nun gegen Tagesanbruch der Sturm gänzlich nachgelassen, das aufgewühlte Meer sich beruhigt hatte und die Sonne majestätisch aus dem klaren Horizont empor stieg, da waren alle die Gefahren der letzten Nacht bald vergessen. – Nach etwa 50tägiger Fahrt von Hamburg kamen wir wohlbehalten in Maranham an, löschten die für dort bestimmten Güter und segelten darauf nach Para, von wo wir mit einer Ladung Cacao, Nüssen, Gummi ec. nach Hamburg segelten, wo wir am 8. Mai 1842, am letzten Tage des großen Brandes, ankamen.

Nachdem ich von obiger Brigg abgemustert war, bekam ich eine Heuer als Obersteuermann auf einem hamburger Vollschiff, dessen Kapitän vor einigen Jahren mein Obersteuermann gewesen war. Mitte Juni segelten wir von Hamburg mit einer Ladung Stückgüter nach Rio de Janeiro, nahmen dort eine Teilladung Kaffee ein nach Capstadt und segelten von Capstadt frachtsuchend nach Batavia, wo der Kapitän beim Konsul Ordres vom Rheder vorfand, mit Ladung oder in Ballast direkt nach Canton zu segeln, um dort, resp. in Wampoa von der amerikanischen Faktorei[104] eine Ladung Thee ec., für New-York bestimmt, einzunehmen.

Ansicht der chinesischen Hafenstadt Canton.

Der Brand in Hamburg 1842.

Der einige Monate vorher mit England abgeschlossene Friedensvertrag, wonach, nächst Canton, noch verschiedene Häfen Chinas den fremden Nationen eröffnet wurden, hatte zur Folge, daß Ein- und Ausfuhr ganz bedeutend zunahmen, und namentlich der Cantonfluß bei unserer Ankunft mit Schiffen aller Nationen bedeckt war.[105] – Nach etwa vier Wochen Aufenthalt in Wampoa verließen wir den Cantonfluß und erreichten nach schneller und glücklicher Fahrt den Hafen von New-York, von wo wir dann wieder mit einer Ladung Stückgüter nach Rio de Janeiro segelten.

Während unseres diesmaligen Aufenthalts in Rio vermählte sich der 17jährige Kaiser von Brasilien, Dom Pedro II., mit einer neapolitanischen Prinzessin, Tochter des später entthronten Königs Franz von Neapel. – Diese großartige Festlichkeit werde ich in kurzen Zügen dem Leser vor Augen führen:

»Am 3. September abends wurde von dem Fort Santa Crux – am Eingange des Hafens von Rio – signalisirt, daß die neapolitanische Kriegsflotte mit der Braut des Kaisers an Bord draußen vor der Mündung Anker geworfen habe. Früh am andern Morgen erging der Befehl an alle im Hafen liegende Schiffe, jedwede rauschende Arbeit für die nächsten drei Tage einzustellen und die Schiffe möglichst mit Flaggen ec. auszuschmücken. Zur gleichen Zeit wurden etwa dreißig der größten und schönsten Schiffe durch die Matrosen der K. Marine in doppelter Reihe von der Insel Cobra ab bis zum Kaiserlichen Palais verankert und gleichmäßig ausgeschmückt. Etwa gegen neun Uhr lichteten die im Hafen liegenden brasilianischen Kriegsschiffe die Anker und segelten hinaus, die neapolitanische Flotte zu salutiren. Gegen elf Uhr lief die gemeinschaftliche Flotte bei frischer Seebriese, unter fortwährendem Donner der Kanonen von den Forts, in die Bai von Rio ein und warf Anker im Vorhafen »Franquia«.

Als auf der Flotte Alles in schönster Ordnung war, fuhr der Kaiser in einem reich vergoldeten, von 24 Matrosen gerudertem Boot, mit mehreren andern im Gefolge hinaus, um seine Braut zu begrüßen resp. abzuholen. Nach kurzem Verweilen an Bord stieg das Brautpaar ins Boot und fuhr samt dem Gefolge programmäßig zwischen den vorhin bemerkten beiden Reihen Schiffen, deren Raaen mit weißgekleideten Matrosen besetzt, unter fortwährendem Hurrahrufen durch und landete beim Palais. – Nachdem die Braut ec. im Schlosse Toilette gemacht, fuhr die ganze Gesellschaft in offenen Wagen zum Dom, wo die Trauung durch den Bischof stattfand. Nach beendeter Trauung blieben die hohen Herrschaften noch einige Zeit in der Kirche, um den Einwohnern und sonstigen Neugierigen Zeit zu lassen, sich an den zu passirenden Straßen aufzustellen, um das junge Ehepaar begrüßen zu können.

Die ganze Gesellschaft, das Kaiserpaar in einem sechsspännigen offenen Wagen voran, fuhr mit mäßiger Fahrt, nach beiden Seiten grüßend, durch die reich dekorirten Straßen nach dem Landschlosse »St. Christoff«, wo die Hochzeitsfeier stattfand. – Des Abends, wie auch die folgenden beiden Tage, waren alle Cafés ec. gedrängt voll von Gästen, welche die Hochzeit des Kaisers nach Kräften mitfeierten.«

Nachdem die Feierlichkeiten vorüber, unsere Ladung gelöscht war, segelten wir via Santos nach Buenos Aires und bekamen dort eine Ladung Talg und Wolle nach New-York, von wo wir via New-Bedford[106] mit einer Ladung Thran nach Hamburg segelten.

Als wir nach dieser 26monatlichen Rundfahrt wieder in Hamburg angekommen waren, hörte ich zu meinem Bedauern vom Kapitän, daß seine Rheder vor Kurzem ihre beiden andern Schiffe verkauft hätten und dem unsrigen ein gleiches Loos bevorstehe, weil sie das Rhedereigeschäft aufgeben wollten. Mir war diese Mitteilung um so unangenehmer, weil ich der festen Hoffnung gelebt, daß ich durch die Empfehlung meines Kapitäns recht bald die Führung eines ihrer Schiffe bekommen würde.

Da ich also durch das Vorerwähnte vorläufig die Hoffnung, baldigst mit der Führung eines Schiffes betraut zu werden, aufgeben mußte, so beschloß ich, inzwischen auf einige Zeit meine Verwandten, die ich seit nahezu 11 Jahren nicht gesehen hatte, zu besuchen, um auch zugleich meine Großjährigkeit zu erlangen und reiste also schnell gefaßt mit der Postkutsche ab nach Papenburg.

Zu Hause angekommen, wurde ich von meinem Vormund und von meinen Verwandten, sowie Bekannten aus der Jugendzeit, herzlich und freudig bewillkommnet.

Gegen das Leben und Treiben in Hamburg und andern Städten fand ich es hier doch eigentlich recht still und langweilig, gewöhnte mich aber bald an diese Verhältnisse und fand es nach kurzer Zeit sogar recht schön in Papenburg.

Ohne Schwierigkeit wurde ich von der Vormundschaft entbunden, erhielt mein kleines Vermögen überwiesen und beabsichtigte nach einigen Wochen wieder nach Hamburg abzureisen, ließ mich aber von Verwandten und Bekannten überreden, wenigstens den Winter über zu bleiben. Einige Rheder, mit denen ich viel verkehrte, meinten, ich müsse überhaupt nicht wieder nach Hamburg zurück und stellten mir die Führung eines Schiffes in Aussicht mit dem Bemerken: »Ein kleiner Herr ist besser als ein großer Diener«! welche Bemerkung mir zu denken gab.

11. Kapitel.
Ein Rheder in Leer überträgt mir die Führung eines Schiffes. Nach Constantinopel. Stettin, Kartoffelkrieg. Ferrol. Lissabon. Marseille. Deutsch-Dänischer Krieg 1848.

Einige Wochen nachher, im Spätherbst, wurde ich auf Empfehlung von hier von einem in Leer wohnenden Rheder eingeladen zur Besprechung über die Führung eines seiner Schiffe. Als ich mich dem Herrn vorgestellt, ihm meine Befähigungszeugnisse u. s. w. zur Prüfung vorgelegt hatte, stellte er dann noch einige Fragen betreffs meiner Kenntnisse im Befrachtungsgeschäft u. s. w. Da meine Antworten auch hierauf ihn befriedigten, bot er mir die Führung eines seiner in Antwerpen in Winterlage liegenden, fünf Jahre alten Schiffes, zu der hier gewöhnlichen Gage

Anna Sandmann geb. Henricks Albers (1815–1858).

und sonstigen Bedingungen an, welche Offerte ich dankend acceptirte. Im weitern Verlaufe des Gesprächs bemerkte ich, daß die Gage als Kapitän, den Bremern und Hamburgern gegenüber, doch etwas niedrig sei, worauf er erwiderte, ich könne, wie es hier auch üblich sei, mich an dem Schiffe beteiligen und am Verdienst desselben participiren, welches den Mitrhedern sehr genehm sein würde. Er fügte dann hinzu, daß die Witwe des frühern Kapitäns, die in Papenburg wohne, wohl geneigt wäre, einige Anteile an dem Schiffe zu verkaufen, und wolle er dieserhalb gleich an dieselbe schreiben. – Als ich einige Tage nachher bei der jungen Witwe dieserhalb anfragte, bemerkte sie, daß sie bereits vom Rheder unterrichtet sei und gratulirte mir zu meiner Anstellung als Kapitän. – Da sie den Preis der Anteile nach meiner Meinung zu hoch stellte, wurden wir dies Mal nicht einig. Da ich aber in meinem eigenen Interesse doch auch gern Mitrheder werden wollte, setzte ich meine Unterhandlung fort und wurden wir auf diese Weise immer mehr mit einander bekannt und vertraut. Als wir schließlich über den Preis der Anteile einig, waren wir auch einig über unsere Personen und verlobten uns Mitte Dezember. – Am 11. Februar 1845 führte ich meine Braut[107] zum Traualtar und vier Wochen später reiste ich mit meiner jungen Frau ab nach dem Schiffe.

Nach reichlich 13 Jahren glücklicher Ehe wurde sie durch den unerbittlichen Tod von meiner Seite gerissen. ...

Aus dieser Ehe entsprossen vier Kinder, nämlich drei Mädchen und ein Knabe, welch Letzterer reichlich zwei Jahre alt auf einer Reise nach Constantinopel starb und in Navarino[108] begraben liegt. – Ein hölzernes Kreuz mit Inschrift ziert das einfache Grab! –

Das mir übertragene Schiff lag, wie vorhin erwähnt, in Antwerpen in Winterlage; Mitte März trat ich dasselbe an und fuhr bald darauf mit einer Ladung Stückgüter nach Constantinopel ab. – Auf dieser Reise im griechischen Archipel trieben wir eines Tags in Windstille, als ein kleines Fahrzeug (Schebecke) mit einem Dutzend Personen besetzt, von der kleinen Insel Zea[109] kommend, gerade auf uns zu rudern kam. Da zu der Zeit in den griechischen Gewässern noch häufig die Handelsschiffe von den Seeräubern belästigt wurden, befürchteten wir, daß dieses verdächtige Fahrzeug ein Seeräuber wäre. Die an Bord befindlichen Waffen wurden zur Abwehr fertig gestellt, einige Ballons mit Schwefelsäure, welche auf dem Verdeck verladen waren, wurden bereit gehalten, im Fall der vermeintliche Seeräuber trotz Abwehr an die Seite des Schiffes kommen sollte, dieselben von oben herab mit Kraft in das Fahrzeug zu werfen, um die Seeräuber zu blenden bzw. zu verbrennen. Das Fahrzeug kam immer näher, steuerte oder ruderte vielmehr, statt auf uns zu, dicht an uns vorüber nach einer gegenüber liegenden Insel, uns im Vorbeifahren begrüßend. – Wir waren aber froh, dieser vermeintlichen Gefahr so leichten Kaufs entgangen zu sein.

In Constantinopel angekommen, wo zu der Zeit noch der Sklaven-Handel erlaubt war, wurde ich eines Tags von einem deutschen Kaufmanne auf den Sklavenmarkt geführt. Es war dies ein etwa 100 Quadratfuß großer Platz in Stambul, in der Nähe der dortigen großartigen Bazare, von hölzernen Häusern mit Veranden eingefaßt. Als wir uns am Eingange durch den Firman (Freipaß) legitimirt hatten, wurden wir vom Aufseher auf eine Veranda geführt, von wo aus wir uns den Handel ansehen konnten. In der Mitte des Platzes war ein auf Pfählen gebautes Dach, und unter demselben saßen auf einer Bank etwa 10 junge Neger, männlich und weiblich, alle mit einem Beduinenmantel umhüllt; und bei ihnen stand der betreffende Agent, der die menschliche Waare von Afrika eingeführt und hier verwerten sollte.

Nachdem die türkischen Käufer sich auf den Veranden aufgestellt hatten, wurden die Sklaven einzeln von ihren Mänteln befreit und von dem Agenten sozusagen gänzlich entkleidet, den Käufern vorgeführt, um von denselben auf ihre Gesundheit und Körperstärke untersucht zu werden. Wenn dann ein Gebot abgegeben war, wurde von andern Reflektanten aufgeboten, bis zuletzt der Zuschlag erfolgte.

Als alle verkauft waren, zogen die Käufer mit ihrer Waare ab und wir, über dieses traurige und doch interessante Bild nachdenkend, folgten, um die in der Nähe liegenden großen Bazars zu besehen.

Diese Bazars, fast eine ganze Straße einnehmend, sind in Branchen eingeteilt und bieten den Käufern Gelegenheit, die erdenklich schönsten Arbeiten der ganzen Türkei zu bewundern, bezw. zu kaufen.

Eine Abteilung derselben enthält lauter Goldsachen, als: Ringe, Ketten, Uhren, Herren- und Damenschmucksachen, reich mit Diamanten besetzt u.s.w. – eine andere lauter Silbersachen von Eßgeschirren und Haushaltungs-Gegenständen bis zu den feinsten Wagenbeschlägen und Pferdegeschirren ec. – Wieder eine andere, und zwar die größte Abteilung, die prachtvollsten türkischen Teppiche, Portieren, Vorhänge und mit Gold bestickte Pferdedecken (Sattelunterlagen) und Herren- und Damensättel ec. ec., kurz alles derartig kostbare Sachen, wie man sie nur vereinzelt in den größten Läden der Hauptstädte Europas vorfindet.

Jeder Fremde kann frei hineingehen, sich alles besehen und bewundern, ohne von dem auf einem niedrigen Schemel sitzenden, seine Hobbelbobbel-Pfeife[110] rauchenden Verkäufer angeredet zu werden, und der nur dann aufsteht, wenn er nach dem Preise eines Gegenstandes gefragt wird.

Wenn man diese Teppiche ec. näher betrachtet, muß man über die kunstvoll ausgeführte feine Arbeit der Türken staunen.

Als wir die Bazars besehen hatten, gingen wir nach der nicht weit entfernt liegenden »Aja Sophia«[111], bekamen aber, da wir keinen Firman hatten, keinen Einlaß und fuhren dann in einem Kaik wieder nach Galata hinüber.

Einige Tage nachher verheiratete sich die Tochter des damaligen Sultans, wovon im Allgemeinen wenig Vermerk genommen wurde, nur daß von den oben im goldenen Horn liegenden Kriegsschiffen und vom Arsenal den ganzen Tag über geschossen wurde und das Zollamt für den Tag nicht geöffnet wurde, mithin die am Zolllager löschenden Schiffe nicht arbeiten konnten.

Hier muß ich noch erwähnen, daß während meines Dortseins eine Erderschütterung stattfand, welche die Bewohner Galata's in eine große Panik versetzte, aber nach Einsturz einiger alter Baracken weiter kein Unheil anrichtete. An Bord war das Gefühl, als ob das Schiff auf einen Felsen stieß.

Ich segelte von Constantinopel nach Odessa und brachte von da eine Ladung Roggen nach

Stettin, Grafik von Clerget.

Rotterdam. Von da fuhr ich via Newcastle mit Kohlen nach Barcelona, später nach Cette und ging von Cette mit Wein nach Kopenhagen und Königsberg und zurück mit Getreide nach England. Ich machte dann noch weitere zwei Reisen von der Ostsee und legte anfangs Dezember in Bremerhafen das Schiff in Winterlage.

Im Frühjahr 1847 segelte ich mit einer Ladung Stückgüter von Bremerhafen nach Stettin, wo sich einige Tage nach meiner Ankunft der sogenannte Kartoffelkrieg abspielte. Die Kartoffeln, sowie überhaupt alle Lebensmittel, waren in dem Frühjahre außergewöhnlich teuer und hatte ein Händler mit vieler Mühe etwa 20 Last Kartoffeln auf dem Lande aufgekauft, selbstredend um ein Geschäft damit zu machen. Als der Kahn mit den Kartoffeln in Stettin an die sogenannte lange Brücke oder Bollwerk anlegte, kamen verschiedene Männer und Frauen mit leeren Säcken und Körben an das Schiff und fragten nach dem Preise der Kartoffeln. Da der geforderte Preis nach ihrer Meinung zu hoch war, zogen sie wieder ab, um bald darauf mit ca. 100 Personen zurück zu kommen und boten einen Preis, den der Händler nicht acceptiren konnte. Es rottete sich inzwischen immer mehr Volk zusammen und auf einmal schrien ein paar Kerle aus der Menge mit eingedrückten weißen Hüten auf dem Kopfe, ihre Knotenstöcke schwingend: »De Kerl wil uns schinnen, nu moet wi uns sülfst helpen[112],« redeten den Leuten zu, den Kahn zu besteigen und sich die Kartoffeln anzueignen.

Da der Händler der Gewalt weichen mußte, schickte er zur Polizei. Diese aber bei ihrem Erscheinen brachte die immer wachsende Menge noch mehr in Wut, diese schrie: »Nu schal de Kerl gar niks hollen!«[113] fingen an die Kartoffeln, statt in ihre Säcke zu füllen, in die Oder zu werfen. Die Polizei drohte, wagte aber wegen der großen Menge nicht einzugreifen. Als alle Kartoffeln über Bord geworfen waren, schrien die vorhin erwähnten Kerle, ihre Knotenstöcke schwingend: »So Kinder, nu will wi de andern, de uns Arbeiters schinnen, ook toem Raison brengen«[114] und zogen mit der Rotte nach einem nahe gelegenen Bäckerladen, wo sie in gleicher Weise, nachdem sie die Fenster eingeschlagen, sämtliches Brot auf die Straße warfen und mit Füßen zertraten.

Die Bürgerwehr, welche inzwischen alarmirt war und aufmarschiren kam, durfte oder wollte ebenfalls nicht einschreiten.

Unter Singen und Johlen zog die Bande (der ich in einiger Entfernung folgte) weiter die Straße hinauf nach einem Fleischerladen, um auch hier in gleicher Weise zu verfahren. – Hier aber kamen sie an den unrechten Mann. Der Meister mit seinen fünf kräftigen Gesellen, jeder mit einem blanken Beil bewaffnet, stellten sich, als die Rotte heran zog, in die Thüre und drohten Jedem, der es wagte, an den Laden heranzutreten, den Kopf zu spalten. – Die Anführer der Bande drehten sich nach der Menge um und schrien: »Kinner, mit düsse Kerls is keen good Kirschen eten,«[115] und zogen dann unter fortwährendem Singen und Johlen weiter in die Stadt hinein.

Da mein Schiff mit Kaffee, Zucker, Reis ec. beladen war und nahe bei der Zollbrücke lag, wo die Bande sich möglicher Weise auch hinbegeben konnte, so ging ich eiligst an Bord und ließ dasselbe mitten auf den Strom legen.

Da die Polizei und Bürgerwehr, wie bemerkt, die Ruhe nicht wieder herstellen konnte, hatte der Bürgermeister, die immer größer werdende Gefahr für die Stadt einsehend, eine Estafette nach dem nächsten Garnisonorte geschickt, um Militär zu requiriren. Nachmittags gegen halb sechs, als die Bande gerade im Begriff war, die Oderbrücke zu überschreiten, um auch in diesem Stadtteil zu zerstören, kam eine Abteilung Dragoner in pleine carrierè[116] angesprengt, drang direkt in die Menge hinein und schlug mit ihrem schweren Pallasch[117], links und rechts auf den Pöbel los. Was die Säbel der Dragoner nicht ausrichteten, thaten die Pferde und in Zeit von einer halben Stunde war die Straße gesäubert und sah man nur noch verschiedene schwer Verwundete in der Straße herum liegen. Die Flüchtigen wurden zum Teil von der Polizei eingeholt, gefesselt und nach dem Zuchthause gebracht, wo sie Zeit hatten, über die Kartoffeln und über ihre vermeintlichen Heldenthaten nachzudenken. – Tags darauf bekam die Stadt Einquartirung und war die Ordnung wieder hergestellt.

Ich segelte von Stettin nach Riga, von da nach Bremen,[118] machte darauf noch eine Reise von Memel nach England und im Spätherbst fuhr ich mit Masten von Riga nach Ferrol.

Da in Ferrol keine Ausfracht erhältlich, beschlossen wir, ein holländischer Kapitän und ich, uns wegen einer Fracht in Corunna umzusehen. Das Wetter war alle Tage stürmisch, so daß das sonst dahin fahrende Fährschiff nicht fahren konnte. Wir beschlossen also, die Tour über Land zu machen, bestellten zu dem Ende Postpferde und einen Führer für den folgenden Morgen. Am nächsten Morgen vier Uhr bestiegen wir die bereitstehenden Klepper und trabten bei hellem Mondschein durch die Straßen der Stadt hinaus auf die Landstraße. Da dieselbe nur zum Teil gepflastert war, so mußte der Führer durch beständiges Rufen und zuweilen durch Peitschenhiebe die Pferde antreiben.

Wir ritten größtenteils durch unbewohnte Gegenden, nur ab und zu sahen wir seitwärts vom Wege einige weiß getünchte Häuschen, welche, wie der Führer uns erklärte, von kleinen Bauern bewohnt wurden.

Die Gegend, welche anfangs nur hügelig, wurde nach und nach gebirgig, bis in der Nähe eines breiten aber flachen Flusses, den wir übersetzen mußten. – Nahe am Flußufer stand ein ziemlich gut aussehendes Wirtshaus, welches zugleich das Fährhaus war, wo Rast gemacht wurde, um die Pferde zu füttern und ein Stündchen ausruhen zu lassen.

Auch wir fühlten, da es bereits neun Uhr vorbei, das Bedürfnis zum Frühstücken und gingen aufs Haus zu.

Der Wirt, der unsern Führer kannte, erkundigte sich bei diesem, was wir für Persönlichkeiten wären und nachdem er befriedigt, trat er mit dem Hut in der Hand zu uns heran, begrüßte uns und bat uns einzutreten. – Auf dem Vorplatz wurden wir der Frau (eine kleine runde Person von etwa 40 Jahren) von dem Manne vorgestellt als deutsche Kapitäne und fügte hinzu: »El signor habla espagnol,«[119] auf mich zeigend.

(Dank meiner sechswöchentlichen Reise mit dem spanischen Schiffe konnte ich etwas spanisch sprechen, mehr aber verstehen.)

Der Wirt stieg nun mit uns eine etwas steile Treppe hinauf, öffnete die Thüre zu einem geräumigen Zimmer, zeigte uns hinein mit den Worten: »entrados signores«[120] und verschwand.

Wir blieben vor Schrecken in der Thüre stehen, als wir im Zimmer sechs robuste Männer mit schwarzen Vollbärten (Banditen ähnlich) um einen mit kurzen Degen, Karabinern und sonstigen Waffen belegten Tisch sitzen sahen, Wir glaubten ganz bestimmt, in eine Räuberhöhle gekommen zu sein, um so mehr, als wir beim Umschauen im Zimmer, an die Wand gestellt, auch noch mehrere außergewöhnlich lange Flinten sahen. – Wir, anfangs zögernd einzutreten, wurden von den Männern aufs freundlichste begrüßt und gebeten Platz zu nehmen.

Als nun auch die kleine Hausfrau ins Zimmer trat und uns als deutsche Kapitäne vorstellte, war die Begrüßung noch herzlicher.

Da ich, wie vorhin bemerkt, etwas spanisch sprach, mußte ich so gut es ging, ihnen den Zweck unserer Reise erzählen, worauf auch sie uns mitteilten, daß sie Jäger aus der Umgegend seien und hier, da der Fluß ausgetreten, sich ungemein viele Enten, Gänse und andere Wasservögel auf der großen Wasserfläche versammelten, häufig auf die Wasserjagd gingen und zu dem Ende die langen weittragenden Flinten mit sich führten, weil sie damit die meisten Vögel vom Fenster aus erlegen könnten. (Unser Führer erzählte uns nachher, daß es Edelleute wären, deren Schlösser in der Umgegend zwischen den Bergen gelegen.) – Da wir uns längst von unserm Schrecken erholt hatten, und die Wirtin noch im Zimmer war, baten wir letztere, uns etwas Frühstück zu besorgen, worauf einer der Herren die Bemerkung machte: »Diese Kapitäne sind unsere Gäste, deshalb bringen Sie alles Gute, was Sie an Wein und Speisen haben, herauf.« Während wir nun mit den Herren gemeinschaftlich frühstückten, stand ab und zu einer von ihnen auf und schaute aus dem Fenster, um zu sehen, ob sich die Enten ec. schon sammelten. Wir mochten schon eine halbe Stunde getafelt haben, als Derjenige, der ausguckte, rief: »Jetzt ist's Zeit!« Rasch sprangen alle auf, ergriffen ihre Flinten und knallten aus den Fenstern. Auch wir schauten aus und sahen, daß mehr als ein Dutzend Vögel erlegt waren, welche darauf durch einen Diener in ein kleines Boot gesammelt und ins Haus getragen wurden.

Als das Frühstück beendet, unsere Pferde wieder gesattelt waren, bedankten wir uns bei den Herren für ihre liebenswürdige Gastfreundschaft und verabschiedeten uns, um unsere Reise fortzusetzen.

Als wir mittelst einer Art Fährpünte[121] über den Fluß gesetzt waren, setzten wir uns wieder auf die Gäule und kamen nach einem dreistündigen Ritt in ein Städtchen Namens Bozunta, wo in einem ganz netten Hotel diniert wurde. Gegen drei Uhr brachen wir wieder auf und kamen gegen acht Uhr abends vor den Thoren der Festung Coruna[122] an, wo der Führer uns verließ und mit den Pferden abzog.

Wir wurden von den wachthabenden Soldaten zu einem Offizier geführt, bei dem wir uns legitimiren mußten. Da wir keinen Reisepaß von Ferrol mitgenommen und der Offizier unsere ihm vorgelegten Schiffspapiere nicht entziffern konnte, schickte er zu einem dort wohnenden Deutschen, der, als angekommen, unsere Aussagen bestätigte, worauf wir entlassen wurden.

Dieser Mann, ein alter Hannoveraner, der von der englisch-hannöverschen Legion[123] s. Z. dort zurück geblieben, war seines Amts ein Schneider und freute sich ungemein, 'mal wieder einen Hannoveraner zu sehen. Derselbe brachte uns in ein Hotel, wo er noch wohl zwei Stunden bei uns blieb und uns noch Vieles von seinen Erlebnissen im spanisch-französischen Kriege[124] erzählte. Nachdem er sich erboten, uns andern Tags führen zu wollen, verabschiedete er sich.

Am folgende Morgen stellte er sich rechtzeitig ein, ging mit uns zu verschiedenen Kaufleuten, die aber alle die Achsel zuckten und bedauerten, uns keine Ladung offeriren zu können. – Da also geschäftlich nichts für uns zu machen war, besahen wir uns die Sehenswürdigkeiten der Stadt, namentlich die historisch merkwürdigen gut erhaltenen Bauten aus der Maurischen Zeit, unter andern auch den sogenannten Maurischen Turm, jetzt Leuchtturm auf der nördlichsten Spitze Spaniens.

Da das Wetter inzwischen gut geworden, fuhren wir des andern Tags mit dem sogenannten Paket-Boot nach Ferrol zurück.

Da also in Ferrol keine Ladung, segelte ich in Ballast nach Lissabon, von wo ich mit einer Ladung Güter nach Marseille befrachtet wurde.

Während wir in Lissabon waren, machte ich eines Tages mit einer deutschen Familie einen Ausflug nach dem berühmten Cintra-Gebirge, von woher in der vorchristlichen Zeit schon eine Wasserleitung nach dem in der Stadt Lissabon befindlichen Reservoir angelegt worden ist und welche bis jetzt noch gut erhalten, demselben Zweck dient. An einigen Stellen führt die Leitung in einer Länge von 1000 bis 1500 Fuß über tiefe Bergschluchten und wird von steinernen Pfeilern getragen. Malerisch schön sind diese Thäler von oben anzusehen, und die darin arbeitenden Menschen sehen aus wie lauter Zwerge; im gleichen Verhältnis auch die darin befindlichen Thiere. – Das Reservoir liegt in einem der niedrigsten Teile der Stadt und hat einen Raumgehalt von mehreren hunderttausend Kubikmetern und kann bei einer etwaigen Belagerung die Einwohner nebst Garnison auf mehrere Monate mit Trinkwasser versorgen.

Auf der Rückfahrt zur Stadt besahen wir uns das königliche Schloß in Bedlam, welches in großartigem Styl gebaut und prachtvoll ausgestattet ist. Wir wurden vom Kastellan in alle Räume, auch in den Thronsaal geführt, wo meine Frau sich mit Erlaubnis des Führers auf den Thronsessel niederließ und denselben recht bequem fand. Von ihrem Standpunkte aus mochte sie Recht haben, aber für die damalige Königin Donna Maria da Glorie war der Sitz auf dem Throne nicht besonders bequem, trotzdem sie einen liebenswürdigen deutschen Prinzen, Ferdinand von Sachsen-Koburg, zum Gemahl hatte, der sie aber nach den Krongesetzen in Regierungsangelegenheiten nicht unterstützen durfte.[125]

An der Süd-Seite des Flusses Tajo[126], Lissabon gegenüber, liegen die Ueberreste und Ruinen der Stadt Alt-Lissabon, welche im Jahre 1652 durch ein Erdbeben fast ganz zerstört worden ist.[127]

Während meines Aufenthalts in Marseille brach am 22. Februar 1848 in Paris die Revolution aus; der König Louis Philipp flüchtete bei Nacht und Nebel verkleidet aus Frankreich und landete in England. Die provisorische Regierung proklamirte die Republik, welche frohe Nachricht sich wie ein Lauffeuer über ganz Frankreich verbreitete.

Da ich bis dahin keine Fracht in Marseille hatte auftreiben können, beschloß ich, persönlich nach Cette zu reisen, um zu sehen, ob ich dort nicht etwas auftreiben könne.

Als ich am 24. Februar abends, mit Reisetasche und Schirm ausgerüstet, im Begriff war, mit dem Paket-Dampfer nach Cette zu fahren, verbreitete sich auch in Marseille die Nachricht der Pariser Ereignisse. Tausende von Menschen versammelten sich im Nu auf dem großen freien Platze in der Nähe des Hafens und nachdem schnell eine Tribüne errichtet, bestiegen drei Personen dieselbe und hielten abwechselnd begeisterte Reden für die gute Sache und ließen die Republik hoch leben. Daß unter solchen Umständen an die Abfahrt des Dampfers nicht zu denken war, ist erklärlich. Obgleich ich diesen Spektakel erst von weitem mir ansah, war ich doch bald durch den Zudrang der Menschen in die große Menge mit eingeschlossen. Als die Redner auf der Tribüne endlich ihre langen Reden beendet hatten, erscholl aus Tausenden von Kehlen der nie enden wollende Ruf: »vive la Republique«! der sich noch mehrmals wiederholte.

Da ich, wie bemerkt, bereits mitten im Gedränge stand, mußte ich aus Vorsicht mit den Wölfen heulen, nahm meinen Hut auf den Schirm, schwenkte ihn in die Luft und schrie aus voller Kehle mit: »vive la Republique«! Ein alter neben mir stehender Veteran klopfte mir auf die Schulter und sagte: »bravo mon ami,« stieß mir dann noch ins Ohr, daß jetzt die guten Zeiten kommen würden, welcher Meinung ich mich natürlich anschloß.

Leider blieben aber vor der Hand die goldnen Zeiten aus; im Gegenteil, denn Handel und Wandel wurde, namentlich da das französische Papiergeld durchaus keinen Wert mehr hatte, vollständig lahm gelegt. – Die Börse, namentlich in Marseille, wurde statt von Kaufleuten nur von Politikern und sogar vom Pöbel besucht. – Nach solchen Versammlungen zogen dann Banden von Janhagel durch die Straßen, demolirten die Häuser der in Verdacht stehenden

Monarchisten, unter andern auch das Haus des Bürgermeisters. Es waren wirklich traurige Zustände!

Dieser anarchistische Zustand hielt etwa drei Wochen an und war während dieser Zeit an Geschäfte nicht zu denken. Nachdem die Republik und die provisorische Regierung überall anerkannt, das Militär auf die Republik vereidigt war, wurde die Ruhe und Sicherheit allmählich wieder hergestellt; die Geschäfte belebten sich in etwas wieder und ich bekam eine mäßig gute Fracht nach Hamburg.

Während meiner Reise von Marseille nach Hamburg brach der deutsch-dänische Krieg aus, was mir vom hannöverschen Konsul zu Dover mitgeteilt wurde.

Als ich nämlich im englischen Kanal in die Nähe von Dover gekommen war, wurde ich von einem englischen Lotsenboot angerufen und nach meiner Nationalität und Bestimmung gefragt. Als ich das Verlangte mitgeteilt, legte das Boot an die Seite und überreichte einer der Insassen mir ein Circulair vom hannöverschen Konsul in Dover, worin dieser auf Anordnung der Regierung mitteilte, daß obiger Krieg ausgebrochen und die hannöverschen, resp. deutschen Kapitäne gewarnt wurden, in die Nordsee einzulaufen, indem sie Gefahr liefen, von den in der Nordsee kreuzenden dänischen Kriegsschiffen aufgebracht zu werden; auch daß die Elbe und Weser von den Dänen blockirt sei.[128]

Infolge dieser Mitteilung beschloß ich nach kurzer Beratung mit dem Steuermann, statt in Dover – wie der Konsul angeraten – in Vlissingen[129] einzulaufen, wo wir desselben Tags ankamen.[130]

Nachdem im September einseitig von Preußen der Waffenstillstand zu Malmö abgeschlossen, – wogegen zwar der Deutsche Bund[131] protestirte, aber später doch seine Genehmigung erteilte, – die Blockade der Elbe und Weser aufgehoben war, konnte ich meine Reise nach Hamburg fortsetzen und kam gegen Ende Oktober dort an. – Nachdem die Ladung gelöscht und vorläufig keine Aussicht war auf baldigen Frieden, legte ich das Schiff im Auftrage des Rheders in Winterlage und reiste mit meiner Mannschaft nach Hause.

Während des Winters übertrug ich mit Genehmigung meiner Rheder die Führung des Schiffes an meinen bisherigen Steuermann, welcher nach Wiederaufnahme der Feindseligkeiten im Frühjahr dasselbe im Auftrage der Rheder neutralisirte und von da ab unter russischer Flagge segelte.

Den Winter über nahm ich verschiedentlich Rücksprache mit meinen Rhedern betreffs Neubau eines kupferfesten Schiffes und legte ihnen einen von einem mir befreundeten Baumeister in Hamburg angefertigten Riß eines derartigen Schiffes vor. Obgleich meine Pläne und Vorschläge gefielen, war man doch der Meinung, vor der Hand die Sache ruhen zu lassen und abzuwarten, ob nach beendetem Waffenstillstand der Krieg wieder aufgenommen werde. – Dieses war nun thatsächlich der Fall und Dänemark blockirte aufs Neue die Elbe und Weser. – Jetzt drangen die Entrüstungsstimmen der Kaufleute und Rheder der Nordseehäfen an das Frankfurter Parlament, welches darauf beschloß, mit Bundesmitteln und freiwilligen Beiträgen schnell möglichst eine Kriegsflotte zu schaffen, um die Dänen aus der Nordsee zu vertreiben. Es wurden dann zunächst an der Elbe, Weser und Ems etwa 15 Kanonenböte in Bestellung gegeben, welche kontraktlich innerhalb zwei Monaten fertig gestellt werden mußten. – Inzwischen wurden auch mehrere Segler und Dampfer angekauft, welche in möglichst kurzer Zeit zu Kriegsschiffen umgebaut und eingerichtet wurden.

Auch Oesterreich, als Erster im Bunde, sandte einige Fregatten nach Helgoland, welche das Blockade-Geschwader angriff und mit Erfolg schlug, aber selbst stark beschädigt, schließlich in die Elbe einlaufen mußte, um den Schaden auszubessern und ihre Toten zu beerdigen. Preußen verhielt sich zu dieser Bewegung passiv und setzte in Schleswig mit Hülfe der Bundestruppen den Kampf gegen die Dänen abwechselnd mit Erfolg fort bis dahin, daß einige Großmächte Miene machten zu interveniren, worauf Preußen für sich und namens des Deutschen Bundes

Die erste deutsche Flotte 1848 auf der Elbe, nach einer Zeichnung von J. Brömmel.

anfangs Juli 1849 wieder einen Waffenstillstand abschloß, infolge dessen die Blockade aufgehoben wurde. – Die teilweise fertig gestellte deutsche Kriegsflotte kam also nicht in Thätigkeit und wurde zwei Jahre später wieder aufgelöst und durch den Bundesbevollmächtigten Hanibal Fischer an Private verkauft.[132]

12. Kapitel.
Ich bekomme die Führung eines neuen Schiffes. Not lehrt beten.

Da die Blockade also wieder aufgehoben, und der Krieg voraussichtlich und nach Lage der Dinge nicht mehr von langer Dauer sein konnte, so wurde dem Neubau eines Schiffes für mich wieder näher getreten und beschlossen, auf der Werft zu Halte[133], wo auch mein früheres Schiff gebaut worden war, ein etwa 200lastiges, kupferfestes Schiff in Bestellung zu geben.[134]

Da dieses Schiff nach dem vorgelegten Riß[135] bedeutend schärfer konstruirt, als wie hier für gewöhnlich gebaut wurde, so sah ich mich veranlaßt, die Rheder darauf aufmerksam zu machen, daß dasselbe etwa 10 Prozent weniger laden, dagegen aber um so schneller segeln würde, was für die transatlantische Fahrt wesentlich in Betracht zu ziehen sei, welches den Rhedern auch einleuchtete und wofür später auch der Beweis geliefert worden ist.

Mit Hinzuziehung des neu gewählten Buchhalters wurde ich bald mit dem Baumeister über den Baupreis einig, und wurde bald darauf mit dem Bau begonnen.

Am 20. April 1850 wurde dasselbe fertig vom Stapel gelassen und darauf als Bark getakelt. – Als das Schiff so ziemlich in Allem fertig, wurde dasselbe gegen Mitte August feierlich eingeweiht und auf den Namen »Landdrost Lütcken«[136] getauft. Zu dieser Feierlichkeit waren alle Rheder mit ihren Frauen eingeladen und verblieben in heiterer Stimmung bis acht Uhr Abends auf dem Schiffe. – Einige Tage nach dieser Feierlichkeit trat ich in Begleitung meiner Frau und zweier Kinder die erste Reise an, segelte nach Newcastle, wo das Schiff verkupfert wurde, von da mit Kohlen nach Lissabon und weiter mit Gütern nach Halifax in Nova-Scotia, und konnte ich von hier aus meinem Rheder mitteilen, daß das Schiff nicht allein ein guter Segler sei, sondern sich auch als tüchtiges Seeschiff bewährt habe.

Der Hafen von Halifax, von Natur gebildet, ist sehr geräumig, so daß eine ganze Kriegsflotte darin manöveriren kann. – Unter den Einwohnern der Stadt traf ich viele Deutsche an, unter andern auch einen Arzt aus Paderborn gebürtig, welcher uns, d. h. meine Familie und mich, mit seinem Gefährt einige Meilen in der Umgegend der Stadt herum führte und hie und da bei deutschen Kolonisten einkehrte. Die Deutschen hatten auch hier ihre Nationalität nicht vergessen und sprachen unter sich immer deutsch mit einander. Ihre überflüssigen Landesprodukte brachten sie nach Halifax auf den Markt und standen sich, wie der Arzt sagte, im allgemeinen sehr gut.

Von Halifax segelte ich mit einer Ladung Mehl nach Liverpool und hatte auf dieser Reise zwei Passagiere, nämlich: einen englischen Kapitän, welcher in der Bai of Fundy Schiffbruch gelitten, und einen Sekonde-Lieutenant, der mehrere Jahre in Kanada gedient hatte und seine alte Mutter in Irland besuchen wollte.

Das Wetter war der Jahreszeit entsprechend immer stürmisch und kalt, so daß meine Familie fast beständig in der Kajüte bleiben mußte. Da wir an der gemeinschaftlichen Tafel aßen, sprach meine Frau, nach guter alter Sitte, den Kindern[137] vor und nach Tisch ein kurzes Gebet vor, welches dem Kapitän ganz besonders gefiel, dahingegen dem Lieutenant nicht, denn er spielte während dessen mit Messer und Gabel oder brummte ein Lied. Als der Kapitän darüber ungehalten, ihn deshalb zur Rede stellte und seine Unart verwies, erwiderte er: »Ei was, ich halte das Beten für Unsinn! Kein gebildeter Mensch glaubt heut zu Tage noch an solche Dummheiten!«

Als einige Tage nach dieser Unterredung der Sturm so stark und die Wellen so hoch gingen, daß wir beidrehen mußten, brach etwa gegen 11 Uhr Abends eine Sturzsee über das Hinterdeck, zertrümmerte das Skylight und die in demselben hängende Lampe und füllte die Kajüte halb mit Wasser. Als die See abgelaufen und ich mich überzeugt, daß dieselbe weiter keinen erheblichen Schaden angerichtet, eilte ich hinunter, meine Frau zu beruhigen. Dieselbe saß in dem matt erleuchteten Zimmer aufrecht in ihrem Bett und zeigte lächelnd auf die neben ihr liegenden ruhig schlafenden Kleinen. Sie erzählte dann, daß sie durch den Sturz der See gegen die Schiffsseite und auf das Quarterdeck wach geworden und wäre sehr in Angst geraten, als sie kurz darauf vernahm, daß wie durch eine Schleuse das Wasser von oben in die Kajüte gestürzt sei. Sie habe sich aber bald klar gemacht, daß das Skylight durch die See zertrümmert sein müsse und daher der Wassersturz. Als sie dann auch meine Stimme auf Deck vernommen hätte, war sie gänzlich beruhigt gewesen und habe sich gefreut, daß die Kleinen so ruhig den Schlaf der Gerechten schliefen. – Da der Steuermann mit dem englischen Kapitän und Matrosen damit beschäftigt waren, ein Segel über das zertrümmerte Skylight zu nageln, damit Licht in der Kajüte angemacht werden könne, mußte ich meiner Frau in der Kürze den ganzen Vorfall erzählen, welches ich auch dem Leser nicht vorenthalten will.

Als wir beim Dunkelwerden beigedreht waren, wunderten wir uns selbst, namentlich auch der englische Kapitän, daß das Schiff so leicht wie eine Möve auf der See lag und hatten keine Ahnung, unter solcher Lage eine Sturzsee zu bekommen. Der englische Kapitän war bei mir an Deck geblieben und während wir ruhig beieinander stehen, erhebt sich plötzlich eine sogenannte Drehsee und stürzt sich über das Quarterdeck, die vorhin beschriebenen Schäden anrichtend. Wir hatten eben noch Zeit genug, uns festzuklammern, um nicht von der See mit fortgeschwemmt zu werden.

Als ich darauf in die eigentliche Kajüte ging und Licht anzündete, entdeckte ich das trostlose Bild des Lieutenants, welcher pudelnaß, auf Händen und Füßen kriechend, aus seiner Cabine heraus kam und mit ängstlich aufgeregter Stimme die Frage an mich richtete, ob die Gefahr vorüber sei.

Es ist wahrlich kein Wunder, daß einem Angst wird, wenn man im tiefsten Schlaf plötzlich in seinem Bette unter Wasser gesetzt wird. Solches war nun thatsächlich der Fall mit unserm Lieutenant, welcher sich nach Tisch zu Bett gelegt und zur Zeit der Katastrophe ruhig schlief. Seine Cabine war von der Leeseite und der Wasserstrom, der durchs Skylight in die Kajüte drang, strömte naturgemäß nach der niedrigsten Stelle, welche in diesem Falle das Bett des Lieutenants war. – Als ich ihm den ganzen Hergang der Sache erzählt hatte und ihm bemerklich machte, daß durchaus keine Gefahr vorhanden war, wurde er beruhigt und schickte sich an, trockene Kleider anzulegen, war aber nicht wenig ungehalten, als er die Entdeckung machte, daß seine sämtlichen Kleidungsstücke und auch sonstige Sachen in seiner Cabine total durchnäßt waren, obgleich das Wasser jetzt abgelaufen war. Unter diesen Umständen stellte ich ihm Kleidungsstücke von mir zur Verfügung und ließ ihm durch den Steward ein Bett an der Luvseite einrichten.

Als gegen Tagesanbruch der Sturm sich legte und das Schiff wieder auf seinen Kurs gebracht war, wurden die Kleider und Sachen des Lieutenants teils an der Luft, teils in der Cambüse getrocknet, wobei der Kapitän ihm sehr behülflich war und bei welcher Gelegenheit er dem

Handschriftlich notiertes Tischgebet, aus dem Familienarchiv der Familie Wedel.

Kapitän über seine in voriger Nacht ausgestandene Angst erzählte. Als er nämlich den Kopf über Wasser bekommen, die Kajüte stockfinster, keine menschliche Stimme, nur das Rauschen des Wassers in der Kajüte gehört, habe er fest geglaubt, das Schiff sei im Sinken begriffen und habe in seiner Angst seit 10 Jahren zum ersten Male wieder – gebetet.

Am 20. Dezember [1850] kamen wir wohlbehalten in Liverpool an und als das Schiff im Dock war, ging ich ans Land, dasselbe einzuklariren. Da d. Z. in den Docks weder Licht noch Feuer auf den Schiffen gehalten werden durfte, hatte ich dem Steuermann eingeschärft, ja vorsichtig zu sein, falls sie etwa Licht anzünden sollten. Als ich gegen sieben Uhr abends wieder an Bord kam, hörte ich zu meinem Aerger, daß sie doch kurz vorher von einem Hafenpolizisten abgefaßt seien, trotz aller Vorsichtsmaßregeln. Derselbe habe sich nach befundenem Thatbestand meinen Namen und den des Schiffes notirt und sich mit den Worten: »that will do,«[138] entfernt. Einige Tage nachher bekam ich eine gerichtliche Vorladung zugestellt.

Inzwischen hatte ich mich mit meiner Familie am Lande eingemietet, da es ohne Feuer an Bord nicht auszuhalten war.

Der Vorladung gemäß verfügte ich mich zur angegebenen Zeit aufs Polizei-Bureau. Als mein Name aufgerufen war, trat ich zugleich mit dem Denunzianten an die Barriere vor den grünen Tisch, an welchem drei Richter in schwarzen Talaren saßen und der Vorsitzende mir die Anklage des Polizisten vorlas.

Als derselbe damit zu Ende, wurde ich gefragt, ob sich die Sache so verhalte, oder ob ich etwas dagegen einzuwenden habe. Ich bejahte die erste Frage, fügte aber hinzu, daß ich selbst d. Z. nicht an Bord gewesen, aber durch meine Frau und den Steuermann hätte ich genau dasselbe erfahren. Erstere habe aber infolge Unwohlwerdens des kleinsten Kindes Licht angezündet, um nachzusehen, was der Kleinen fehle; kurz darauf wäre der Polizist ganz leise in die Kajüte gekommen und habe den Thatbestand vermerkt.

Nun stellte der Vorsitzende die Frage an den Denunzianten, ob er gesehen, daß eine Frau mit kleinen Kindern in der Kajüte gewesen. Als diese Frage vom Polizisten bejaht wurde, traten alle drei Richter in ein Nebenzimmer zur Beratung. Innerhalb fünf Minuten kamen dieselben wieder herein, worauf der Vorsitzende, das Wort an mich gerichtet, erklärte: »well Capitän, under such circumstances as you have de clared, is the court of opinion that you are not to blame and being herewith discharged!«[139] Froh über das Urteil und kostenlos davon gekommen zu sein, verließ ich den Gerichtssaal und eilte, meiner Frau das Urteil mitzuteilen.

Anfangs Februar segelte ich mit Manufakturwaaren, Getränken und Guano nach St. Vincent in Westindien.

Diese kleine Insel St. Vincent hat an der Westseite, hart an der gleichnamigen Stadt, einen kleinen gut geschützten Hafen, ist sehr fruchtbar und verschifft alljährlich 3–5000 Tons Zucker, Sago, Aromroot[140] und Rum, außerdem eine Menge Kokusnüsse. – Die sämtlichen Plantagen gehören der Westindischen Compagnie in London, welche jeden Winter mehrere Schiffe mit englischen Manufaktur- und sonstigen Waaren dahin abschickt, die dann die Produkte der Insel dagegen nach England bringen.

Die meisten der Kapitäne, welche regelmäßig alle Jahre einmal dahin fahren, haben Verwandte auf der Insel wohnen, die sozusagen das ganze kaufmännische Geschäft in Händen haben, wogegen die frühern Sklaven, seit 1833 freie Neger, als Handwerker, Hafen- und Plantagenarbeiter beschäftigt werden, viel Geld verdienen und infolge dessen großen Luxus entwickeln, besonders die Negerfrauen, welche darin gern mit den englischen Ladies konkurriren möchten.

Diese Kapitäne geben gewöhnlich vor ihrer Abfahrt auf einem der größten Schiffe einen Ball für die Verwandten und Freunde, wozu auch ich, als mit den Kapitänen, sowie mit mehreren ihrer Verwandten bekannt, eingeladen wurde.

Gegen acht Uhr Abends wurde die Ballgesellschaft nebst einigen Musikanten (Neger) vom Lande abgeholt, an Bord von den Kapitänen empfangen, auf das geschmückte Quarterdeck geführt, wo die fremden Herren den Damen vorgestellt wurden.

Der Ball wurde mit einer Française[141] eröffnet und konnte ich nicht umhin, die graziösen Bewegungen der englischen Ladies zu bewundern.

Rundtänze[142] wurden wenig getanzt wegen des beschränkten Raumes auf dem Quarterdeck, dagegen wurden Contre-Tänze viel und sehr exakt ausgeführt.

Hinten auf dem Quarterdeck war ein Büffett mit allen erdenklichen Erfrischungen an Speisen und Getränken aufgestellt, wovon Jeder oder Jede nach Bedürfnis nahm, um sich zu erquicken, bezw. abzukühlen.

Als nach Mitternacht einige der Herren, etwas unsicher auf den Beinen, unter allgemeinem Jubel bei den verschiedenen Touren der Quadrille nicht recht mehr fertig werden konnten, wurde mit dem Tanzen aufgehört, sich in die Runde gesetzt und mit Begleitung der Musik verschiedene vier- und mehrstimmige Lieder gesungen, auch von den Damen einige Solis, welche bei der Windstille von den Bergen wiederhallten.

Um drei Uhr spielte die Musik das Finale »God save the Queen«, womit der Ball endete, und die Eingeladenen schickten sich an, wieder ans Land, resp. wieder nach ihren Schiffen zu fahren.

Während der ganzen Nacht herrschte eine gemütliche, ungezwungene Stimmung und ich muß gestehen, daß ich nie später einen schönern Abend in den Tropen auf einem Schiffe verlebt habe.

Als auch wir mit unserer Ladung, hauptsächlich Zucker, fertig waren, segelten wir mit den letzten Schiffen der Compagnie ab nach London, wo wir zur Zeit der ersten Weltausstellung[143] ankamen.

Dieses großartige Unternehmen der Engländer wurde von allen Nationen rühmlichst anerkannt und gab den Impuls zur spätern Nachahmung.

Ich fuhr dann von London nach Rio de Janeiro, später nach Santos und dann nach Buenos-Ayres, wo kurz vor meiner Ankunft die Revolution gegen den blutdürstigen Despoten »Rosas«[144] ausgebrochen war. Schreckliche Zustände herrschten, namentlich in der Residenz Buenos-Ayres, denn jeder Einheimische, der nicht das vorgeschriebene Abzeichen (rote Weste und rotes Hutband) trug, wurde von Rosas Henkersknechten aufgegriffen, ins Gefängnis abgeführt und meistenteils ohne Weiteres erschossen. – Nach langen Kämpfen und Blutvergießen siegte endlich die Gegenpartei und Rosas flüchtete in der Nacht zum 3. Februar 1852 auf eine auf der Rhede liegende englische Kutter-Brigg, welche ihn nach England brachte. Seine Anhänger, sofern sie nicht geflüchtet oder erschossen waren, schlossen sich der neuen Regierung an. – Als die Ordnung wieder einigermaßen hergestellt, belebte sich auch wieder Handel und Schiffahrt und ich bekam eine Ladung Talg und Wolle, womit ich im März nach Antwerpen segelte.[145]

13. Kapitel.
Reise mit Auswanderern nach New-York.

Anfangs Mai [1852] segelte ich von Antwerpen mit Auswanderern nach New-York[146]. Diese Auswanderer waren größtenteils aus der Rheingegend und im allgemeinen recht gemütliche Leute. Viele von ihnen waren etwas musikalisch, darunter einige gute Sänger. Jeden Abend, wenn das Wetter schön, wurden musikalische Vorträge gehalten, was mich häufig veranlaßte, ihnen einige Flaschen Wein zu verabreichen als Anerkennung für die angenehme Unterhaltung. Nach einer 36tägigen schönen Reise kamen wir in New-York an.

Auf der Höhe von Boston sahen wir eines Nachmittags in der Windrichtung, etwa eine deutsche Meile entfernt, verschiedene Gegenstände auf dem Wasser treiben, welche wir für Wrackstücke eines Schiffes ansahen. Nach längerm Spähen kam es uns vor, als ob sich Menschen darauf

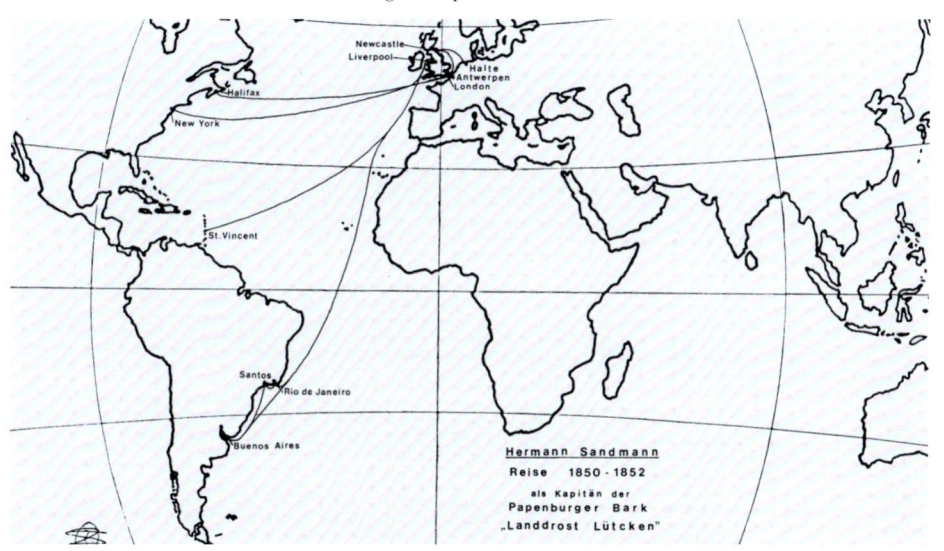

Die Reisen von Kapt. Sandmann 1850–1852. (Zeichnung von H. Peineke, Papenburg)

Welthafen New York, 19. Jh.

bewegten, also sehr wahrscheinlich Schiffbrüchige waren. Da der Wind nur schwach und es längere Zeit bedurfte bis dahin aufzukreuzen, so sandte ich ein Boot mit vier Mann und dem Untersteuermann dahin ab, um gegebenen Falls die Menschen zu retten. Nach Verlauf einer Stunde war das Boot an Ort und Stelle und da auch wir mit dem Schiffe weiter aufgekreuzt, entdeckten wir, daß es weder Wrackstücke noch Menschen, sondern verschiedene Fässer waren, und konnten immer deutlicher sehen, daß die Leute im Boot sich bemühten, dieselben mit Tauen am Boote zu befestigen. Nachdem ihnen solches gelungen, kam endlich das Boot nach langem anstrengenden Rudern mit vier Fässern im Schlepptau an die Seite des Schiffes. Da der Wind auffrischte und die Nacht bevor stand, wurden Fässer und Boot eiligst aufgehißt und Erstere auf dem Quarterdeck befestigt, weil ich entdeckte, daß der Inhalt der Fässer Rum war und befürchtete, daß die Passagiere dieselben über Nacht anzapfen könnten. Wahrscheinlich waren dieselben von einem Küstenfahrzeuge über Bord gespült, denn sie hatten noch nicht lange getrieben.

In New-York angekommen, ließ ich durch die Zeitungen den unbekannten Eigentümer der Fässer auffordern sich zu melden. Da keine Meldung erfolgte, ließ ich den öffentlichen Verkauf anzeigen, mußte aber vorher bei der Zollbehörde den Zoll, welcher 100 Prozent vom Wert betrug, deponiren. Dieser belief sich auf 160 Dollars, und da die Auktion nur 135 Dollar brachte, so requirirte ich den Mehrbetrag von der Zollbehörde, aber ohne Erfolg.

Ein zu Rate gezogener Rechtsanwalt riet mir einen Prozeß gegen die Zollbehörde anzustrengen, den ich unter allen Umständen gewinnen müsse. Der Sachwalter erhielt 25 Dollars Vorschuß und ich überließ ihm die Sache für mich auszufechten. Als ich später von Europa aus bei dem Sachwalter dieserhalb nachfragte, bekam ich die untröstliche Antwort, daß er in New-York mit der Klage abgewiesen, und um dieselbe in Washington fortzusetzen, möge ich ihm weitere 25 Dollars Vorschuß einsenden, worauf ich mich aber nicht einließ.

Dieser Vorfall gab mir die Lehre, daß ich später nie etwas Treibendes auf See aufgefischt, wofür ich am Bestimmungshafen Zoll entrichten mußte.

Obgleich die regierungsseitig vorgeschriebenen Bestimmungen über die Beförderung von

Auswanderern schon der Zeit ziemlich strenge, wurden dieselben doch häufig von einem gewissenlosen Befrachter im Einverständnis mit der Aufsichtskommission umgangen; so z. B. konnte mein Schiff nach der Größe und dem Flächenraum des Zwischendecks[147] nur 104 erwachsene Personen aufnehmen, wogegen der Befrachter mir 110 an Bord schickte. Diese überzähligen sechs Personen wurden in der Liste als Kajüten-Passagiere eingetragen, waren aber in Wirklichkeit Zwischendecks-Passagiere. Ebenso sollten die Lebensmittel alle bester Qualität sein, ließen aber sehr viel zu wünschen übrig, obgleich die betreffende Kommission sie als prima Waare in Empfang genommen und anerkannt hatte. – Uebrigens wurde für eine Reise nach Nord-Amerika für 80 Tage Proviant geliefert, so daß bei einer durchschnittlichen Reise von 45 Tagen das Schlechte zurück gestellt werden konnte.

Es mag allerdings vereinzelt vorgekommen sein, daß Schiffe an die 80 Tage Reise hatten; wo dann in solchem Falle sich die Passagiere leider auch mit dem schlechteren Proviant begnügen mußten.

Als wir in New-York im North-River Anker geworfen, kamen verschiedene sogenannte Runner (Deutsche) an Bord, um ihre Landsleute abzuholen, bezw. mit der größten Liebenswürdigkeit ihre Dienste anzubieten bei Beförderung nach dem Innern, oder ihnen Stellungen in der Stadt nachzuweisen; im Grunde aber, um ihre vorgeblichen Landsleute ganz gehörig zu schröpfen.

Obschon ich die Passagiere während der Reise verschiedentlich vor diesen Seelenverkäufern gewarnt hatte, ließ die Mehrzahl sich doch von diesen Schwätzern überreden, mit ihnen ans Land zu fahren, um sich in etwas von der Seereise zu erholen. Später kamen dann auch noch verschiedene deutsche Hotelwirte und nahmen die noch zurück Gebliebenen mit sich nach ihren verschiedenen Hotels, so daß in Zeit von zwei Stunden die sämtlichen Passagiere mitsamt ihrer Bagage das Schiff verlassen hatten.

In spätern Zeiten wurde diesem Uebelstande dadurch abgeholfen, daß alle ankommenden Auswanderer in »Castle Garden« gelandet werden und von da durch die Emigranten-Kommission nach ihrem Bestimmungsplatz im Innern befördert, oder auch durch dieselbe ihnen eine geeignete Stelle in der Stadt nachgewiesen wird, wodurch die vorerwähnte Uebervorteilung aufgehört hat.

Als ich ans Land gefahren, das Schiff zu klariren, machte mein Consignateur[148] mich darauf aufmerksam, daß in letzter Zeit das Desertiren der Matrosen gewissermaßen epidemisch geworden und würden die Leute halbwegs mit Gewalt durch die Runner von Bord geholt.

Da meine Leute mehr oder weniger Guthaben hatten, glaubte ich nicht, daß sie desertiren würden und war nicht wenig erstaunt, als der Steuermann mir am andern Morgen mitteilte, daß in der Nacht fünf Matrosen und der Kajütenwächter verduftet seien. Als ich dem Konsul diesen Vorfall mitteilte und um Hülfe bat, der Leute wieder habhaft zu werden, bemerkte er: »Die Polizei wäre gesetzlich nicht verpflichtet, nach desertirten Leuten zu fahnden, habe auch nicht das Recht, einen solchen Mann auf der Straße zu arretiren, könne mir also in diesem Falle nicht helfen, denn die amerikanischen Gesetze wären nun einmal nicht anders.«

Zwei Tage später schickte der Kajütenwächter, welcher außer seinen eigenen Sachen auch ein Dutzend neue Theelöffel mitgenommen hatte, dieselben mit einem Zettel, worauf er bemerkte, daß er sie nicht habe verwerten können, weil es keine silberne seien, wieder zurück. Diese Frechheit war doch wirklich zu groß und beweist, mit welcher Sicherheit solche Leute in dem freien Amerika vorgehen durften.

Von New-York segelte ich mit Ladung nach Rotterdam. Da die Frachten d. Z. in den europäischen Gewässern lohnender waren als in andern Weltgegenden, und Gelderdienen der Hauptzweck der Rhederei ist, so segelte ich von Rotterdam via England nach Constantinopel, von wo ich mit einer Ladung Roggen Ende Dezember in Amsterdam ankam; von Amsterdam brachte ich eine Ladung Zucker nach Venedig.

14. Kapitel.
Venedig und Malta.

Diese Stadt interessirte mich ganz besonders dadurch, daß sie auf einer Anzahl kleiner Inseln gebaut ist und statt der Straßen lauter Kanäle hat, auf welchen der Verkehr mittelst der Gondeln vermittelt wird. Diese Gondeln, alle schwarz angestrichen, der Aufbau mit einem schwarzen Tuch verhängt, machen auf den Fremden beim ersten Anblick einen unheimlichen Eindruck, indem sie ganz wie Leichenböte aussehen.

Der Hafen liegt dem Markusplatz gegenüber, und fließt von da der Kanal grande quer durch die Stadt. Von dem auf dem Markusplatz stehenden 300 Fuß hohen Turme[149] hat man eine herrliche Uebersicht über die ganze Stadt und die vielen umherliegenden Inseln, wovon einige mit großartigen Fabriken, darunter die berühmte Perlfabrik, welche ihr Fabrikat nach allen Weltgegenden (resp. Ländern) versendet, bebaut sind.

Rechts auf dem Markusplatz steht der großartige Dogenpalast und daran anstoßend die berühmte Markuskirche mit ihren drei vergoldeten Kuppeln. Das Innere dieser Kirche ist vom Gewölbe bis zum Fußboden mit Marmor-Mosaik, die ganze biblische Geschichte darstellend, ausgelegt und hat Millionen Zechinen[150] gekostet.

Unter Führung und in Begleitung eines deutschen Herrn besah ich mir unter anderm auch den Dogenpalast, ein im großartigen byzantinischen Styl aufgeführtes Gebäude, in dessen Souterrain uns die Gefängnisse mit ihren Marterwerkzeugen, aus dem Mittelalter, gezeigt wurden. Vom Korridor aus führte ein breiter mit türkischen Teppichen belegter Gang links in den großen Kunstsaal, dessen Wände mit Gemälden aller großen Künstler bedeckt waren.

Rechts vom Korridor lag der große Sitzungssaal, dessen Wände mit den sämtlichen Portraits der Dogen, welche vom Anfang bis zum Verfall die Republik regiert hatten, geschmückt waren.

Es würde mich zu weit führen, alle die verschiedenen Sehenswürdigkeiten hier näher zu beschreiben und beschränke mich darauf, dem Leser mitzuteilen, daß uns auch in dem früher großartigen, jetzt verfallenen Arsenal der sogenannte Bucceutaurus gezeigt wurde, auf welchem in der Blütezeit Venedigs der jedesmalige Doge am Himmelfahrtstage ins Meer hinaus fuhr und zum Zeichen der Vermählung Venedigs mit dem Meere einen goldenen Ring vom Finger streifte und ins Meer warf.

Eines Tags fuhr ich nach der Insel, worauf die erwähnte Perlenfabrik gebaut ist, um auch die Fabrikation dieses großartigen Luxus-Artikels in Augenschein zu nehmen.

Die Fabrik, welche sich durch ein Dutzend hoher Schornsteine kennzeichnet, beschäftigt 6–700 Personen, welche alle auf der Insel wohnen, und da die Glühöfen nicht gelöscht werden, wird Tag und Nacht gearbeitet.

Das Rohmaterial bestand aus Glasscherben, Sand, Kieselsteinen, Glaubersalz und verschiedenen Chemikalien. Nachdem die Masse im Fluß und auf Härte und Farbe geprüft war, traten je zwei Mann, nur mit Beinkleidern bekleidet, heran, öffneten die dicht über der Flüssigkeit befindliche Klappe, steckten ihre etwa sechs Fuß lange Röhre in die Flüssigkeit, drehten einigemal dieselbe um, bis sich an der Spitze ein Klumpen von der Größe eines Straußeneis angesetzt hatte, zogen dann gleichzeitig die Röhre heraus, drückten die Klumpen unter beständigem Drehen gegen einander und liefen nun mit der größten Schnelligkeit in entgegengesetzter Richtung auseinander.

Die anfangs etwa einen Zoll dicke Verbindung wurde nach und nach dünner bis zur Dicke der kleinsten Perlen in der Mitte, nach den beiden Männern hin immer an Dicke zunehmend, bis schließlich die Verbindung durch die Abkühlung der Masse abbrach und zu Boden fiel.

So wie das Glasrohr zu Boden gefallen, traten zwei Männer mit schweren eisernen Rollen heran und zermalmten die Glasröhre, welche darauf als rauhe Perlen auf dem Boden lagen.

Jetzt wurden diese durch Jungen nach ihrer Größe zusammen gekehrt und an die im Kreise herum sitzenden Frauen abgeliefert.

Diese Frauen warfen die rauhen Perlen in eine aus Kiesel geformte Mulde und schliffen durch die fortwährende eigentümliche Bewegung und Beimischung von Schmirgel die Perlen glatt. Diese Prozedur dauerte etwa drei Stunden, worauf der ganze Inhalt der Mulde auf ein Sieb geschüttelt und so lange gesiebt wurde, bis die eigentlichen Perlen nachblieben, welche darauf durch junge Mädchen von 12–14 Jahren auf Fäden gereiht, in Pakete sortirt wurden. Sonach waren dieselben zum Versand fertig.

Da der Seemann nirgends eine bleibende Stätte hat, so mußte ich das schöne Venedig auch wieder verlassen und segelte mit einer Teilladung, als: Hanf, Segeltuch, Seife, Perlen und Holz nach Malta.

Hier in Malta wurde ich zufällig bekannt mit der schwedischen Schriftstellerin Friederike Bremer[151], welche sich auf einer Stoffsammlungs- oder Erholungsreise einige Zeit in Malta aufhielt. Mit dieser sehr interessanten Dame fuhr ich eines Tags hinaus nach der Stelle, wo vor etwa 1800 Jahren der Apostel Paulus Schiffbruch gelitten hatte.

Als wir an der bekannten Stelle ans Land gestiegen waren, fiel die Dame auf ihre Kniee, küßte den Boden und vergoß aus Pietät heiße Thränen der Rührung, welches auf mich einen rührenden, erbauenden Eindruck machte.

Ein Einsiedler, der dort in der Nähe einer verfallenen Kapelle wohnte, erzählte der Dame (die gut italienisch sprach), daß der Sage nach noch vor etwa 150 Jahren kleine Wrackstücke des betreffenden Schiffes in dortiger Nähe gefunden wären und in der Kathedrale in Malta aufbewahrt würden.

Hier auf Malta durchwanderte ich auch unter Führung eines Mönchs die Katakomben, wo die ersten Christen der Verfolgung wegen gewohnt; sowie das unterirdische Gefängnis, worin Paulus eingekerkert gewesen.

Eine steinerne Säule zeigte deutlich, daß in früherer Zeit Menschen dort angeschlossen gewesen waren. Ueber diesem unterirdischen Gefängnis stand zu der Zeit eine schöne Kirche. –

Von Malta segelte ich nach Constantinopel und weiter nach Odessa, um dort eine Ladung Getreide (im Pratika-Hafen) nach Amsterdam einzunehmen, und mußte zu dem Ende eine 10tägige Quarantäne abhalten. Nach beendigter Quarantäne erhielt ich von der Gesundheitsbehörde Erlaubnis, in den Pratika-Hafen zu segeln und überhaupt in der Stadt frei verkehren zu dürfen. Der Hafenmeister, welcher mit obiger Behörde an Bord kam, übergab mir ein Paket Bücher mit der Bitte, dieselben an den Hafenmeister im Pratika-Hafen gegen Einhändigung eines Schreibens von ihm abzuliefern. Er machte mich dann darauf aufmerksam, daß fremde Bücher einer Censur unterworfen, und möge ich sie deshalb möglichst sicher verstecken. Obgleich diese Zumutung gegen meine Gefühle, wagte ich doch nicht, ihm seine Bitte abzuschlagen, und öffnete während der Fahrt nach dem Pratika-Hafen das Paket, um die Bücher einzeln unters Bett und Sopha zu verbergen, bekam aber einen blassen Schrecken, als ich sah, daß es die »Französische Revolution von Thiers« aus den 1790er Jahren[152] war, deren Einführung in Rußland strenge verboten war.

Im Pratika-Hafen angelangt, kam die Zollbehörde an Bord, das Schiff auf Contrebande durchzusuchen. Der Oberste der Behörde, ein feiner Mann, sprach gut deutsch und ging mit mir in die Kajüte, während die Unterbeamten Raum und Volkslogis durchsuchten und darauf in die Kajüte kamen, ihre Arbeit fortzusetzen. Als sie in meinem Schlafzimmer den Schrank mit Büchern sahen, wurde eins herausgenommen und dem Offizier vorgezeigt mit dem Bemerken (so viel ich verstehen konnte), daß in dem Schrank eine Menge solcher Bücher stehe. Der Offizier guckte hinein und sagte: »Das ist ja eine ganz harmlose Lektüre,« gab dasselbe zurück, um es wieder auf seinen Platz zu stellen und von weiterm Nachsuchen abzusehen. – Als die Unterbeamten an Deck waren, fragte der Offizier, ob ich außer diesen Büchern nicht auch die französische Revolution von Thiers an Bord habe. – Die Antwort blieb mir in der Kehle stecken, denn ich glaubte, ich sei verraten worden. Meine Verlegenheit bemerkend, sagte er nach kurzer Pause:

»Die Bücher, welche der Hafenmeister im Quarantäne-Hafen Ihnen übergeben hat, sind für mich; und dabei überreichte er mir den betreffenden Brief als Legitimation. Nachdem ich mich vom Inhalt des Schreibens vergewissert, fiel mir ein Stein vom Herzen. Er übergab mir dann seine Visitenkarte, dabei bemerkend, daß er gegen Abend einen Unteroffizier mit einer gleichen Karte zu mir schicken werde, dem ich die Bücher aushändigen möge. Erst am nächsten Morgen, als ich ein Handschreiben von dem Offizier erhalten, worin er mitteilte, daß alles in Ordnung und mich für meine Gefälligkeit bedankte, wurde ich wieder ruhig.

Wie leichtsinnig ich gehandelt, wurde mir jetzt erst recht klar; denn wenn statt dieses Offiziers ein anderer das Schiff durchsucht und zufällig die Bücher gefunden hätte, würde ich, wenn nicht nach Sibirien transportirt, doch jedenfalls gerichtlich verurteilt, eine längere Gefängnisstrafe abzubüßen gehabt haben. – Und das Alles für eine Gefälligkeit!!

Von Odessa in Amsterdam angekommen, segelte ich auf Aventüre nach Riga und bekam dort infolge der politischen Spannung zwischen Rußland und der Turkei eine brillante Fracht nach Antwerpen.

A n m e r k u n g.

Daß eine Havanna-Cigarre dem arglosen Raucher unter Umständen große Unannehmlichkeiten bereiten kann, wird der Leser aus Nachstehendem ersehen.

Als ich also im Herbst 1853 von Amsterdam in Riga angekommen war, besuchte ich einige Zeit nachher einen Geschäftsfreund, der mir eine echte Havanna-Cigarre präsentirte.

Als wir einige Zeit geplaudert, das Geschäft abgemacht war, empfahl ich mich mit dem noch brennenden Cigarrenstummel im Munde, im Begriff wieder an Bord zu gehen.

Kaum war ich zwei Minuten auf der Straße, da wurde ich von zwei Polizisten angehalten und aufgefordert, mit zur Wache zu kommen. Auf der Wache angekommen, stattete der eine Polizist an den dort sitzenden Offizier in russischer Sprache Bericht ab, wobei er einen Gegenstand vor ihn auf den Tisch legte, woran ich meinen Cigarrenstummel erkannte, den ich gerade in dem Moment, als die Polizisten mich anhielten, weggeworfen hatte. – Nun wurde es mir klar, daß ich wegen Rauchens auf der Straße verhaftet sein mußte.

Der Offizier wandte sich dann zu mir und sagte auf gut Deutsch: »Sie haben auf der Straße geraucht, der Beweis ist hier,« wobei er auf den Stummel zeigte.

Da ich nicht leugnen konnte, suchte ich mich zu entschuldigen, indem ich ganz harmlos mit der Cigarre im Munde auf die Straße gegangen sei, auch erbötig sei, die darauf stehende Ordnungsstrafe sofort zu entrichten, damit ich meines Weges gehen könne.

»Das geht nicht!« meinte der Offizier; »aber ich werde Sie zum Präfekten führen lassen, welcher die Befugnis hat, solche Sachen gleich zu erledigen.«

Ich ging also in Begleitung eines Polizisten, der den Cigarrenstummel in Papier gewickelt bei sich hatte, zum Präfekten. Aber auch dieser erklärte zu meinem größten Aerger, daß er mir nicht helfen könne; fragte dann nach meinem Namen, Stand, Schiffsnamen und Heimat, welches er notirte. Ich mußte ihm dann auf mein Ehrenwort versprechen, den nächsten Dienstag, 11 Uhr Morgens, auf dem Polizeigericht zu erscheinen. Ich versprach's und konnte gehen.

Da ich also mein Ehrenwort gegeben hatte, verfügte ich mich rechtzeitig dahin, betrat mit Vagabunden und Polizisten das Vorzimmer desselben, wo ich bis zum Aufruf meines Namens zu warten hatte.

Während ich im Vorzimmer wartete, hörte ich draußen auf dem Hofe ungewöhnlich laut sprechen, darunter weibliche Stimmen seufzen und klagen. Dann plötzlich veränderte sich die Scene, und ich hörte nur noch herzerschütterndes Heulen und Weinen, wo zwischendurch ich die Schläge mit einer Peitsche oder Knute deutlich vernehmen konnte. Ich trat aus Neugierde ans Fenster und sah zu meiner größten Entrüstung, daß zwei noch ziemlich junge Frauenzimmer, deren Oberkörper von Kleidern entblößt, ausgepeitscht wurden. Welche Verbrechen sie begangen, konnte ich nicht erfahren; jedenfalls waren sie erst den Morgen abgeurteilt und dem Profoß[153] zur sofortigen Exekution übergeben. – Uebrigens ist es für jeden civilisirten Mann empörend, auf diese Weise die verurteilten Frauenzimmer öffentlich auszupeitschen.

Beim Anblick dieser Exekution kam mir unwillkürlich der Gedanke, daß auch ich möglicher Weise wegen Uebertretung der polizeilichen Vorschriften meine Prügel bekommen könne. – –

Kurz nach obigem Zwischenfalle wurde mein Name aufgerufen, und ich verfügte mich darauf in den Sitzungssaal.

Hinter dem grünen Tische saßen zwei Richter in Talaren, der Prefekt in Uniform und ihnen zur Seite ein Schreiber. Auf dem Tische lag auf einem weißen Teller der Cigarrenstummel als »Corpus delicti«. Nachdem ich auf einen Wink des Präfekten vorgetreten, stellte der eine Richter zunächst die Frage, ob ich wisse, weshalb ich hier vorgeladen. Da ich bejahte, wurde mein Name, Stand, Nationalität, Konfession u. s. w. nochmals niedergeschrieben; dann die Anklage vorgelesen und gefragt, ob dies richtig, was ich wiederum bejahte, und fügte hinzu, daß ich keineswegs absichtlich, sondern ganz ahnungslos, ohne an das Verbot zu denken, mit der brennenden Cigarre im Munde auf die Straße gegangen und dieselbe, weil ausgeraucht, in dem Moment weggeworfen, als die Polizei mich angehalten habe. – Nun wurde mir der Cigarrenstummel vorgehalten und die Frage gestellt, ob diese die Cigarre sei, worauf ich erwiderte, daß ich das unmöglich wissen könne, denn es hätten ja mehr Cigarren auf der Straße liegen können. – Auf diese weitere Frage des Richters, ob ich noch mehr zu sagen habe, erwiderte ich: »Da ich weiß, das Gesetz übertreten zu haben, auch die darauf stehende Ordnungsstrafe gern bezahle, wie ich auch dem Herrn Präfekten schon gesagt habe, so bitte ich mich zu entlassen.«

Nachdem die Herren sich einige Minuten in russischer Sprache beraten, nahm der Richter das Wort und sagte zu mir gewendet: »Da Sie alles eingestanden und weiter keine Zeugenvernehmung nötig ist, so hat das Gerichtsverfahren hiermit sein Ende, denn unter solchen Verhältnissen hat der Stadt-Direktor zu entscheiden, ob Sie strafbar sind. Sie werden also von diesem nächstens vorgeladen werden und sind somit hier entlassen.«

Obschon ich nach dieser Verhandlung noch mehr wie 14 Tage in Riga war, habe ich doch keine Vorladung vom Stadt-Direktor bekommen und ist die Sache wahrscheinlich niedergeschlagen.

Hiernach kann der Leser sehen, wie strenge die russischen Gesetze gehandhabt werden und zu welcher Ehre ein Havanna-Cigarrenstummel unter Umständen kommen kann.

Anfangs Dezember von Riga in Antwerpen angekommen, reiste ich kurze Zeit nach Hause und wurde am 17. Dezember von meiner 1. Frau mit einem kräftigen Jungen beschenkt, der uns leider aber nach zwei Jahren wieder genommen wurde; wie bereits erwähnt.

Ich hatte meinen Makler in Antwerpen beauftragt, das Schiff nach Entlöschung in Ladung zu legen nach Constantinopel und mußte, da viele Güter dahin an den Markt kamen, schon Anfangs Januar 1854 wieder von Hause abreisen.

Ich, mit noch einem andern Kapitän, dessen Schiff ebenfalls in Antwerpen lag, beschlossen am 4. Januar abzureisen und engagirten zu dem Ende eine zweisitzige Chaise[154], welche uns nach Lingen bringen sollte, von wo ab wir die dreimal wöchentlich fahrende holländische Deligence benutzen mußten.

Es wird dem Leser unglaublich vorkommen, daß wir volle sieben Tage zu dieser Reise von Papenburg nach Antwerpen gebrauchten, welche Tour man jetzt, Dank der Eisenbahn, in neun Stunden mit der größten Bequemlichkeit machen kann.

15. Kapitel.
Eine Landreise mit Hindernissen.

In der Nacht vom 3. auf den 4. Januar wütete ein fürchterlicher Schneesturm. Die Chaise fuhr um vier Uhr Morgens vor und wir stiegen trotz Schneesturm und starken Frostes ein. Die Straße zwischen Papenburg und Aschendorf war durch den Oststurm, der grade längs derselben wehte, ziemlich schneefrei, aber jenseits Aschendorf wurde es sehr beschwerlich, durch die zusammen gewehten Schneehaufen durchzukommen.

Etwa eine halbe Stunde jenseits Aschendorf lag der Schnee stellenweise so angehäuft, daß wir in der Dunkelheit einmal von der Straße abkamen und die Chaise in dem daneben herlaufenden Graben stecken blieb. Aussteigen und helfen, daß das leichte Fuhrwerk wieder auf die Straße kam, war selbstverständlich.

Da die Chaise, soweit wir in der Dunkelheit sehen konnten, nicht gelitten, stiegen wir wieder ein und fuhren weiter. Der Kutscher, der durch diesen kleinen Unfall vorsichtiger zu Werke ging, sprang jedesmal vom Bock, wenn ähnliche Schneehaufen kamen und führte die Pferde am Zügel durch dieselben. – Bei Tagesanbruch waren schon verschiedene Arbeiter beschäftigt, die Straße passirbar zu machen und somit kamen wir gegen fünf Uhr Abends in Meppen an, wo wir zu Mittag aßen. – Hier entdeckte der Kutscher, daß das eine Pferd lahm, und erklärte, daß er uns unter solchen Umständen nicht weiter fahren könne. Mit Hülfe des sehr freundlichen Wirts bekamen wir bald einen andern Wagen mit zwei kräftigen Pferden, stiegen ein und fuhren weiter. Dicht vor Lingen, wo die Straße sich in zwei Arme teilt, verfehlte der Kutscher den rechten Weg, entdeckte dieses aber bald, und da die Straße breit genug, um umzuwenden, kamen wir mit einer Viertelstunde Zeitverlust wieder auf die rechte Straße und ohne weitern Unfall gegen neun Uhr Abends beim Posthause in Lingen an.

Da die Post, resp. die Deligence für gewöhnlich um halb neun abfuhr, befürchteten wir schon zu spät zu kommen, was aber nicht der Fall, denn der Conducteur hatte mit dem Kutscher überlegt, nicht zu fahren, bevor der Schneesturm sich gelegt hatte.

In der Gaststube des Post- resp. des Wirtshauses waren wohl ein Dutzend Zollbeamte versammelt, wovon fünf derselben und ein höherer Beamte nach der holländischen Grenze versetzt waren, welche mit ihren Kameraden eine Abschiedsféte feierten und infolge dessen alle ziemlich angeheitert waren.

Nachdem auch wir uns restaurirt, fragten wir den Conducteur, ob überhaupt den Abend nicht gefahren werden solle, worauf derselbe erwiderte, daß es bei solchem Schneewehen fast unmöglich und nicht ohne Gefahr sei, die Reise anzutreten; da aber wir bei dem Wetter schon den ganzen Tag gefahren, so wolle er mit dem Kutscher überlegen und wenn möglich sofort anspannen lassen. – Nach einigen Minuten kam er in die Gaststube und ersuchte die eingeschriebenen Passagiere sich fertig zu machen; und einige Minuten später hieß es: »myne heeren, instappen, die Deligence is klaar te vertrekken!«[155]

Als die Herren sich erhoben, stellte sich heraus, daß alle gehörig benebelt, am schlimmsten aber der Offizier, welcher nur mit Hülfe des Wirts den Wagen besteigen konnte. – Als wir auf Befragen des Conducteurs antworteten, daß alle eingestiegen, setzten die Pferde an und fort ging's unter dem Gesang: »Muß ich denn, muß ich denn zum Städtel hinaus« u. s. w. durch die Straßen nach der holländischen Chaussee. Nach und nach verstummte der Gesang und unsere Reisegefährten sanken einer nach dem andern in tiefen Schlaf.

Wir mochten wohl ungefähr eine Stunde gefahren sein, wobei wir ab und zu beinahe im Schnee stecken geblieben, als der Wagen sich plötzlich stark auf die Seite neigte, und wenn er nicht zufällig gegen einen Chaussee-Baum gefallen, derselbe unterst zu oben in den mit Eis und Schnee bedeckten Graben gestürzt, wobei es dann wahrscheinlich nicht ohne Verletzungen einiger Passagiere geblieben wäre.

Die schlafenden Insassen erwachten und tummelten einer über den andern gegen die niedrige Seite des Wagens. – Der Conducteur, sehr ärgerlich infolge dieses Unfalls, bat uns auszusteigen, wozu wir ohnehin genötigt waren, um wo möglich den schweren Wagen wieder aufzurichten.

Glücklicher Weise war die Lage des Wagens derart, daß wir die Thüre an der niedrigen Seite öffnen konnten, und somit krochen oder schlüpften wir einer nach dem andern durch diese geöffnete Thüre und krochen unter dem Wagen her durch den dicken Schnee auf die Chaussee, wo der Mond die verunglückte Gruppe beleuchtete.

Der Zolloffizier, welcher in der niedrigsten Ecke des Wagens fest schlief und von der Katastrophe nichts gewahr geworden war, wurde mit vieler Mühe aus dem Schlaf gerüttelt, nach der Thüröffnung geschleppt, um ebenfalls auszusteigen resp. sich durch die Thüre in den Schnee gleiten zu lassen. Bei diesem Manöver hatte er das Malheur, mit dem Sitzteil seiner Beinkleider an eine Thürhänge festzuhaken und seine Unaussprechlichen quer über die ganze Breite seines Körpers zu zerreißen. – Da wir ihn in seinem Zustande nicht bei dem Versuch, den Wagen wieder aufzurichten gebrauchen konnten, brachten wir ihn mitten auf die Chaussee, wo er bald von dem eisigen Ostwind ernüchtert, erst durch das Gefühl der Kälte das Schicksal seiner Unaussprechlichen entdeckte.

Nachdem wir über unsere eigentümliche Situation erst herzlich gelacht, wurde der Versuch gemacht, den Wagen wieder aufzurichten, damit wir wenigstens wieder einsteigen konnten und nicht die ganze Nacht im Freien kampiren brauchten, was bei der Kälte eben nicht verlockend war.

Die Zöllner, sämtlich kräftige junge Leute, der Conducteur und Kutscher, sowie wir beide setzten insgesamt die Schulter gegen den Wagen und nach einigen Versuchen stand derselbe wieder auf seinen vier Rädern, mußte aber so lange gestützt werden, bis der Kutscher die Pferde vorgespannt und ihn mitten auf die Chaussee gezogen hatten.

Jetzt wurde der Wagen untersucht und stellte sich dabei heraus, daß nur die Längsachse gebrochen war, welche so gut es eben ging mittelst eines Pferdeknüppels und eines Endes von der Pferdeleine provisorisch wieder zusammen gelascht wurde.

So weit fertig, wurde wieder eingestiegen, langsam und vorsichtig weiter gefahren bis nach einem eine Viertelstunde entfernt liegenden Schlagbaum-Häuschen und beschlossen, dort über Nacht zu bleiben, um bei Tageslicht den Schaden am Wagen besser zu repariren und die Reise dann womöglich nach Nordhorn fortzusetzen.

Bei dem Häuschen angekommen, wurden die Pferde in die kleine Scheune geführt und wir begaben uns in die Wohnstube. Eine alte, etwa 60jährige Frau und deren Sohn, ein Junge von 17–18 Jahren, waren die einzigen Bewohner dieses Hauses. Auf unsere Frage an die Erstere, ob wir die Nacht dort bleiben könnten, erwiderte sie, daß sie zwar keine Betten, wohl aber einige Schober Stroh habe, welches sie in der Wohnstube ausbreiten wolle, und müßten wir damit vorlieb nehmen.

Während dieser Unterredung brachte der Sohn einen großen Korb mit Torf und legte ein tüchtiges Feuer an, wodurch unsere halb erfrorenen Glieder wieder auftauten. Auf unsere Frage nach Essen bemerkte die Frau, daß sie nur etwas Schwarzbrot, ein Stück Schinken und etwas Kartoffeln zu Hause habe, was aber für uns neun Personen nicht hinreiche. Nun war guter Rat teuer; denn nichts zu essen und zu trinken, dabei auf Stroh schlafen war eben nicht sehr behaglich. Wir frugen dann weiter, wie weit das nächste Dorf, und ob dort bei Nachtzeit Lebensmittel zu haben seien. – Dieses bejahend, und hinzusetzend, daß das Dorf eine kleine Viertelstunde entfernt, auch daß ihr Sohn gern alles für uns holen wolle, wenn der Kutscher mit ihm ginge. Sehr erfreut über diese Mitteilung schossen wir Geld zusammen und schickten die Beiden mit Korb und Sack nach dem Dorf, um Brot, Butter, Schinken, Rum, Zucker ec. zu holen. Nach ungefähr dreiviertel Stunden kamen die Burschen mit allem Nötigen zurück, während welcher Zeit allerhand Schnurren erzählt wurden und die alte Frau dem Offizier mittelst Stopfnadel und Garn das Loch in dessen Beinkleider zuzunähen sich bemühte.

Es war zum Kranklachen, als die Frau mit einem Kneifer auf der Nase sich hinter dem aufrecht stehenden Offizier auf einen Schemel niederließ, den Riß betrachtete und mit den Worten: »O Herr! wat is dat förn groot Lock!«[156] ihre Arbeit begann. Einigemal sprang der Offizier in die Höhe mit dem Ausruf: »Au, Au, Mutter!« wenn nämlich die Frau mit ihrer Nadel etwas tiefer als notwendig hineingedrungen war.

Als diese mühselige Arbeit der Frau beendet, die Burschen, wie gesagt, zurück gekommen, wurde zuerst ein starker Grog gebraut, um die Lebensgeister etwas aufzufrischen, dann gegessen, getrunken, Witze erzählt und gesungen, bis der Tag angebrochen war.

Nun wurde der Wagen resp. die Längsachse besser verlascht, die Pferde vorgespannt und die Reise fortgesetzt. Als wir uns bei der alten Frau, unter Hinzufügung eines guten Trinkgeldes, verabschiedeten, bemerkte sie, daß sie in ihrem Leben noch keine solche vergnügte Nacht verlebt habe, wie diese letzte.

Wir fuhren mit Rücksicht auf den Wagen langsam weiter und kamen gegen Mittag in Nordhorn an. Hier wurde der Wagen durch einen Wagenmacher gründlich reparirt, während welcher Zeit wir im Hotel gut dinirten. – Nach Tisch ging's nun, da die Chaussee ziemlich von Schnee gesäubert war, wieder flott weiter, bis wir nahe der holländischen Grenze, wo eine kleine Brücke zu passiren war, wieder Halt machen mußten, indem ein mit Bentheimschen Steinen schwer beladener Wagen quer über der Brücke stand und dadurch das Passiren derselben unmöglich war. – Der betreffende Wagen war nämlich ausgeglitten und mit den Hinterrädern gegen das Geländer geschleudert. Als der Fuhrmann in dem Moment den Pferden die Peitsche gegeben, war das eine gestürzt und hatte sich ein Bein gebrochen, wie die Bewohner des kleinen Orts uns mitteilten. Da der Fuhrmann keine Möglichkeit gesehen, den Wagen, der mit dem einen Rade durch das Geländer geschlagen, fortzubringen, habe er denselben so stehen lassen und seine lahmen Pferde ins Dorf geführt.

Da es inzwischen Abend geworden und wir auch nicht einsahen, den Wagen so bald fortzuschaffen, um die Brücke passiren zu können, fuhren auch wir ins Dorf und übernachteten in einem kleinen, aber mäßig gutem Wirtshause.

Der Conducteur trommelte am andern Morgen ein Dutzend handfeste Bauern zusammen, brachte Gerätschaften und Schrauben mit zur Stelle, und nach zweistündiger Arbeit war die Brücke zum Passiren frei. – Wir setzten dann unsere Fahrt mit der Diligence fort, erreichten gegen Abend die holländische Grenze, wo die Zöllner uns verließen.

Ueber Nacht blieben wir in dem Städtchen Oldenzaal, weil der Conducteur sich nicht getraute, bei dem Glatteis über Nacht zu fahren, und genossen in den schönen Betten des Hotels einen erquickenden Schlaf.

Des folgenden Tags kamen wir spät Abends in Arnheim an und übernachteten im »groten Zwynhoofd«. Bei Arnheim war Tags vorher wegen des starken Eisgangs die Schiffbrücke über dem Rhein weggenommen und mußten wir per Fährpünte[157] übersetzen, welche Arbeit über zwei Stunden währte. Gegen Abend kamen wir in Herzogenbusch an und den folgenden Tag nach Ryswyk.

Die breite Waal war gedrängt voll Treibeis und nicht passirbar für das Fährschiff, so daß wir die Nacht über in Ryswyk bleiben mußten. Am folgenden Tage war das Treibeis weniger, so daß wir nach dreistündiger schwerer Arbeit endlich das jenseitige Ufer erreichten, wo eine andere Diligence fertig stand, die Passagiere aufzunehmen.

Jetzt trat Tauwetter mit starkem Schneefall ein, welches uns wieder nicht erlaubte, die Nacht durchzufahren und blieben infolge dessen die Nacht in Rozendaal. Den folgenden Tag erreichten wir endlich das Ziel unserer Reise, nämlich Antwerpen, froh, alle die Hindernisse glücklich überwunden zu haben.

Die Bark LÜTCKEN, nach einem Gemälde von Carl Fedeler 1858. (MIt freundlicher Genehmigung von Lindemann, Papenburg; Foto: Egbert Laska, DSM)

Da mein Schiff während meiner Abwesenheit beladen worden war, segelte ich bald darauf von Antwerpen ab und erreichte nach einer ziemlich schnellen Reise Constantinopel.

Vor meiner Abfahrt von Antwerpen hatte ich noch eine schöne Fracht abgeschlossen, nämlich von Odessa mit Getreide nach Holland. Da inzwischen der Russisch-Türkische Krieg[158] ausgebrochen war, machte ich alle mögliche Eile, nach Odessa zu kommen und ließ mich zu dem Ende für schweres Geld durch den Bosporus schleppen, damit mir meine schöne Fracht durch den Krieg nicht verloren ging.

Da die Westmächte bereits mit der Türkei ein Schutz- und Trutzbündnis abgeschlossen, auch die alliirte Flotte schon in den Dardanellen vor Anker lag, so war wohl anzunehmen, daß diese bald thätig eingreifen würde, wenn Rußland sich weigere, die ihm gestellten Bedingungen in der Streitfrage anzunehmen. Einige Tage nach meiner Ankunft in Odessa, nämlich am 4. April, erfolgte dann auch schon die Kriegserklärung der Westmächte an Rußland; und Tags darauf russischerseits das Ausfuhrverbot von Getreide aus ganz Rußland.

16. Kapitel.
Der Russisch-Türkische Krieg. Bombardement von Odessa.

Den Kapitänen der im Hafen von Odessa liegenden vorher befrachteten Schiffe wurde von ihren Abladern die Mitteilung gemacht, daß sie unter diesen Umständen nicht im Stande seien, die Ladungen zu liefern und aus dem Grunde die Annullirung der betreffenden Chartepartien beantragten. Diesem Antrage wurde jedoch seitens der Kapitäne keine Folge gegeben, sondern beschlossen, die Liegetage auszuliegen und wenn bis dahin die Ausfuhr nicht wieder frei gegeben war, unter Protest, vorbehältlich ihrer Rechte gegen die Befrachter abzusegeln.

Am 7. April kam ein englischer Kriegsdampfer auf die Rhede von Odessa, schickte ein Boot unter Parlamentär-Flagge[159] ans Land, um die englischen und französischen Konsuln abzuholen.

Da dieselben bereits Tags vorher mit einem Bremer Schiffe nach Constantinopel abgefahren waren, fuhr, nach kurzer Unterredung mit dem russischen Offizier, das Boot unter der genannten Flagge wieder nach dem Schiffe ab und der russische Offizier ging zurück in die Stadt.

Als das Boot ungefähr halbwegs bis zum Schiffe gekommen war, ließ ein russischer Unteroffizier (welcher wahrscheinlich betrunken) mehrere scharfe Kanonenschüsse auf das Boot abfeuern, und die Kugeln, wie wir vom Ufer aus beobachteten, schlugen dicht neben dem Boot ins

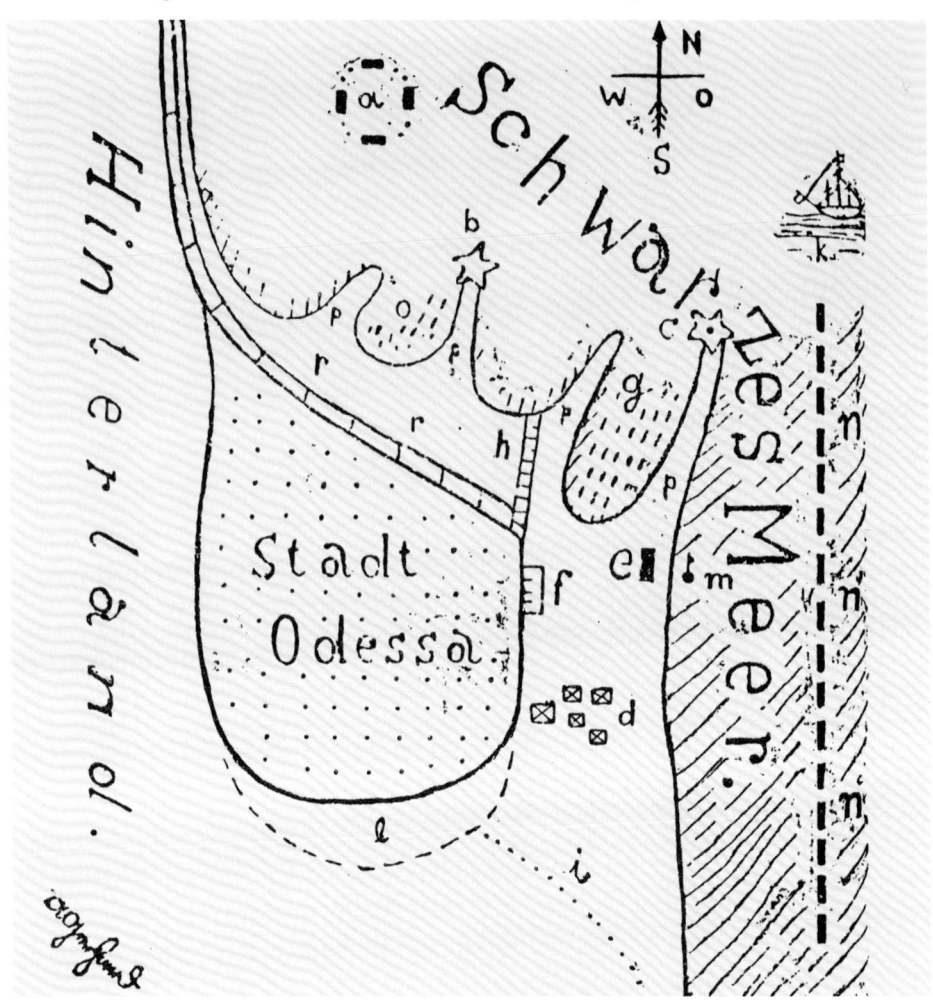

Odessa z.Z. des Bombardements im April 1954.
Erklärungen:
a. die im Kreis herumfahrenden Kriegsschiffe,
b. Fort 2 auf der Molenspitze, das in die Luft flog,
c. Fort 1 mit Leuchtturm auf einer Molenspitze,
d. Lazarette, Arbeiter- und Warenhäuser für die Schiffe im Quarantänehafen,
e. eine Schanze, von der aus das Parlamentärboot beschossen wurde,
f. das »Parlamentarium, einziger Verkehrsort mit den Bewohnern der Stadt,
g. die Handelsschiffe im Quarantäne-Hafen,
h. Grenzmauer zwischen Quarantäne und Stadt,
i. Grenze der Quarantänefläche,
k. mein Schiff nach der Flucht aus dem Hafen,
l. Grenz der auf äußerem Plateaus liegenden Stadt,
m. Landestelle des Parlamentarier-Bootes,
n. die Flotte der Westmächte,
o. Pratica-Hafen,
p. Molen,
r. Böschung

Wasser, worauf sofort der betreffende Offizier im Boot aufstand und selbst die Parlamentär-Flagge herunter zog.

Als das Boot wieder an Bord gekommen, dampfte das englische Kriegsschiff in der Richtung nach Süden wieder ab.

Drei Tage nach diesem Vorfalle kam die ganze englische und französische Flotte, 30 Linien-Schiffe[160] und Fregatten[161], herangesegelt und warf, in einer Linie geformt, Anker vor dem Hafen von Odessa.

Sehr gespannt, was nun kommen würde, sahen wir wieder ein Boot von einem der Kriegsschiffe mit Parlamentär-Flagge ans Land kommen, welches, wie wir später erfuhren, verlangt hatte, den betreffenden Offizier, welcher die Ordre erteilt, auf die Parlamentär-Flagge zu schießen, auszuliefern, was aber von den Russen verweigert wurde. Diesmal kam das Boot unmolestirt[162] wieder an Bord.

Gegen Abend desselben Tags gesellten sich noch vier kleine Kriegsdampfer hinzu, welche am nächsten Morgen in großen Bögen um die Forts auf den Molenspitzen der beiden Häfen herum dampften und nördlich von denselben das Feuer gegen die Stadt eröffneten.[163]

Beim Eröffnen des Feuers kamen viele Neugierige aus der Stadt an die Uferseite; auch wurden aus den dort schnell aufgepflanzten Kanonen einige Schüsse auf die Dampfer abgegeben, die aber, so viel wir sehen konnten, nicht trafen.

Die Dampfer, welche immer in kleinen Kreisen herum fuhren, konnten unbehindert die Stadt beschießen, weil sie von den Kanonen der Forts, welche alle seewärts gerichtet, nicht getroffen werden konnten. Nachdem dieselben einige Stunden in beschriebener Weise die Stadt beschossen, fingen sie an, mit glühenden Kugeln zu schießen und Bomben in die Stadt und auf das nahe gelegene Fort, auf der Mole des Pratika-Hafens, zu werfen.

Kurz nachdem die kleinen Dampfer das Feuer eröffnet, fingen auch einige der auf der Rhede liegenden großen Kriegsschiffe an, über die im Hafen liegenden Handelsschiffe hinweg, auf die Stadt zu schießen. Die Kugeln flogen aber nicht immer hoch genug und so passirte es, daß die Takelage mehrerer Schiffe im Hafen stark beschädigt und selbst einige Masten abgeschossen wurden.

Auf meinem Schiffe wurde gleich im Anfange der Besansmast durch eine dieser Kugeln getroffen und ca. acht Fuß über dem Deck glatt abgeschossen, fiel aber glücklicher Weise nicht herunter, sondern blieb, sonderbar genug, in der Takelage (Stengen und Wanten) aufrecht stehen. – Dieselbe Kugel, welche meinen Mast getroffen, schlug in die Cambüse einer neben mir liegenden schwedischen Brigg und tötete den Koch bei seiner Arbeit.

Daß eine furchtbare Aufregung unter den Leuten der Handelsschiffe entstand, ist sehr erklärlich.

Da wir unter solchen Umständen nicht allein in Lebensgefahr, sondern auch noch die Gefahr liefen, daß unsere Schiffe in den Grund geschossen wurden, traten wir (d. h. die Kapitäne) zusammen, wählten eine Deputation, welche dem Gouverneur der Stadt unsere gefährliche Lage vorstellen und um Erlaubnis bitten sollte, mit unsern Schiffen den Hafen verlassen zu dürfen, weil der Wind dazu sehr günstig sei.

Diese Deputation ging nach dem Parlamentarium – ein abgegitterter Platz, wo die Kapitäne, welche mit ihren Schiffen im Quarantäne-Hafen liegen, mit den Kaufleuten ec. aus der Stadt sprechen können – wo auch bald darauf der Gouverneur erschien, der aber, nachdem wir ihm unsere gefährliche Lage geschildert, auf unser Gesuch kurz erklärte, daß er nicht befugt sei, uns die Erlaubnis zum Verlassen des Hafens zu erteilen. – Wir mußten uns also in unser Schicksal ergeben; ja sogar gewissermaßen mit unsern Schiffen die Stadt gegen die Angriffe der feindlichen Flotte decken.

Der Befehlshaber der Flotte mußte wohl einsehen, daß ein Bombardement der Stadt von der Rhede her den neutralen Handelsschiffen (alle hatten die National-Flagge wehen) im Hafen jedenfalls vielen Schaden dadurch zufügen werde, und ließ nach einiger Zeit die Beschießung der Stadt durch die Hauptflotte wieder einstellen. Er konnte dieses auch um so mehr, weil er sich

der Blitz im Innern des Raumes gezündet hatte, so wurden, für den Fall, daß Feuer ausbrach, alle möglichen Anstalten zum Löschen getroffen, auch wurden die Böte zum etwa notwendigen Verlassen des Schiffes fertig gemacht.

Nach etwa einer Stunde klärte sich die Luft wieder auf und da sich kein Feuer im Raum entdecken ließ, auch das Schiff dicht geblieben war, setzten wir die Segel wieder bei und verfolgten unsern Kurs nach dem Bosporus und weiter nach Antwerpen.

Von Antwerpen segelte ich nach Newcastle, nahm dort eine Ladung Kohlen ein für die französische Flotte, welche ich nach einer sehr schnellen Reise in Constantinopel ablieferte; machte darauf für die französische Intendantur eine Reise von mehreren Plätzen des Marmara-Meeres mit Heu und Stroh nach Kamisch (französisches Lager in der Krim).

18. Kapitel.
In der Krim. Besuch des Kriegsschauplatzes. Ein Schiffbruch.

Von Kamisch aus machte ich eines Sonntags mit mehreren Kapitänen eine Fußtour nach den Befestigungen von Sebastopol.

Da die Kriegführenden mit einander vereinbart, während der Sonntage die Waffen ruhen zu lassen, konnten wir unter Führung von zwei Unteroffizieren und nachdem wir Erlaubnis vom Marschall Canrobert erhalten, durch die Laufgräben bis dicht unter die Mauern vom Malakoff-Turm ungehindert gehen.

Als die Russen uns aber entdeckten und uns wahrscheinlich für Spione hielten, kam eine Bombe herüber geflogen, fiel und platzte in einiger Entfernung von uns, so daß die Stücke mit dem aufgewühlten Boden uns um die Ohren flogen, glücklicher Weise aber keinen von uns verletzte.

Nach diesem unerwarteten Zwischenfalle ergriffen wir eiligst die Flucht, liefen quer über den Kampfplatz weg (welcher mit Kugeln aller Kaliber und Stücken von Bomben bedeckt war) zurück nach Kamisch.

Gefahrvolle Rettung einer Schiffsmannschaft, nach einem Gemälde von Ferdinant Lindner.

Der Hafen von Kamisch ist ein von der Natur gebildeter Einschnitt an der Westseite der Halbinsel Krim, worin an die zwanzig nicht zu große Schiffe ziemlich geschützt liegen können. Dagegen ist die Einfahrt, welche mit Klippen übersäet ist, sehr gefährlich, um so mehr, weil keine Lootsen angestellt waren, um die nach dort bestimmten Schiffe einzubringen. – Da seit der Schlacht bei Inkermann[171] die ganze russische Kriegsflotte in dem Hafen von Sebastopol eingeschlossen war, wurden in Constantinopel auch englische und französische Handelsschiffe für den Transport von Lebensmitteln, Munition ec. nach der Krim aufgenommen.

An dem nach unserer Fußtour folgenden Sonntag wehte ein schwerer Sturm aus West und gegen 10 Uhr Morgens entdeckten wir eine Brigg, welche für Sturmsegel auf den Hafen zukam und natürlich einlaufen wollte.

Mehrere Kapitäne und ein Teil der Mannschaften der im Hafen liegenden Schiffe eilten, als die Brigg in Sicht kam, mit Flaggen und Stangen nach der äußersten Spitze der die Einfahrt bildenden Landzunge, um dem einkommenden Schiffe, wenn erforderlich, durch Signale die Richtung nach der Einfahrt anzugeben, was aber, wie sich später herausstellte, überflüssig, denn der Kapitän (ein Engländer) war vor kurzer Zeit schon mal hier gewesen und kannte daher die Einfahrt ganz genau, weshalb er auch so ruhig bei solchem Wetter auf den Hafen zusetzte.

Bis nahe vor die Mündung gekommen wollte der Zufall, daß eine schwere See das Schiff aus seinem Kurs warf und bevor dasselbe den richtigen Kurs wieder einnehmen konnte, wurde es auf eine der Außenklippen geworfen und blieb sitzen, kaum eine Kabellänge[172] von uns entfernt. – Der Anblick war schrecklich; denn jetzt schlug die Brandung in einem fort über das Schiff, zertrümmerte Verschanzung, Böte ec. und mußte dasselbe nach unserer Ueberzeugung in kurzer Zeit in Stücke zerschellen.

Die laut vernehmbaren Hülferufe der Schiffbrüchigen forderten zur Rettung auf und ein junger englischer Kapitän rief: »Wer schließt sich an, diese Unglücklichen zu retten?« – Im Nu standen ein Dutzend junger kräftiger Leute ihm zur Seite, liefen eiligst mit zu seinem nahe gelegenen Schiffe, bemannten schnell zwei Böte und ruderten mit Todesverachtung in die schwere Brandung hinaus, um den Unglücklichen Hülfe zu bringen.

Aller Augen waren abwechselnd auf die Schiffbrüchigen und auf die Böte gerichtet. Zweimal wurden Letztere von der Brandung zurückgeschlagen, aber mit erneuerten Kräften und angefeuert durch die Worte der Kapitäne boten die Leute alles auf und erreichten die Nähe des Wracks gerade in dem Augenblicke, als beide Masten über Bord stürzten.

Obschon das Wrack zuweilen noch hin und her rollte und die Brandung beständig über dasselbe lief, so gewährte es doch den Böten, die sich an der Leeseite befanden, einen ziemlichen Schutz und erleichterte das Werk der Rettung. Die Mannschaft, welche sich bei einander auf dem Hinterteil des Schiffes fest gebunden, ließ sich nun einer nach dem andern an einem Tau ins Wasser hinab, wo sie dann von den Bootsleuten so schnell wie möglich erfaßt und ins Boot gezogen wurden, welches Gelingen jedesmal von den Zuschauern mit lauten Hurrarufen begrüßt wurde.

Obgleich die Rettung so weit gelungen, war die Gefahr noch lange nicht vorüber, weil eben die Böte bei der Zurückfahrt noch einmal durch die gefährliche Brandung mußten und mit Spannung wurden die Böte beobachtet, als sie der Brandung nahe kamen. – Die englischen Kapitäne schienen schon früher ähnliche Heldenthaten ausgeführt zu haben, denn als die Böte in die Nähe der Brandung kamen, wurden sie in einem raschen Tempo umgeschwenkt und fuhren rückwärts mit streichenden Riemen durch die Brandung in den Hafen unter Bravorufen der sämtlichen Zuschauer. – Als die Schiffbrüchigen gelandet und nach den Baracken gebracht waren, wurde den heldenmütigen Kapitänen nebst den Bootsmannschaften zum Dank für ihre Heldenthaten die Hände gedrückt und ein dreifaches Hoch gebracht.

Als der Sturm sich andern Tags gelegt, trieben nur noch einige Wrackstücke von Schiff und Takelage vor dem Hafen und an den Strand; auch Teile der Ladung, namentlich Fässer mit Wein und Bier wurden von den Franzosen aufgefischt und in die Baracken gebracht.

Von der Krim in Constantinopel angekommen, hieß es, daß die Fahrt auf der Donau frei, indem die Oesterreicher die Fürstentümer Moldau und Wallachey besetzt und somit als neutral erklärt hätten.

19. Kapitel.
Auf der Donau von den Russen mit Arrest belegt.

Auf dieses Gerücht hin segelten wir mit noch einigen neutralen Schiffen Ende Februar 1855 nach der Donau, kamen unbehindert bis Tschatal[173], wo wir von den Russen angehalten wurden und nicht weiter die Donau hinauf fahren durften.

Dieser unerwartete Arrest veranlaßte uns Tags darauf in unsern Böten nach Ismael[174] zu fahren, um bei dem Kommandanten dieser Festung womöglich die Erlaubnis zu erwirken, nach Galatz[175] auffahren zu dürfen.

Als wir uns der Festung näherten, wurden wir schon in einiger Entfernung von dem Wachtposten in nicht ganz freundlicher Weise zurückgewiesen.

Da wir auf einen derartigen Empfang gerechnet, hatte ich meinen Lootsen, welcher etwas russisch sprach, mitgenommen, damit dieser eventuell als Dolmetscher fungiren könne.

Dieser rief nun dem Wachtposten zurück, daß wir gute Freunde seien und notwendig den Kommandanten sprechen müßten.

Auf diese Bemerkung hin wurde einer von den hinzugekommenen Soldaten zum Kommandanten geschickt, welcher auch bald darauf erschien und uns aufforderte, näher heran zu fahren. – Unser Dolmetscher schilderte ihm dann unsere Lage und trug unser Gesuch vor; aber statt die Genehmigung zu erhalten, wurden wir von demselben schroff abgewiesen und obendrein, von zwei Kanonenböten begleitet, wieder nach unsern Schiffen zurück gebracht.

Hier lagen wir, von den beiden Kanonenböten und einer gegenüber liegenden russischen Schanze eingeschlossen, an die vier Wochen und vertrieben uns die Zeit mit Fischen und Jagen auf wilde Gänse ec. ec. – Eines Tags schwammen auf der Donau nicht weit von den Schiffen einige Gänse, und in der Meinung, daß es wilde waren, schoß ich auf dieselben, glücklicher Weise, ohne eine zu töten. Es stellte sich nämlich bald heraus, daß ich auf die zahmen Gänse des Kommandanten geschossen hatte, welcher mich gleich darauf zu sich befahl, um mich darüber zur Rede zu stellen.

Nichts Gutes ahnend, fuhr ich hin; aber mich auf früher in Rußland angewandte Mittel besinnend, nahm ich aus Vorsicht einige Flaschen Portwein und eine Kiste Cigarren mit, die ich bei meinem Anbordkommen dem Kommandanten als Geschenk anbot. – Dieses hatte die Wirkung, daß der angeschossenen Gänse keine Erwähnung geschah, sondern ich vom Kommandanten freundlich aufgenommen wurde.

Erst zu Anfang April kam eine Estafette[176] von Ismael mit der Todesnachricht des russischen Kaisers Nikolaus[177] und der Proklamirung des Kaisers Alexander II. Die Besatzungen der Kanonenböte und der Schanzen wurden am Lande aufgestellt und nachdem ihnen Obiges mitgeteilt, schwuren sie mit entblößten Häuptern dem neuen Kaiser Treue und riefen ein dreimaliges Hurrah! in das auch wir mit einstimmten.

Als die Mannschaften wieder abgezogen, eröffnete der Kommandant uns, daß er vom General Lüders ermächtigt worden sei, uns nach Galatz auffahren zu lassen, sofern wir uns während unserer Gefangenhaltung nichts hätten zu Schulden kommen lassen. – Da dieses, wie er sagte, nicht der Fall, so erteile er uns hiermit die Erlaubnis und wünsche uns gute Reise.

Nachdem wir gedankt, brachten wir ein Hoch aus auf den Kommandanten unter Entfaltung der Flaggen und Abfeuern von Böllerschüssen, welche von den Kanonenböten erwidert wurden.

Unter Jubel und lustigem Matrosengesang wurden die Anker gelichtet, die Segel beigesetzt und nach einer Stunde liefen wir mit einer 10 Meilen Fahrgeschwindigkeit die Donau hinauf.

Da die Nacht ganz hell und ich einen tüchtigen Lootsen, den ich in Sulina[178] bekommen, an Bord hatte, wurde die Nacht durchgesegelt, passirten gegen drei Uhr die letzte russische Festung Reny (welche uns noch einige Kugeln nachschickte) und legten 6 Uhr Morgens das Schiff an die Quaiung von Galatz fest, wo es bald darauf im schönsten Flaggenschmuck prangte und von den Bewohnern jubelnd begrüßt wurde.

20. Kapitel.
Jubel in Galatz über die Wiedereröffnung der Schiffahrt auf der Donau.

Es ist sehr erklärlich, daß die Freude der Bewohner von Galatz, namentlich der Kaufleute, sehr groß war, als sie nach einer Zwischenzeit von 18 Monaten das erste Seeschiff wieder in ihrem Hafen begrüßen konnten. – Zur Feier des Tages arrangirte die Kaufmannschaft im Café »zur Börse« ein solennes Frühstück, wozu ich durch eine Deputation eingeladen resp. abgeholt wurde.

Am folgenden Tage kamen auch die andern Leidensgefährten herauf und da die Kunde, daß die Fahrt nach Galatz frei, auch bald zu den bei Tulsche auf der untern Donau liegenden neutralen Schiffen drang, so sammelte sich in einigen Tagen eine ziemliche Flotte an, zur Freude der Kaufleute, welche nun endlich ihre aufgespeicherten Ladungen los werden konnten. Es entwickelte sich ein Leben und Treiben in der Stadt und im Hafen, wie noch nie zuvor da gewesen.

Die russische Regierung, welche noch immer den Hintergedanken hatte, daß diese Ladungen event. in Constantinopel in feindliche Schiffe übergeladen würden, erließ einen Ukas[179], daß jedes Schiff mit Getreide beladen ein Certificat von seiner Regierung einholen müsse, worin dieselbe erklärte, daß die Ladung neutrales Eigentum und nur in einem neutralen Hafen gelöscht werden solle und solches dem Kommandanten bei Tschatal vorzuzeigen habe, bevor es die Donau hinab segeln durfte. – Die betreffenden Konsuln wurden von ihren resp. Regierungen ermächtigt, diese Certificate auszustellen, damit den Schiffen kein unnötiger Aufenthalt verursacht werde. – Ob nun nach dem Inhalte dieser Certificate immer verfahren worden ist, will ich dahin gestellt sein lassen.

Ich segelte so abgefertigt mit einer Ladung Weizen nach Emden. Da die Ladung Weizen in Wirklichkeit englisches Eigentum war, wurde dieselbe neutralisirt, in zwei andere Schiffe umgeladen und nach England gebracht.

Da der Krim-Krieg noch immer im vollen Gange war, segelte ich von Emden via Newcastle nochmals nach Constantinopel und kam im Frühjahr 1856 von Rodosto (Marmara-Meer)[180] nach Termonde[181] zurück. – Da der Friede inzwischen geschlossen war[182], machte ich eine Reise nach Archangel,[183] von wo ich Ende August nach Antwerpen zurück kam und das Schiff, wie weiter unten bemerkt, an einen andern Kapitän abtrat.

21. Kapitel.
Einiges über Constantinopel und Umgegend.

Da mir auf meinen verschiedenen Reisen, die ich während des Krim-Krieges nach Constantinopel und Umgegend machte, öfters Gelegenheit geboten wurde, die von der Natur so überaus reich ausgestattete Gegend zu besehen und zu bewundern, auch die Merkwürdigkeiten der Stadt selbst in Augenschein zu nehmen, so setze ich voraus, daß es dem Leser nicht unangenehm sein wird, wenn ich ihm die der Zeit gemachten Notizen hier im Auszuge mitteile.

Die Reisen von Kapt. Sandmanns 1852–56. (Zeichnung von H. Peineke, Papenburg)

Wenn man, aus dem Marmara-Meere kommend, sich dem Bosporus nähert, gewährt die Ansicht der beiderseitigen Ufer einen herrlichen Anblick; an der asiatischen Seite die weitausgedehnte Stadt Scuttary[184] mit ihren schönen Villen und schlanken Minarets; an der europäischen Seite die Stadt Constantinopel mit ihren Vorstädten und die übereinander wegragenden, unabsehbaren Häusermassen bilden zusammen ein Panorama im großartigsten Styl. – Die Stadt selbst ist durch den Hafen (das goldene Horn) in zwei Teile geteilt und waren d. Z. nur durch zwei Brücken, eine Schiffbrücke und eine feste, mit einander verbunden, welche den Verkehr kaum bewältigen konnten. An der Südseite des Hafens liegt die Altstadt Stambul, welche ausschließlich von Türken bewohnt wird. An der N.-O.-Spitze derselben liegt hart am Bosporus das Serail und gleich daran stoßend die große Moschee (z. Z. Constantins des Großen die weltberühmte historische Sophien-Kirche) mit ihren sieben Kuppeln und vier schlanken Minarets, hoch in die Luft ragend. – Der nördlich vom Hafen liegende Stadtteil, namentlich die Vorstadt Galata, wird von allen Nationen bewohnt, welche größtenteils einen Kleinhandel betreiben. Hier liegt hart am Hafen auch das Zollgebäude.

Mitten in Galata steht der über Alles wegragende »Römerturm«, worin ein bequemer Wan-

Konstantinopel – Ansicht vom Goldenen Horn aus. (Ansichtskarte im Besitz von K.-W. Wedel)

delgang ganz bis nach oben führt. Von hier aus hat man eine Uebersicht über die ganze Stadt, den Bosporus und einen Teil des Marmara-Meeres mit den schönen Prinzen-Inseln.

Die im Anfang bemerkte herrliche Ansicht verliert aber bedeutend an Reiz, wenn man in Galata ans Land steigt. In den engen, schmutzigen Gassen laufen Dutzende abgemagerte, herrenlose Hunde herum, und die vielen Lastträger mit ihrem fortwährenden Schreien »Heidy« (Platz da) verleiden einem den Aufenthalt hier und machen die Wege unsicher, deshalb beeilt man sich, nach dem bessern Stadtteil, nämlich nach Tera hinauf zu kommen, wo man wenigstens eine reine frische Luft genießen kann. Dieser Stadtteil hat schöne breite Straßen, prachtvolle Häuser, mehrere schöne Theater und christliche Kirchen, gute Restaurants und Hotels und ist der Wohnsitz der reichen Kaufleute und der verschiedenen Konsuls.

An den Ufern des Bosporus, oberhalb der Vorstadt Tophana, liegt das große alte Palais des Sultans; dann etwas weiter hinauf die prachtvolle Moschee, wo der Sultan gewöhnlich des Freitags (türkischer Sonntag) entweder zu Roß, im Wagen oder Kaik (Boot) hinfährt, seine Andacht zu verrichten. Das Innere dieser Moschee ist mit reichen persischen Teppichen belegt, ebenso die Wege, entweder von der Straße, oder vom Wasser her, wenn der Sultan zu erwarten ist. Außer der Zeit des Gottesdienstes kann man gegen Erlegung von einigen Piastern Trinkgeld diese Kirche besehen, muß aber vor der Pforte derselben die Stiefel ausziehen, damit das Heiligtum nicht entweiht wird.

Nach einer Weiterfahrt mit einem Kaik kommt man an das großartige schöne Marmorpalais, dessen Thore und Eingänge sowie die ganze eiserne Einfriedigung am Bosporus reich vergoldet sind.

Hier in diesem Palais war der Zeit auch der Harem des Sultans, infolge dessen nur einige reich dekorirte Säle und das Theater von Fremden besichtigt werden durften.

Hart an das Palais stößt ein prachtvoll angelegter Lustgarten, worin man zuweilen einige Damen des Harems spaziren sehen konnte, allerdings dicht verschleiert und in Begleitung eines Eunuchen, der darauf achtete, daß kein Boot oder Kaik sich dort aufhielt.

Weiter hinauf, bis an die Bucht von Bujucdere, passirt man dicht am Wasser liegend mehrere Städte, nahe beieinander, dahinter ziemlich hohe Berge, welche von unten bis zur Spitze mit Blumen und Laubholz bepflanzt sind. – Vom Wasser aus gesehen bildet diese Gegend ein wahres Paradies.

Constantinopel gegenüber, etwas oberhalb Scuttary, ragt ein halb verborgenes Felsenriff bis auf etwa 2000 Fuß Länge in den Bosporus hinein, auf dessen äußerster Spitze der sogenannte Leanderturm steht, worin nach Schiller die Braut »Hero« eingeschlossen war.[185]

Das asiatische Ufer des Bosporus ist zwar nicht so dicht bebaut, aber dennoch ebenso schön wie das europäische.

Ungefähr in der Mitte des Bosporus neigen die beiden Ufer auf etwa eine viertel deutsche Meile[186] gegen einander und auf deren vorspringenden hohen Bergspitzen liegen die Ruinen der Burgen »Rumeli Hissar« und »Annatoli« sich gegenüber. – Hier war es, wo Muhamed im Jahre 1453 mit seiner großen Armee übersetzte und Constantinopel belagerte[187]. – Von diesen hervorragenden Bergspitzen ab weichen die Ufer wieder auseinander und liegt an der europäischen Seite die schöne Bucht Bujucdere mit ihren vielen Landschlössern, und an der asiatischen das Städtchen Beikos, wo damals eine Abteilung der westmächtlichen Flotte vor Anker lag, um im Notfalle schnell das schwarze Meer zu erreichen.

Im Hafen von Constantinopel und auf dem Bosporus wimmelte es d. Z. von Kriegs-, Handels- und Passagierdampfern, sowie Seglern in allen Größen; dazwischen Hunderte von Kaiks Tag und Nacht in der Fahrt begriffen, Briefe und Menschen von dem einen Ort zum andern zu befördern.

Wenn dieser Krieg auch nicht ganz seinen Zweck erreicht hat, so ist durch denselben doch wenigstens viel Geld unter die Leute gekommen.

22. Kapitel.
Ich bekomme ein neues, größeres Schiff, welches ich 11 Jahre lang führe.

Von Archangel in Antwerpen angekommen, wurde mir vom Correspondent-Rheder[188] mitgeteilt, daß die Rhederei auf der vor Kurzem stattgehabten Versammlung die Absicht ausgesprochen habe, ein größeres Schiff für mich bauen zu lassen, und möge ich zur Beratung, event. Beschlußfassung darüber nach Hause kommen.

Sehr erfreut über diese Mitteilung, übertrug ich die Führung des Schiffes einem mir bekannten jungen Kapitän und reiste nach Hause. – Leider ging dieses Schiff gleich auf der ersten Reise unter Führung des neuen Kapitäns mit Mann und Maus unter. –

Auf der zu obigem Zweck berufenen Rhederei-Versammlung wurde ich zuerst angenehm überrascht durch Ueberreichung einer Extra-Gratifikation von 500 Thalern! Darauf wurde die Angelegenheit betreffs eines neuen Schiffes besprochen und schließlich beschlossen, es mir gänzlich zu überlassen, wo und in welcher Größe dasselbe gebaut werden solle.

Nachdem ich meinen verbindlichsten Dank für die Gratifikation und daß mir in so reichem Maße geschenkte Vertrauen ausgesprochen hatte, äußerte ich mich bezüglich des neuen Schiffes dahin, daß nach meiner Meinung ein Schiff von 300–350 Lasten am zweckmäßigsten sei, weil ich doch für gewöhnlich frachtsuchend in der Welt herum fahren müsse und ein Schiff solcher Größe an den meisten Plätzen, wie ich aus Erfahrung wisse, leichter und eher eine Fracht bekommen würde, als ein ganz großes, folglich ich in diesem Sinne verfahren würde, wenn die Herren damit einverstanden.

Da, in Erwägung der angegebenen Gründe, sämtliche Rheder mit meinem Vorschlage einverstanden waren, auch zugleich erklärten, mir selbst zu überlassen, mit wieviel ich mich an dem zu erbauenden Schiffe beteiligen wolle, war damit der fragliche Punkt erledigt, und ich bekam

Die Papenburger Bark LÜTCKEN. (Kopie eines Ölgemäldes von Carl Fedeler 1864, gefertigt von Alfred Gollberg, Görlitz 1916, aus dem Nachlass der Familie Sandmann/Wedel)

Auftrag, mich auf einigen Schiffswerften umzusehen, wo ich am besten und billigsten ankommen könne. – Einige Tage nachher trat ich die gewünschte Rundschau an, wobei ich schließlich nach Emden kam und unter Vorbehalt der Genehmigung meiner Rheder den Baukontrakt über ein reichlich 300lastiges Schiff abschloß.[189]

Nachdem die Rheder den Kontrakt genehmigt hatten, wurde mit dem Bau des Schiffes begonnen; dieses wurde am 28. Juli 1857 fertig und, teilweise aufgetakelt, unter reichem Flaggenschmuck und Hurrarufen vom Stapel gelassen.

Es war ein recht schmuckes Schiff, allen Anforderungen der damaligen Zeit entsprechend, zweckmäßig, auch für Kajüten-Passagiere eingerichtet und als Bark getakelt. – Die Größe war den derzeitigen Verhältnissen anpassend für ein Schiff, welches für gewöhnlich fremde Ladungen fuhr, resp. Frachten suchen muß, um Geld zu verdienen und hat sich auch später als solches bewährt. Kurz und gut, ich hatte das mir in der Jugend vorgesteckte Ziel im großen Ganzen erreicht, genoß das volle Vertrauen meiner Mit-Rheder und war in jeder Beziehung mit meiner Stellung zufrieden.

Nachdem das Schiff vollständig aufgetakelt und nahe genug fertig zum Absegeln, wurde dasselbe auf Wunsch der Rheder von dem katholischen Pfarrer feierlich eingesegnet und auf den Namen »Lütcken« getauft und den eingeladenen Gästen ein Festmahl gegeben.

Da die Kajüte für den Zweck nicht groß genug war, wurde das hintere Zwischendeck dafür eingerichtet und mit Guirlanden und Flaggen prächtig ausgeschmückt. Gegen 8 Uhr begab sich die ganze Gesellschaft – etwa 36 Personen – ins Zwischendeck und setzten sich in bunter Reihe auf die ihnen angewiesenen Plätze. Nach dem ersten Gange nahm der Minister »v. Lütcken« das Wort und hielt etwa folgende Rede: »Hochverehrte Festgenossen! Da dieses Schiff auf meinen Namen getauft worden ist, so statte ich zunächst der Rhederei meinen verbindlichsten Dank ab für die mir zu Teil gewordene Ehre. Durch die Annahme der Patenstelle habe ich auch in gewisser Beziehung die Pflicht, für das Gedeihen des Taufkindes Sorge zu tragen; da mir aber die persönliche Aufsicht durch den Kapitän entzogen wird, so kann ich dasselbe nur mit guten Wünschen auf seinen bevorstehenden Reisen begleiten. Möge dasselbe also mit Gottes Beistand unter der Führung eines braven Kapitäns allen Gefahren der Seefahrt nach Kräften widerstehen und in absehbarer Zeit mit reicher Ernte nach seiner Heimat zurückkehren. – Ich bitte also ein volles Glas mit mir zu leeren auf glückliche Fahrten des Schiffes, auf das Wohl des Kapitäns und der Mannschaft, sowie auf alle, welche sich je auf diesem Schiffe dem Meere anvertrauen u. s. w.« – Ein dreimaliges stürmisches Hoch mit Tusch durchhallte den ganzen Raum des Schiffes.

Nach noch mehreren ernsten und heiteren Toasten entstand ein kleiner Zwischenfall, der leicht ernste Folgen hätte haben können. Als nämlich der flammende Pudding herum gereicht wurde, floß durch die Unachtsamkeit des Kellners etwas von der brennenden Flüssigkeit auf das Kleid der Frau des Rheders. Glücklicher Weise war dasselbe aus schwerer Seide, und da der Nachbar seine Serviette gleich darauf drückte, wurde die Flamme sofort gedämpft. Die Dame kam also mit einem kleinen Schrecken davon und die kleine Störung wurde bald wieder durch die allgemeine heitere Stimmung verdrängt.

Gegen 3 Uhr Morgens brach die Gesellschaft auf und jeder von ihnen ging nach Hause mit dem Bewußtsein, eine schöne Tauffeierlichkeit auf dem Schiffe verlebt zu haben.

Etwa 10 Tage nach der hier beschriebenen Tauffeierlichkeit verließ ich Emden und trat mit dem neuen Schiffe die erste Reise via England nach Ostindien an. Nach etwa 11 Monaten kam ich nach Europa zurück, wo mich in Cowes[190] die erschütternde Trauernachricht erwartete, daß meine liebe Frau bereits am 6 Mai das Zeitliche gesegnet hatte.[191] R. i. p. –

Ich bekam in Cowes meine Ordre nach Bremerhafen; dort angekommen, reiste ich auf einige Zeit nach Hause, um Anordnungen für meine mutterlosen Kleinen zu treffen. –

Auf der Retourreise von Hongkong via Singapore nach Europa hatte ich drei Passagiere, nämlich zwei junge Kaufleute, welche das indische Klima nicht vertragen konnten, und einen Bremer Kapitän, der sein Schiff in den indischen Gewässern verloren hatte.

Die ersten Beiden, anfangs kränkelnd, erholten sich bald in der frischen Seeluft und entpuppten sich als sehr joviale junge Leute, welche von ihren Erlebnissen und Jagden auf Tiger ec. viel zu erzählen wußten; dabei waren Beide musikalisch und gute Sänger. Rechnet man hinzu, daß namentlich in den Tropen auchdes Schach-, Karten- und Dominospiels gefröhnt wurde, so ist es leicht erklärlich, daß eine Reise von 120–130 Tagen keine Langeweile zuläßt und eine solche Zeit verhältnismäßig schnell dahin flieht.

Der nicht mehr junge Bremer Kapitän hatte zuweilen etwas Langeweile, weil er, an Thätigkeit gewöhnt, keine Beschäftigung hatte; auch kein Freund von Musik, ärgerte er sich immer, wenn die beiden Herren durch ihr Geigen- und Violoncellspiel ihn in seiner Mittagsruhe störten.

Wenn die beiden ihn obendrein noch neckten, wurde er ganz ungehalten und drohte, ihre Fidelbögen mit Butter bestreichen zu wollen, damit das Gequik doch einmal ein Ende habe. – Diese Aufgeregtheit meines Kollegen verdroß mich und ich ersuchte die jungen Leute, doch auf den Kapitän etwas Rücksicht zu nehmen und wenigstens dann nicht zu spielen, wenn er sein Mittagsschläfchen machte und schlug ihnen vor, die eine Stunde mit mir auf dem Quarterdeck[192] zu spazieren, weil dieses ihrer Gesundheit zuträglicher sei, als das ruhige Sitzen. »Herr Kapitän,« erwiderten sie, »wenn Sie zuweilen stundenlang mit Ihrem Kollegen hin- und herlaufen, kommen Sie uns gerade vor wie die wilden Tiere im Käfig und müssen wir darüber lachen.«

Trotz alledem ging Alles in bester Harmonie voran und abgesehen von einigen Stürmen beim Kap der guten Hoffnung hatten wir eine verhältnismäßig schöne Reise und beim Verlassen des Schiffes in Bremerhafen meinten alle drei Passagiere, daß die Reise von Anfang bis Ende doch recht schön gewesen sei. Der Kapitän machte sogar die Bemerkung, wenn er erst ein Schiff wieder habe, wolle er beide Herren gern als Passagiere mitnehmen, selbst wenn sie ihn auch ab und zu durch ihre Musikproben in seinem Mittagsschläfchen stören sollten.

Ich füge hier noch hinzu, daß ich auch auf späteren Reisen, z. B. von und nach dem La Plata,

Kapt. Hermann Sandmann mit seiner Tochter Henriette, 1859. (Repro: Reni Hansen)

immer einige Passagiere hatte, welche nicht allein gut zahlten, sondern auch zu der Unterhaltung und Erheiterung des Ganzen viel beitrugen.

Diese Passagier-Beförderung ist leider schon in den letzten Jahren meiner Seefahrt nach und nach auf die großen prachtvoll eingerichteten Dampfer übergegangen, so daß zu der jetzigen Zeit nur noch ganz vereinzelt ein Passagier mit einem Segelschiffe hinüber fährt.

In Singapore wurden mir, außer einigen Kisten mit Pflanzen, auch ein großes Bauer mit lebenden Vögeln und ein Glas mit chinesischen doppelschwänzigen Goldfischen für den Zoologischen Garten in Berlin, an Bord geschickt. Leider starben auf der Reise viele von den lebenden Wesen, woran wohl zum Teil das Trinkwasser und der mit der Pflege betraute Junge Schuld hatten.

Obgleich mir solches sehr unangenehm war, konnten wir uns des Lachens doch nicht enthalten, wenn der Junge mit einem ganz dummen Gesicht, den toten Kadaver in der Hand, zu mir trat mit den Worten: »Kaptein dar is weder een lütten Vagel störven!« oder: »Dar is weder een lütten Fisch dood bleven!« –

Nachdem ich zu Hause meine Angelegenheiten geordnet, reiste ich wieder ab und nahm zwei meiner Kleinen[193] mit mir an Bord. Da ich in Bremerhafen keine annehmbare Ausfracht erhalten konnte, segelte ich via Cardiff nach Malta und weiter nach Odessa, wo ich eine Mais-Ladung nach England einnahm.

Als die Ladung eingenommen, das Schiff nach der Rhede hinausgelegt war, fuhr ich ans Land (die Quarantäne war seit dem Krimkriege abgeschafft) zum Ausklarieren und mußte, da gegen Abend sich ein Sturm aus Ost erhob, die Nacht am Lande bleiben. Da der Sturm die ganze Nacht wütete, bekam ich, besorgt um mein Schiff, wenig Ruhe und machte mich bei Tagesanbruch auf, mich nach demselben umzusehen. Den Korridor des Hotels entlang gehend, kommt ein Stubenmädchen auf mich zu stürzen, umarmt mich und gibt mir einen herzhaften Kuß mit den Worten: »Christ ist erstanden!« – Ganz verdutzt über diesen unerwarteten Angriff stehen bleibend, kommt noch ein zweites Mädchen auf mich zu stürzen und gibt mir mit dem nämlichen Ausruf ebenfalls einen Kuß. – Da ich auch hierauf nicht reagirte, fingen beide an zu kichern, klatschten in die Hände und liefen wie der Blitz wieder in ihre Zimmer zurück, um ihre Arbeiten fortzusetzen.

Anfangs glaubte ich, es mit Verrückten zu thun zu haben, wurde aber später eines Bessern belehrt, nämlich: daß es Landessitte sei, am Ostermorgen (denn der war es) jeden zuerst Begrüßenden mit obigem Ausruf einen Kuß zu geben, welcher mit der Erwiderung: »Er ist wahrhaftig auferstanden« zurück gegeben werden müsse.

Da ich, wie gesagt, ganz verblüfft war und diese Sitte nicht kannte, war es kein Wunder, daß die jungen Mädchen mich tüchtig auslachten.

Als ich am Hafen angekommen, durch ein Fernrohr mein Schiff, welches festliegend vor seinen beiden Ankern schaukelte, beobachtete, kommt ein altes Mütterchen auf mich zu mit demselben Ausruf und macht Miene, mir ebenfalls einen Kuß zu geben. Als ich dieselbe abwehrte und sie fortgehen hieß, fing sie auf russisch an zu schimpfen, woraus ich nach ihrem Gebaren schließen mußte, daß sie mich für einen Ungläubigen halte, welcher nicht an die Auferstehung Christi glaube u. s. w. – Um keinen Zusammenlauf der zwar noch wenigen Spaziergänger zu veranlassen, ging ich eiligst nach dem Hotel zurück, wo ich dann, wie vorhin bemerkt, über diese Landessitte belehrt wurde.

Als der Sturm sich über Tag gelegt, fuhr ich an Bord meines Schiffes und wurden bald darauf die Anker gelichtet und die Reise nach Glasgow angetreten.

In Glasgow[194] angekommen, reiste ich mit den beiden Kindern nach Hause. – Als ich einige Wochen zu Hause und einsah, daß ich gewissermaßen verpflichtet war, meinen Kindern eine Mutter wieder zu geben, bewarb ich mich um die Hand einer, mir von früher her bekannten, nicht ganz jungen Dame mit Erfolg, führte sie am 21. Juli 1859 zum Traualtar und reiste noch desselben Tags mit meiner jungen Frau und der kleinsten Tochter nach Glasgow ab.

Während dieser Zeit zu Hause hatte ich mein Schiff in Glasgow in Ladung legen lassen nach Montevideo und Buenos-Ayres und fuhren wir bald darauf, nachdem ich mit meiner Familie an Bord gekommen, dahin ab. Im Frühjahr 1860 kamen wir von letzterem Platze nach Antwerpen zurück, von wo ich meine Frau und Tochter wieder nach Hause brachte.

Von Hause zurück wieder an Bord gekommen, segelte ich in Ballast nach Archangel, um dort eine Ladung Roggen nach Antwerpen zu laden.

Als eines Abends im Deutschen Klub in Archangel Vieles über die dortigen Wintervergnügungen erzählt wurde, warf ein junger deutscher Kapitän die Frage auf, ob denn nicht auch im Sommer, namentlich jetzt, wo so viele deutsche Kapitäne anwesend, ein Ball arrangirt werden könne, damit auch denen Gelegenheit gegeben, die deutsch-russischen Schönheiten kennen zu lernen, und zweifle er nicht, daß dieselben hier ebenso tanzlustig seien wie in Deutschland.

Als die Herren letzteres bestätigten und zugleich versprachen, für den Ball auch ihre Damen hinführen zu wollen, wurde die Sache ernstlich erwogen und beschlossen, daß einige der jüngsten und gewandtesten Kapitäne gleich andern Tags bei den Töchtern der Herren Besuch machen sollten, um sich zu vergewissern, ob unsere eigentümliche Idee auch bei ihnen Beifall fand.

Als auch dieser Beschluß von den betreffenden Herren als ganz korrekt und den Gesellschaftsformen entsprechend bezeichnet wurde, entstand nun noch die Hauptfrage, nämlich: ob auch ein zweckentsprechendes Lokal zu haben sei. Auch hierin standen uns die liebenswürdigen Herren mit ihrem Rat und ihrer Hülfe zur Seite und meinten, daß die leer stehende Villa des Admirals a. D. der Jahreszeit entsprechend ganz dazu geeignet, weil sie auf einer kleinen Insel in der Nähe der Stadt liege und von herrlichen Parkanlagen umgeben sei. Einer der Herren, welcher mit dem Admiral persönlich bekannt, erbot sich, am nächsten Morgen mit zwei Kapitänen bei demselben Besuch zu machen, ihm unsere Idee mitzuteilen und wenn dieselbe seinen Beifall finde, ihn zu bitten, uns seine Villa und die Anlagen für einen Tag resp. Nacht zu dem Zwecke zu überlassen.

Wie verabredet gingen am folgenden Tage zwei Kapitäne in Begleitung des genannten Herrn zum Admiral, wurden demselben vorgestellt und ihm der Grund des Besuchs mitgeteilt. Der alte Herr war sehr freundlich, gab sofort, nachdem er noch einiges mit dem Kaufmann in russischer Sprache geredet, seine Einwilligung und stellte uns sogar seine Musikkapelle zur Verfügung.

Dann schrieb er einen Brief an den Kastellan, übergab denselben dem Kaufmann zur Behändigung und machte, als wir uns bedankten und verabschieden wollten, die Bemerkung, daß er wahrscheinlich auch mit seinen Töchtern, denen wir auch noch vorgestellt wurden, den Ball besuchen werde.

Wir fuhren nun nach der Insel, den Brief an den Kastellan abzugeben und waren ganz erstaunt, solche prächtige Räume und schöne Anlagen vorzufinden. Als der Kastellan den Brief gelesen hatte, sagte er auf Französisch: »So, meine Herren, ich bin jetzt von Allem unterrichtet, werde für Alles sorgen; dagegen haben Sie die Pflicht, die Gesellschaft am Sonntag Abend hier einzuführen.«

Der Ball wurde dann auf nächsten Sonntag festgesetzt und die Einladungen dazu erlassen.

Sonntags Abend punkt 8 Uhr wurde der Ball mit einer Polonaise eröffnet. Nachdem die 25 Paare zuerst alle erdenklichen Touren durch den Saal gemacht, flogen die Flügelthüren auf und voran die Musik, wandelte die ganze Kolonne durch den schönen Park und schloß, als dieselbe wieder in dem Saal zurück, mit einem herrlichen Straus'schen Walzer.

Gegen 10 Uhr beehrte uns der Admiral mit seinen Töchtern, welche, nachdem Letztere eine Quadrille mitgetanzt, sich wieder verabschiedeten. Ein reich besetztes Büffett ersetzte die allgemeine Abendtafel.

Die ganze Gesellschaft blieb bis sechs Uhr in sehr animirter Stimmung beisammen und trennte sich erst beim Betreten des festen Landes.

Als wir andern Tags zum Kastellan um die Rechnung schickten, brachte der Bote den Bescheid zurück, daß die Kaufleute bereits Alles berichtigt hätten.

Es war unter den gegebenen Verhältnissen ein prachtvoller Ball und noch lange nachher ist, wie ich später von einem Kapitän hörte, viel in Archangel über diesen schönen inprovisirten Ball und die Gemütlichkeit der deutschen Kapitäne gesprochen worden.

Von Archangel in Antwerpen angekommen, segelte ich von da via Cadix mit Salz nach Montevideo.[195]

Als besonders interessant ist in Cadix die Gewinnung des schönen Seesalzes, wovon alljährlich zwischen 30–40 000 Last allein nach Brasilien und dem La Plata verschifft werden. Auch Holland und Ostfriesland beziehen von daher ihren Bedarf zum Einpökeln der Heringe. Der Preis desselben variirt zwischen vier und fünf spanischen Dollars die Last (2000 Kilo) frei an Bord.

Die Gewinnung desselben geschieht etwa in folgender Weise:

Auf einer großen Ebene mit festem Lehmboden, der Stadt gegenüber, ist ein ziemlich tiefer Kanal, Trocodera genannt, eingeschnitten, von wo aus mehrere kleine Kanäle, welche nur zur Zeit der Springfluten mit Wasser gefüllt sind, den größten Teil dieser Ebene durchschneiden.

An diesen kleinen Kanälen liegen auf festem Lehmboden die sogen. Salzpfannen von etwa einem Fuß tief und ca. 10 Meter im Quadrat. Diese Pfannen sind mit zwei Fuß hohen Dämmen umgeben, stehen aber je 10 bis 12 durch kleine Oeffnungen bzw. Wehren mit einander in Verbindung, desgleichen mit den Kanälen.

Alle 14 Tage, nämlich zur Zeit der Springfluten, werden von den Kanälen aus die Pfannen mit Salzwasser gefüllt, resp. gespeist. Wenn alle Pfannen mit ca. einem Fuß Wasser gefüllt sind, werden die Verbindungen abgesperrt.

Jetzt beginnt das natürliche Verdunsten der süßen Wasserteile durch die heißen Sonnenstrahlen und am vierten oder fünften Tage bildet sich auf der Oberfläche kristallisirtes Salz, ähnlich

117

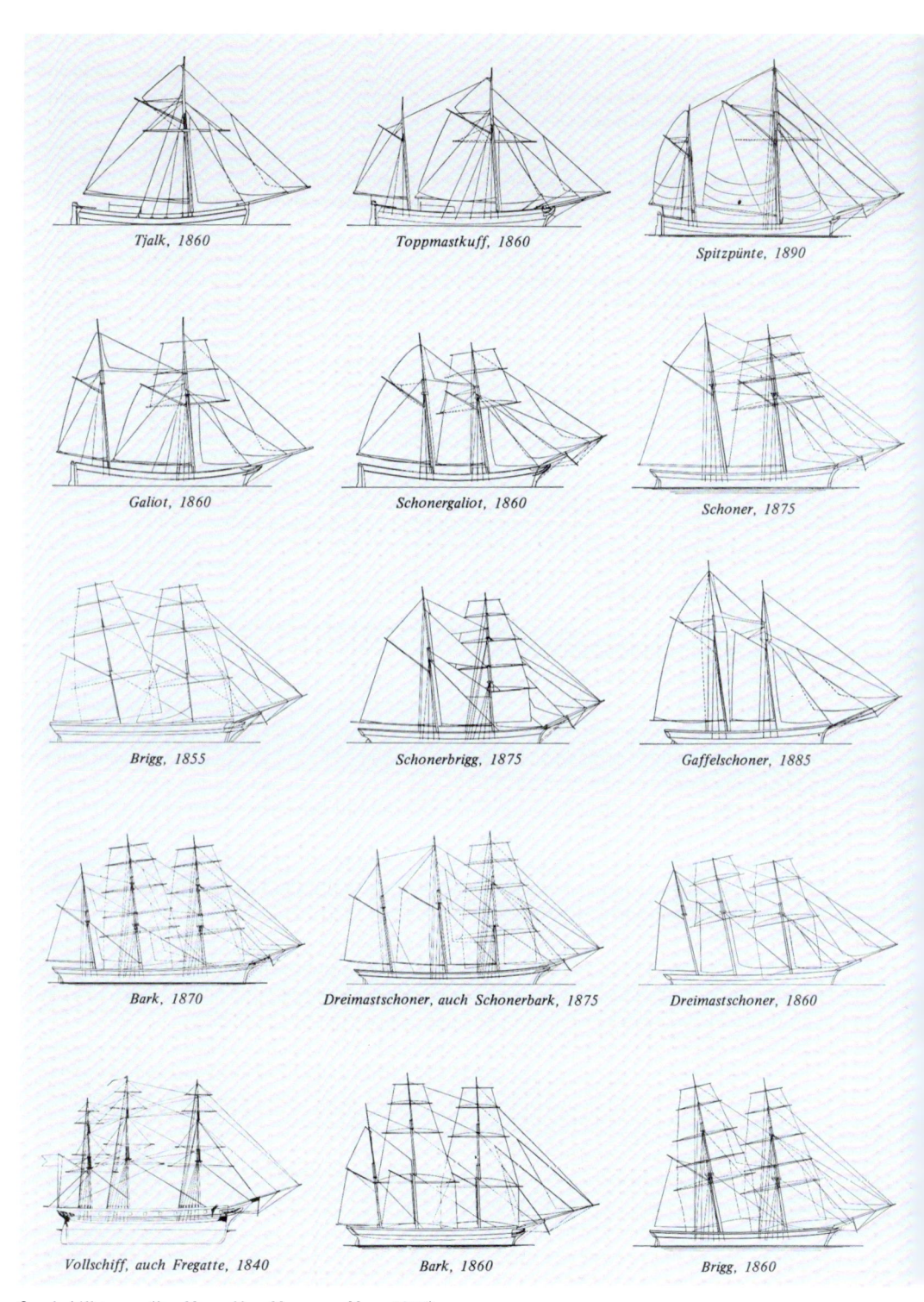

Tjalk, 1860 *Toppmastkuff, 1860* *Spitzpünte, 1890*

Galiot, 1860 *Schonergaliot, 1860* *Schoner, 1875*

Brigg, 1855 *Schonerbrigg, 1875* *Gaffelschoner, 1885*

Bark, 1870 *Dreimastschoner, auch Schonerbark, 1875* *Dreimastschoner, 1860*

Vollschiff, auch Fregatte, 1840 *Bark, 1860* *Brigg, 1860*

Segelschiffstypen. (Aus Meyer: Vom Moor zum Meer, 1976)

wie bei uns im Winter das Eis. Wenn nun die ganze Oberfläche mit einer Salzkruste bedeckt ist, wird durch die Arbeiter das Ganze umgerührt, damit die Verdunstung des untern Wassers unbehindert vor sich gehen kann, indem das an der Oberfläche sich bildende Salz durch seine natürliche Schwere auf den Böden der Pfannen lagert.

Nach 10–12 Tagen ist alles Wasser verdunstet und auf den Böden lagert eine drei- bis vierzöllige Salzlage. Jetzt wird das Salz mit Rechen zusammengeharkt, wobei große Vorsicht nötig, damit keine Lehmteile dazwischen kommen, dann mittelst Schiebkarren nach einem in der Nähe liegenden freien Platz befördert, wodurch nach und nach ein großes Salzlager von ca. 100 Fuß Länge bei 50 Fuß Breite und 20–25 Fuß Höhe entsteht, etwa 1300 Lasten enthaltend und bis zur Verschiffung liegen bleibt.

Solche Salzberge sieht man im Herbst wohl an die Hundert; sie sehen von der Ferne, wenn die Sonne darauf scheint, aus wie lauter Kristall-Paläste. –Bei der nächsten Springflut geht dieselbe Procedur wieder vor sich bis zum Spätherbst, wenn die Sonnenstrahlen nicht mehr stark sind. – Um diese Zeit fängt die Hauptverschiffung des Salzes an.

Während der Löschung meiner Salzladung in Montevideo schloß ich eine brillante Fracht ab, in Buenos-Ayres zu laden und segelte, nachdem das Schiff leer, nach Buenos-Ayres.

23. Kapitel.
Karneval in Buenos-Ayres.

Auf dieser Reise [1860] hatte ich Gelegenheit in Buenos-Ayres das Karnevalsfest mitzufeiern, welches ich dem Leser in kurzen Zügen beschreiben werde.

Am Fastnachts-Sonntag, Mittags 12 Uhr, wurden vor dem Rathause drei Kanonenschüsse abgefeuert als Signal, daß die Feier eröffnet sei und daß von jetzt ab Maskenfreiheit herrsche. – Kaum eine Stunde nachher kam es einem Uneingeweihten vor, als ob die Mehrzahl der Einwohner mit einem Schlage verrückt geworden wäre. Ganze Züge Männer und Jünglinge, maskirt und unmaskirt, zogen springend und Kapriolen machend durch die Straßen und bombardirten mit Odeurs gefüllten Eiern und aus Wachs geformten Kugeln die auf den Balkons sitzenden Damen. Männer mit großen Körben voll dieser Bomben folgten den Zügen und verkauften dieselben nach Bedarf.

Die Damen, statt sich zurückzuziehen, hielten tapfer aus und bombardirten unter Lachen und Scherzen kräftig und gewandt mit gleichem Geschütz auf die Vorbeimarschirenden zurück.

Dieser Spektakel dauerte bis sechs Uhr Abends, als ein Kanonenschuß fiel, zum Zeichen, daß für den Tag die Feier beendet. – Ich wohnte, da mein Schiff auf der Außenrhede lag, am Lande und ging Montags früh nach der Außenseite, um nach den Schiffen zu sehen. Als ich um halb zehn nach dem Hotel zurück ging, war der Spektakel schon wieder im vollen Gange, und bevor ich mein Hotel erreicht hatte, war ich schon pudelnaß. Ich legte trockene Kleider an und stellte mich auf den Balkon, um den vorher angekündigten großartigen Zug vorüber ziehen zu sehen. Kaum fünf Minuten draußen, wurde ich von dreien auf dem Balkon gegenüber stehenden Damen angegriffen resp. bombardirt, die sich, als ich mich zurück zog, durch Händeklatschen und Lachen über den erfochtenen Sieg freuten. – Tollheiten sind ansteckend und so war's auch bei mir. – Ich lief eiligst hinunter, kaufte mir im Vorhof des Hotels 100 Stück dieser Bomben, eilte damit auf den Balkon, den erneuerten Angriff der Damen abzuwarten, welcher auch bald erfolgte.

Nun erfolgte meinerseits die Gegenwehr; da ich aber nicht so gewandt war im Werfen wie die Damen, flogen meine Geschosse meistens vorbei, wogegen die der Damen fast immer trafen. Meine 100 Bomben waren bald verschossen und mußte ich aus Mangel an Munition retiriren und wurde infolge dessen von den Damen ausgelacht.

Schlachthaus der Liebig-Kompagnie in Fray-Bentos, Uruguay. (Aus: Das IXX. Jahrhundert in Wort und Bild, Bd. II)

Endlich kam der pompöse Zug, der vom Sohne des Bürgermeisters arrangirt war. Voran fuhr ein 50 Fuß langes Dampfboot, dann kamen aufgetakelte Dreimaster, dann Briggs und Schooner und zuletzt Whale- und sonstige Böte. Auf jedem zweiten Schiffe war eine Kapelle Hornmusik und in den Masten der Schiffe kletterten weiß gekleidete maskirte Matrosen, welche aber, sowie der Kapitän des Dampfers (der Arrangeur) überall von den Damen mächtig bombardirt wurden und als Gegengeschosse Blumenbouquets in allen Größen wieder auf die Damen zurück warfen. Als der Zug durch einige Hauptstraßen gezogen war, wurde schließlich vor dem Rathause Halt gemacht, wo dem Bürgermeister ein dreifaches donnerndes »Eviva« ausgebracht wurde. – Hierauf wurden die Flügelthüren des großen Zollspeichers geöffnet und der Zug, so weit es ging, hinein geschoben. – Jetzt fiel der Signalschuß, womit der zweite Tag endete.

Der Fastnachts-Dienstag wurde in ähnlicher Weise gefeiert wie der Montag, und das dreitägige Fest wurde mit einem großartigen Maskenballe im Stadttheater geschlossen.

Zu derselben Zeit feierte dort die Liedertafel »Germania« ihr Stiftungsfest, zu dem auch ich eingeladen war. Zuerst wurden in dem schön geschmückten Saale mehrere Lieder vorgetragen, dann wurde soupirt und später abwechselnd gesungen und getanzt, bis zum Morgen und der Tag zum Aufbruch mahnte. Es war ein herrliches Fest; und obgleich in Europa d. Z. die verschiedenen deutschen Stämme noch nicht einig waren, herrschte dort in Amerika schon die vollständige Einigkeit!

Der Leser weiß, daß auf den Ebenen Südamerikas, den sogenannten Pampas, (südwestlich von Buenos-Ayres) unzählige Herden halb wildes Rindvieh weiden, wovon jährlich Millionen geschlachtet werden, um Europa mit Fellen ec. zu versorgen.

Diese Schlächtereien liegen zum Teil in der Nähe der Stadt und hatte ich eines Tages während meiner Anwesenheit in Buenos-Ayres Gelegenheit, mit einem bekannten Kaufmann hinaus zu reiten, um eine solche Saladeira zu besehen und das Massenschlachten in nächster Nähe anzusehen.

Hart an dem geräumigen, aber nicht hohen Schlachthause liegt ein großer eingefriedigter Platz, worin das zu schlachtende Vieh vorher eingetrieben wird und bei der Schlachtung mittelst Lasso heraus und auf die Rampe resp. Schlachtbank gezogen wird.

In der Front des Hauses ist ein Querbalken angebracht, woran in der Mitte ein Block für den Lasso befestigt und ein Sitzplatz des eigentlichen Schlächters, der, rittlings darauf sitzend, wartet, bis das Tier mit den Hörnern dicht an den Balken gezogen, um dasselbe durch einen Dolchstich im Nacken zu töten.

Durch den angeführten Block geht ein aus Fellen verfertigtes Tau, dessen eines Ende im Schlachthause, das andere Ende mit einigen losen Buchten in der Hand des Treibers oder Gaucho sich befindet. Dieser Gaucho läuft nun mit dem Lasso zum Werfen fertig nach dem eingefriedigten Platz und wirft mit großer Geschicklichkeit denselben um die Hörner eines Tieres, gibt ein Zeichen, worauf im Schlachthause das Pferd, woran das andere Ende des Taues befestigt, langsam anzieht und das gefangene Tier aus dem Verschlag auf die Rampe (worauf in gleicher Höhe ein Wagen) und nun mit dem Kopfe hart an den Balken gezogen wird und, wie bemerkt, durch den Dolchstich des Schlächters tot nieder fällt. – Der Schlächter löst den Lasso und wirft ihn dem Gaucho wieder zu, um ein anderes Tier einzufangen.

Inzwischen zieht ein anderes Pferd den Wagen mit dem toten Rind in das Innere des Hauses, während ein anderer Wagen (alle auf Schienen laufend) wieder nach der Rampe geschoben wird zur Aufnahme des folgenden Rindes.

Die Leute im Innern des Schlachthauses besitzen eine ungewöhnliche Fertigkeit zum Ausweiden, Abhäuten, Zerlegen, Knochen ausnehmen ec. ec., so daß nach fünf bis zehn Minuten jedes einzelne Stück des Tieres auf seinen besonderen Platz gebracht ist. Mittlerweile kommt der andere tote Ochs angefahren und die Arbeit geht wie vorher. – Auf diese Weise werden in Zeit von einigen Stunden 100 Stück Vieh und mehr geschlachtet, sortirt und zum Teil gleich eingesalzen. Das eingesalzene Fleisch wird nach 14 Tagen heraus genommen, an der Luft getrocknet und später als carne sec nach Brasilien versandt. – Uebrigens macht die Schlächterei auf den fremden Zuschauer einen unangenehmen Eindruck, um so mehr, weil die Luft in der Nähe derselben ganz abscheulich ist durch die nicht zu verwertenden verfaulten Teile der Tiere.

Auf dem Zurückritte, etwa eine Viertelstunde von der Stadt, wurde mein Pferd durch eine vorüberfahrende Carrette[196] scheu und als mein Begleiter demselben in die Zügel griff, bäumte es sich und machte einen plötzlichen Seitensprung, wodurch ich das Gleichgewicht verlor und herunter stürzte, aber auf dem weichen Sandboden ohne Verletzung nur mit einem leichten Schrecken davonkam. Als der Gaul sich frei fühlte, lief er im rasenden Galopp zur Stadt und als wir später bei dem Pferdevermieter ankamen, stand er ruhig im Stall an der Krippe.

Nach einer 55tägigen Reise von Buenos-Ayres in Antwerpen angekommen, (wo meine Frau mit den beiden Kleinsten wieder an Bord kam,)[197] segelte ich von da nach Cardiff, wo ich eine Kohlenladung nach Barcelona einnahm, weil ich schon in Antwerpen mit einem Londoner Hause wegen einer Weinladung von Barcelona nach Shanghai[198] in Unterhandlung stand und mit Bestimmtheit auf Abschluß rechnete, was sich aber leider nicht verwirklichte, denn einige Tage vor meiner Abfahrt von Cardiff teilte das Londoner Haus mir mit, daß das bestimmt in Aussicht gestandene Geschäft nach Shanghai sich leider zerschlagen hätte.

Ich segelte also nach Barcelona und als dort keine passende Ladung für mich erhältlich, segelte ich auf gut Glück nach Constantinopel, wo ich eine Fracht, in Galatz zu laden, nach London annahm.

Während wir in Barcelona waren, wurde zu irgend einer Festlichkeit ein Stiergefecht abgehalten, welchem auch ich mit meiner Familie beiwohnten.

Der zu diesem Zwecke außerhalb der Stadt liegende Cirkus hat einen Durchmesser von 6–700 Fuß, wovon die eigentliche Arena etwa 200 Fuß Durchmesser hat. Die unterste Sitzreihe für die Zuschauer ist etwa 12 Fuß über der Arena; hierüber amphitheatralisch aufgebaut an die 20 Sitzreihen, so daß der Zuschauerraum etwa 8000 Personen fassen kann.

Zur festgesetzten Stunde wurde das tierquälerische Schauspiel durch eine Musikkapelle (lauter Hornisten) eingeleitet, während dessen sich die Acteurs, als: Matadores, Picadores u. s. w.

dem Publikum vorstellten und durch ein tausendstimmiges Hurrah seitens desselben begrüßt wurden.

Die Acteurs waren sämtlich kräftige, flinke junge Leute, trugen eng anschließende, malerische Kostüme mit Goldflittern besetzt und einen kleinen schwarzen Hut auf dem Kopfe. In der einen Hand trugen sie ihre Lanze, in der andern ein feuerrotes Tuch zum Reizen der vorzuführenden Tiere.

Die Matadores hatten außer der Lanze noch ein langes Dolchmesser im bunten Gürteltuch stecken.

An den Seiten der Arena waren an mehreren Stellen Schutzvorbauten angebracht, hinter welche sich im Notfall die Picadores gegen die Angriffe des Stiers verbergen konnten.

Nachdem die Hälfte der Picadores sich entfernt, die andern sich in der Arena aufgestellt, wurde ein kräftiger Stier herein geführt und die Thüre hinter ihm verschlossen. Solange das Tier nicht gereizt wurde, spazierte es langsam durch die Arena und sah sich die Situation ruhig an. Als die Picadores nun gleichzeitig auf das Tier zusprangen und es mittelst Schwenken der roten Tücher und durch leichte Lanzenstiche reizten, fing dasselbe an zu schnauben und zu brüllen, stürzte auf einen der Picadores zu, der jedoch sehr gewandt das rote Tuch über den Kopf des Stiers warf und bei Seite sprang, während der Stier, der seinen Peiniger nicht sehen konnte, wutschnaubend mit seinen Hörnern gegen die Umfassungsbarriere der Arena stürzte. Jetzt sprangen andere Picadores hinzu, rissen das Tuch von den Hörnern des Stiers und versetzten demselben mehrere Lanzenstiche. Blutend aus mehreren Wunden verfolgte das Tier seine Peiniger, aber statt einen zu erreichen, bekam es immer mehr Lanzenstiche. Wenn es mitunter aussah, als ob der Picador den Hörnern des wutschnaubenden Stiers nicht mehr ausweichen könnte, war er im Nu hinter einer der Schutzwände verschwunden, schaute oben über die Barriere und versetzte von da aus dem Tiere einen tüchtigen Lanzenstich, welche Geschicklichkeit jedesmal mit einem tausendstimmigen Bravo und Tusch begrüßt wurde.

Obgleich das Metier dieser Leute sehr lebensgefährlich ist, so hat es doch einen gewissen Reiz, wegen seiner Gewandtheit im Kampfe mit dem wütenden Stier belobt und mit Bravos begrüßt zu werden.

So wurde auch hier einer der Picadores von dem Stier so in die Enge getrieben, daß er weder links noch rechts die Schutzwand erreichen konnte und kaltblütig den Angriff des Stiers erwartete. Statt aber von dem Stier mit den Hörnern durchbohrt zu werden, flog er über das Tier weg durch die Luft und begrüßte hinter demselben, auf den Füßen stehend, das Publikum, welches durch nicht endenwollende Bravos diese Heldenthat applaudirte. Derselbe hatte sich nämlich, statt den Stoß abzuwarten, auf die Hörner des Tieres geschwungen, war von demselben in die Luft geschleudert und kam auf die Füße zu stehen, ähnlich wie wenn man eine Katze durch die Luft schleudert.

Immer aufs neue wurde der Stier durch Lanzenstiche (wovon einige der Lanzen in dem Körper stecken blieben) gepeinigt, daß er schließlich erschöpft und blutüberströmt sich in der Arena niederlegte.

Nach einer kleinen Pause, während welcher sich die Musikanten beinahe die Lunge ausbliesen, kam ein Matador mit gepanzerten Beinen auf einem alten Gaul in die Arena geritten und begrüßte nach allen Seiten hin das Publikum. – Der Stier, welcher bis dahin ruhig gelegen, wurde aufs neue von den Picadores durch Lanzenstiche gereizt, sprang in die Höhe und verfolgte jetzt schnaubend das Pferd mit dem Reiter, wurde aber immer wieder durch die Picadores abgelenkt.

Brüllend vor Schmerz und Wut erwischte endlich der Stier das nicht sehr gelenke Pferd und trieb seine Hörner so tief in den Bauch desselben, daß die Eingeweide heraus kollerten und ein Strom von Blut heraus floß. Durch den Anblick des Bluts noch mehr gereizt, stürzte der Stier aufs neue auf das Pferd und bearbeitete dasselbe derart mit seinen Hörnern, daß es niederstürzte und nach kurzer Zeit verendete.

In diesem Augenblick sprang an anderer Matador herbei und versetzte dem Stier mit seinem Dolchmesser einen Stich in das Genick, worauf er tödlich getroffen niederstürzte und verendete.

Die sämtlichen Acteurs stellten sich nun um die verendeten Tiere und bildete das Ganze eine malerische Gruppe, und tausendstimmiges Bravo Bravissimo erscholl aus dem Publikum.

Hierauf legten die Picadores Schlingen um die Hörner des Stiers und um den Nacken des Pferdes und die beiden Kadaver wurden durch zwei kräftige, schön geschmückte Rappen unter Musik und Bravorufen aus der Arena geschleift.

Nach einer Viertelstunde Pause und nachdem das Blut in der Arena mit Sand bedeckt, wurde ein zweiter Stier in die Arena geführt und das Schauspiel resp. die grausame Tierquälerei ging aufs neue wieder los wie vorher.

Als nun auch dieser Akt vorbei, bedankten die Acteurs sich für den gespendeten Beifall, womit die mörderische Vorstellung, welche volle drei Stunden gedauert hatte, beendet war.

Als ich in Constantinopel die Fracht nach resp. von Galatz angenommen hatte, setzte im schwarzen Meere der Winter ein und mußten wir etwa vier Wochen in dem Bosporus liegen, um den Aufbruch des Eises auf der Donau abzuwarten.

Da wir auf der letzten Reise viele Ratten an Bord bekommen hatten und dieses lästige Ungeziefer vielen Schaden an Proviant und Segeln anrichtete, beschloß ich mit dem Steuermann, dieselben durch Ausräucherung zu vertilgen, wozu sich, weil wir Ballast im Schiffe hatten, die günstigste Gelegenheit bot, auch keine Zeit dadurch verloren ging.

Es wurden zu dem Ende einige Centner Holzkohlen gekauft, provisorische Feuerstellen auf dem Ballast gemacht und die Kohlen darauf geschüttet. Nachdem dann die Luken und Oeffnungen verdichtet und mit Papier verklebt waren, wurden gegen Abend die Feuer auf dem Ballast angezündet. Um die Wirkung, der sich im Raum entwickelnden Stickluft beobachten zu können, stellten wir ein brennendes Licht auf den Ballast, unter die große Luke und brachten an der Luke selbst eine kleine Glasscheibe an.

Als die Feuer etwa zwei Stunden gelodert hatten, war die Verdünnung der Luft und die sich entwickelnde Stickluft im Raum schon so stark, daß das aufgestellte brennende Talglicht verlöschte. – Als wir uns nach dem Abendbrot überzeugt hatten, daß die Feuer noch gut glimmten, legten wir uns zu Bett, und da es sehr kalt war, wurde die Kajütenthüre gut zugemacht.

Etwa gegen zwei Uhr Nachts kommt meine kleinste Tochter (Johanna) weinend an mein Bett und klagt über Uebelkeit und Kopfschmerzen. Ich springe auf, beruhige das Kind, wasche ihren Kopf mit kölnischem Wasser, gebe ihr ein Glas Wasser und bringe sie wieder zu Bett.

Wieder in mein Schlafzimmer gekommen, fühlte auch ich mich unwohl und setzte mich auf einen Stuhl vor'm Bett. Statt besser wurde ich unwohler, bekam heftige Kopfschmerzen und wurde ganz schwindlig.

In diesem Augenblick fiel mir ein, daß möglicher Weise durch die Nähte im Deck der Kajüte Stickluft eingedrungen sei und diese Krankheitserscheinungen hervorgerufen habe. Ohne mich lange zu besinnen, wecke ich meine Frau und die Steuerleute mit dem Rufe: »Schnell alle Thüren und Fenster offen, denn es ist Stickluft in der Kajüte!« und damit eilte ich durch die Vorthüre der Kajüte an Deck, wo ich besinnungslos niederfiel. Als ich nach einer Viertelstunde wieder zur Besinnung kam und die Augen aufschlug, sah ich Frau und Kinder weinend bei mir sitzen in der Meinung, ich sei schon tot. – Glücklicher Weise hatte der Steuermann, nachdem alle Thüren und Fenster der Kajüte geöffnet, wiederbelebende Mittel aus der Medizinkiste[199] geholt, mir unter die Nase gehalten, die Brust mit kaltem Wasser gewaschen, wonach ich nach kurzer Zeit wieder Lebenszeichen von mir gab.

Da die Luft in der Kajüte jetzt rein, brachte man mich zu Bett, wonach ich vor Erschöpfung bald darauf in festen Schlaf fiel. Den ganzen folgenden Tag litten wir Alle an heftigen Kopfschmerzen. – Wäre mein Töchterchen durch die Beklemmung nicht erwacht und an mein Bett gekommen, dann wären wir sämtliche, in der Kajüte Schlafenden, zweifelsohne im Schlafe erstickt.

Anmerkung.

Solche Ausräucherungen sind sehr probat, um das lästige Ungeziefer an Bord der Schiffe zu vertilgen, sollten aber eigentlich nur bei Tage vorgenommen werden, wenn alle Leute, die auf dem Schiffe sind, auf Deck sein können.

*

Als das Eis der Donau aufgebrochen, segelten wir nach Galatz und von da mit Weizen nach London, von wo ich meine Familie wieder nach Hause brachte. Wegen Reparatur einiger Schäden, die ich auf der Donau erlitten, sowie wegen Neuverkupferung des Schiffes brachte ich längere Zeit in London zu und fuhr im Herbst wieder mit einer Ladung Stückgüter und Eisenbahnschienen nach Buenos-Ayres.

Auf dieser Reise von London nach dem La Plata fuhren zwei Kaufleute in der ersten Kajüte und 10 Ingenieure in der zweiten Kajüte mit mir hinüber. Diese Letzteren wurden von einer englischen Gesellschaft hinüber geschickt, um den Bau der Eisenbahn von Buenos-Ayres – die erste in Argentinien – nach Cordova auszuführen, und waren sämtlich recht fidele junge Leute. Gegen Weihnacht passirten wir den nördlichen Wendekreis und da meinten die Herren, daß wir das Weihnachtsfest, zwar nicht bei Schnee und Eis, wie in England, doch bei Wein und Punsch, Gänsebraten und Plumpudding feiern müßten, womit ich natürlich einverstanden. Die zu dem Zweck in London gekauften und auf der Reise gemästeten Gänse mußten dem Feste zum Opfer fallen und wurde der Koch beauftragt, dieselben für den Weihnachtstisch in der zweiten Kajüte zuzubereiten, nebenbei einen richtigen englischen Plumpudding zu backen.

Der Koch in seiner Kombüse, Stich von Carl Saltzmann.

Bord gespült zu werden) -, daß ihr Schiff im sinkenden Zustande sei und sie dasselbe verlassen müßten. – Ich versprach dann, ihnen so schnell wie möglich Rettung zu bringen und möchten sie sich bereit halten, das Schiff zu verlassen. Ich ließ nun unser Schiff durch Backstellen[200] der Segel eine Strecke zurück treiben und inzwischen das Boot fertig machen. Darauf wurde wieder voll gebraßt und so nahe als thunlich an die Leeseite des Wracks heran gesteuert, wo im geeigneten Moment das Boot abstieß und an die Seite des Wracks anlegte. Im Nu war die ganze Mannschaft im Boot und nach einigen Minuten bangen Harrens schoß das Boot wieder an die Leeseite unseres Schiffes – und die Unglücklichen waren somit gerettet!

Als die Leute alle an Bord, das Boot wieder eingesetzt und die Segel geordnet waren, wurden den Schiffbrüchigen trockene Kleider gegeben (sie hatten nur das nackte Leben gerettet) und ein kräftiges Frühstück zubereitet. Sie hatten in den letzten beiden Tagen kein warmes Essen noch Schlaf genossen, waren durch beständiges Pumpen vollständig abgemattet und hatten einige von ihnen dicke Eiterbeulen an den Handgelenken und in den Achseln von der beständigen Reibung der mit Salzwasser durchnäßten Kleider.

Als wir uns nach etwa einer Stunde nach dem Wrack umsahen, war dasselbe bereits von den Wellen verschlungen.

Nach 10 Tagen erreichten wir glücklich den Hafen von Cadix, wo ich die Schiffbrüchigen dem englischen Konsul übergab, welcher über die Katastrophe ein Protokoll aufnam.«

Von Cadix mit Salz und Wein in Montevideo angekommen, segelte ich von da nach Paranagua[201], um dort eine Ladung Gerba-Mattè nach Valparaiso zu laden.

Im Juni 1864 hatten wir, auf dieser Reise begriffen, in der Nähe von Kap Horn mit schweren westlichen Stürmen, abwechselnd von Schnee und Hagel begleitet, an die drei Wochen zu kämpfen; dabei drei Mann von der Besatzung mit erfrornen Händen und Füßen krank im Bette liegen. Mehrere Segel, die wir im Begriff zu bergen, aber nicht bewältigen konnten, flogen von der Gewalt des Sturmes in Fetzen zerrissen in die Luft.

Alles hat schließlich doch ein Ende, so auch die Stürme. Das Wetter wurde beständig, der Wind ging herum nach Osten und brachte uns in einigen Tagen um das Kap Horn und bald darauf in bessere Regionen. Etwa drei Wochen nachher warfen wir Anker auf der Rhede, resp. im Hafen von Valparaiso.

Hier fand ich beim hannöverschen Konsul ein Schreiben vom Magistrat zu Papenburg vor, worin mir mitgeteilt wurde, daß mir von der Kgl. Großbritan. Regierung in Anerkennung für im atlantischen Ocean im November 1863 unter sehr gefahrvollen Umständen geretteten Kapitän und die Mannschaft der engl. Brigg »Hero of Kars«[202] ein schönes Teleskop geschenkt worden sei, welches auf ihrem Bureau zu meiner Verfügung liege. – Obgleich ich durch den glücklichen Erfolg der Rettung der Mannschaft mehr wie hinreichend belohnt war, war mir obige überraschende Mitteilung doch sehr angenehm.

Beim spätern Zuhausekommen habe ich das Teleskop[203] mit einem Anerkennungsschreiben seitens der britischen als auch der hannöverschen Regierung in Empfang genommen.

Die Stadt Valparaiso ist, wie der Leser wissen wird, terrassenförmig gebaut; die Häuser, mit Ausnahme der Regierungsgebäude, fast alle einstöckig wegen der dort öfters stattfindenden Erdbeben, deren auch wir d. Z. eines in kleinem Maßstabe mit erlebten.

Unter den verschiedenen Kirchen, alle ohne Türme, ist die Kathedrale ein Meisterwerk der Baukunst und wird fleißig von Andächtigen, wovon das schöne Geschlecht die Mehrzahl liefert, besucht. – Im Gegensatz zu der luxuriösen Promenaden- und Gesellschafts-Toilette ist die Kirchentracht zwar reich, aber einfach und statt der Hüte werden schwarze Schleier oder Tücher getragen. Da die Kirchen außer den Chorstühlen keine Sitzplätze haben, lassen die vornehmen Familien sich von ihren Dienern Teppiche nachtragen und im Schiff der Kirche ausbreiten, worauf die Damen knieend oder in sitzender Stellung während der gottesdienstlichen Handlung verharren. – Als ich eines Feiertags mit meiner Frau und Tochter der Messe in der Kathedrale beiwohnen wollte, und wir neben einem Pfeiler niederknien, hörte ich von einigen Damen in der Nähe die leise Bemerkung: es schicke sich nicht, mit Hüten auf dem Kopfe dem Gottesdienst beizuwohnen. Als wir keine Notiz davon nahmen, rief bald darauf ein in der Nähe stehender Bengel ziemlich laut: »Abajo los Sombreros!« d. h. Hüte abnehmen.

Inzwischen hatte die Geistlichkeit sich auf dem Chor versammelt zu einer feierlichen Prozession durch die Gänge der Kirche. Der Bischof im hohen Ornat unterm blauen Baldachin das Hochwürdige tragend, schritt langsam und feierlich vom Chor unter Vorantritt von sechs galonirten Kirchendienern mit langen Stäben und gefolgt von 10 oder 12 Geistlichen und mehreren frommen Männern mit brennenden Kerzen, durch den Mittelgang der Kirche. Als der Zug neben uns war, sah ich an den Gebärden der Kirchendiener, daß sie sich über die Hüte meiner Damen ärgerten, und als die Prozession durch den Seitengang nach dem Chor zurück hart an uns vorbei kam, rief einer derselben laut: »Cassa los Sombreros!« (schlagt ihnen die Hüte ab), worauf einer derselben sofort bereit war, mit seinem Stabe die Hüte meiner Damen herunter zu stoßen. Diese vor Angst zitternd, baten mich die Kirche zu verlassen, was dann auch, als der Zug vorüber war, geschah.

Wir erzählten diesen Vorfall einige Tage nachher einer uns bekannten deutschen Dame, Vorsteherin eines Klosters »zum guten Hirten«, welche das Benehmen der Kirchendiener sehr tadelte, um so mehr, weil der Bischof früher in Frankreich gestanden und wisse, daß Damen mit Hüten auf dem Kopfe die Kirche besuchen, solches geduldet habe. Sie versprach dann auch, dem Bischof darüber zu berichten, damit für die Folge derartig Andachtstörendes nicht wieder vorkomme.

Die Umgegend von Valparaiso ist reich an Naturschönheiten, was auch schon der Name »Thal des Paradieses« besagt. Wir hatten einigemal Gelegenheit, mit deutschen Familien Ausflüge zu machen, unter andern nach Quillota, Limache, Rino del mar u. s. w., welche Touren recht viel Abwechselung in Scenerie bieten; denn bald fährt man durch prachtvolle Thäler, bald wieder durch Tunnels und Bergschluchten, dann wieder hart am Ufer des stillen Oceans, wo bei westlichen Winden der Gischt der Brandung über den Eisenbahnzug wegfliegt, wogegen an der Landseite die Ausläufer der Anden 3 – 5000 Fuß steil in die Höhe ragen und es aussieht, als ob sie über den Zug herabstürzen wollten. Für Jemanden, der zum ersten Mal diese Tour fährt, macht es einen unheimlichen, aber auch einen romantisch großartigen Eindruck. – Das Städtchen Rino del mar (Weingarten) liegt in einer schönen Ebene dicht am Ocean zwischen Wein- und Blumengärten und macht sich ganz reizend. Hier haben die reichen Chilenen ihre prachtvoll eingerichteten Villen, welche sie in der warmen Jahreszeit bewohnen.

Von Valparaiso ging ich mit einer Ladung nach verschiedenen Plätzen an der West-Küste als: Callao, Payta, Punta-Arenas, La Union ec.

Von Valparaiso längs der Küste segelnd, sieht man in weiter Ferne die immerwährend mit Schnee bedeckten Gipfel der Cordilleren. – Die Küste selbst, nördlich von Iquique bis Guajaquil, bietet aber einen trostlosen Anblick, weil wegen gänzlichem Mangel an Regen auch nicht die Spur von Vegetation zu sehen ist. Trotz alledem herrscht in den dort befindlichen Hafenplätzen ein bedeutender Schifffahrtsverkehr und Handel nach dem Innern. Was die Natur versagt, ersetzt die Kunst, denn in Callao findet man trotz der Dürre die schönsten Anlagen, wogegen in Payta, weil die Bewohner nicht so wohlhabend, d. Z. noch kein grünes Blättchen zu sehen war und das Trinkwasser meilenweit auf Maultieren hergeholt werden mußte. – Nördlich von Payta, namentlich von Guajaquil bis Panama, ist die Vegetation wieder recht üppig und erstreckt sich längs der ganzen Küste aufwärts bis zum Golf von Kalifornien und bietet z. B. der Golf von Fonseka[204] ein herrliches Panorama.

Um diesen Golf herum sind mehrere thätige Vulkane und wird die Gegend häufig durch Erdbeben heimgesucht. Als bemerkenswert ist, daß vor etwa 100 Jahren in der Nähe der Stadt La Union in Zeit von zwei Monaten ein 3–400 Fuß hoher Berg aus der Erde gewachsen ist, welcher zu der Zeit mit Laub, Holz und sonstigen Gewächsen und Blumen bepflanzt war.

Ansicht von Callao, um 1850.

Als wir den Rest unserer Ladung in La Union gelöscht hatten, segelten wir zurück nach Puntarenas, um etwa 10 Meilen oberhalb der Stadt, im Golf von Nikoja, eine Ladung Cedernholz für Bremen einzunehmen. – Um dieses Holz, welches in Flößen uns dem in den Golf mündenden Fluß kam, abzunehmen, wurde mir vom Ablader in Puntarenas ein deutscher Commis mitgegeben. Mit diesem Herrn fuhr ich häufig an Tagen, wenn kein Holz zu erwarten war, in einem Kanoe auf die Wasserjagd, welche mitunter recht lohnend war.

Auch auf einer kleinen kultivirten Insel, Chiros genannt, – welche Eigentum einer bejahrten Negerin, die sich von ihren Miteinwohnern Königin tituliren ließ – wurde einmal auf die Jagd gegangen.

Die Negerdame, die wir um Erlaubnis baten, war sehr entgegenkommend und gab uns sogar zwei ihrer Diener als Führer mit.

Wir erlegten unter anderm mehrere Arras und eine Rieseneidechse von 3 ½ Fuß Länge. Letztere habe ich provisorisch ausgestopft, später meinem Rheder zugeschickt, der sie als ein Pracht-Exemplar an das Museum in Hannover geschenkt hat.

Eines Tages fuhren wir eine ziemliche Strecke den Fluß hinauf, um uns die am Abhange einer Gebirgskette liegenden Cedern- und Mahagoniholz-Waldungen zu besehen.

Ich war ganz erstaunt, zwischen diesen Schlingpflanzen und Urwald-Bäumen eine Menge Stämme zu sehen, die zwar nur etwa 40 Fuß hoch, aber eine Dicke hatten von über sechs Fuß im Durchmesser, und hiernach zu urteilen, jedenfalls ein sehr hohes Alter haben mußten. Auf dem Flusse sahen wir mehrere Kanoes, welche von den Eingebornen aus solchen Stämmen gemacht resp. ausgehöhlt waren; jedenfalls eine mühselige und langwierige Arbeit für die Betreffenden.

Wir passirten auf unserer Fahrt mehrere Dörfer, deren Einwohner Mulatten (Abkömmlinge von Spaniern und Negern) waren. Die Männer derselben betreiben außer Holzfällen und Flößen Ackerbau und Viehzucht; letzteres auch deshalb mit, weil das gefällte Holz durch Zugtiere aus dem Walde nach den Ufern des Flusses geschleppt wird.

Das gefällte Holz wird nämlich vierkant behauen, an einem Ende zugespitzt, wodurch ein Loch zum Befestigen der Taue, woran je nach der Schwere des Stücks 10–30 Ochsen gespannt werden, die dasselbe durch den Urwald bis ans Wasser schleppen.

Wir stiegen an einem dieser Dörfer aus und fanden, daß die Männer fast alle draußen arbeiteten, während die Frauen sich im Haushalt beschäftigten und nebenbei Schnitzeleien auf Calabassen und sonstigen Kürbisarten machten; hauptsächlich aber Strohschuhe und Strohhüte (sogenannte Panama-Hüte) flochten, worin wir ihre Geschicklichkeit bewundern mußten. – Nachdem wir uns Alles besehen, kauften wir von den Frauen einige der Handarbeiten, zwei schon zahme Papageien, (wovon der eine jetzt noch am Leben,)[205] mehrere Paraquiten[206], ein kleines niedliches Aeffchen und ein kleines Reh und fuhren darauf nach unserm Schiffe zurück.

Die Produkte und Erzeugnisse dieser Leute bringen sie ab und zu in einem Kanoe nach Puntarenas, wo sie dieselben verkaufen, dagegen Kleidungsstücke ec. wieder mit zurück nehmen.

An solchen Tagen, wenn keine Ladung herunter kam, fuhren wir dann auch manchmal mit unserm Großboot in ein kleines, seitwärts vom Schiffe liegendes Flüßchen, welches sich durch den Urwald schlängelte und oben schönes frisches Wasser enthielt, hinauf, um unsere Wasserfässer mit gutem Trinkwasser für die Heimreise zu füllen. Auf einer solchen Tour den Fluß hinauf sahen wir eines Tages in einer Waldlichtung nahe am Ufer zwei Tiger laufen, welche, als sie uns erblickten, stehen blieben. Rasch entschlossen, legten wir die für solche Fälle mit uns geführten Büchsen an den Kopf, zielten gut und trafen den einen tötlich, während der andere brüllend in den Wald sich zurück schleppte. Da wir durch unsere Schüsse möglicher Weise noch andere wilde Tiere aufgescheucht, fuhren wir rasch weiter den Fluß hinauf, füllten, nachdem im guten Wasser angekommen, die Fässer und fuhren wieder hinunter. Bei der Stelle wo der Tiger erlegt, wieder angekommen, näherten wir uns leise dem Ufer und da nichts Verdächtiges zu sehen war, holten wir das erlegte Tier schnell ins Boot. – Zur Erinnerung an dieses Ereignis habe ich das Fell dieses Tieres gerben lassen und selbes Jahre lang als Bettvorlage benutzt.

Nachdem beladen, fuhren wir nach Puntarenas hinunter, versahen uns dort mit allen für die Reise benötigten Lebensmitteln ec. und traten gegen Mitte Februar 1865 unsere Reise nach Bremen an.

25. Kapitel.
Eine verzweiflungsvolle Windstille.

Bei Anfangs frischem Passatwinde kamen wir nach einigen Tagen in die Nähe des Aequators östlich von den Galopagus in den Windstillengürtel.

Hier wurde es aber sehr langweilig, denn die leichten Lüftchen, welche ab und zu das Meer kräuselten und von kurzer Dauer waren, konnten das Schiff nur langsam fortbewegen gegen die vorherrschende südliche Strömung. Wir trieben etwa 14 Tage in dieser verzweiflungsvollen Lage herum und mußten dabei eine fürchterliche Hitze ausstehen.

Das Meer wimmelte von Fischen (Bonitos)[207] und das Fangen derselben brachte wenigstens einige Abwechslung in unserer verzweifelten Situation. Da wir viel mehr Fische fingen, als gegessen werden konnten, gingen die Leute daran, den Ueberfluß derselben, nachdem zuerst leicht gesalzen, an der Luft zu trocknen, um sie für später aufbewahren zu können.

Nach reichlich 14 Tagen wurden wir zuerst durch leichte Nordwinde, später durch frischen Passat von dem Banne erlöst.

Während der ganzen Dauer der Windstille und schrecklichen Hitze waren alle Leute gesund geblieben, wogegen jetzt sich einige krank meldeten, dessen Entstehungsursache mir unerklärlich war. Beim Nachforschen erfuhr ich, daß sie jeden Tag von den getrockneten Fischen gegessen und daß möglicher Weise die Krankheit dadurch entstanden.

Nun wurden die Fische genau untersucht, wobei sich herausstellte, daß an einigen sich eine Art Leichengift gebildet hatte.

Die sämtlichen Fische wurden dann über Bord geworfen, den kranken Leuten die nötige Medizin verabreicht, wonach sie nach einigen Tagen vollständig wieder hergestellt waren.

Nachdem wir den Ostpassat durchschnitten hatten, segelten wir bei veränderlichen Winden bis in die Nähe von Kap Horn, wo die dort herrschenden Weststürme sich wieder geltend machten, welche wir aber jetzt zur Beförderung der Reise gut benutzten. – Als das Kap umschifft war, entdeckten wir, daß die Stürme uns doch ärger mitgenommen, als wir geglaubt. Es waren nämlich die Toppen der beiden Masten (Vor- und Groß-) gesprungen, konnten aber durch starke Verschalung, die wir anbrachten, die Reise aushalten, weshalb wir keinen Nothafen anzulaufen brauchten.

Auf der Höhe von Rio de Janeiro hatten wir eine unheimliche Natur-Erscheinung, die sich jedoch als eine totale Sonnenfinsternis herausstellte. Als nämlich die Steuerleute gegen Mittag die Meridian-Höhe der Sonne vorn auf der Back beobachteten, zog gerade in dem entscheidenden Augenblick eine Wolke vor die Sonne, infolge dessen die Steuerleute nach hinten kamen, ihre Instrumente wegzulegen. Während wir uns auf dem Quarterdeck noch unterhalten, fing es an zu dämmern und nach und nach nahm die Dunkelheit so zu, daß die Sterne hie und da durch die Wolken schimmerten. – Es wurde vollständig Nacht, so daß die Lampen beim Kompas angezündet werden mußten, damit der Rudersmann den Steuerstrich sehen konnte.

Die Mannschaft, die zu Mittag gerufen war, blieb stumm vor Erstaunen an Deck stehen; auch wir konnten uns dieses Phänomen nicht erklären. Da, als der Steward die Lampen in der Kajüte angezündet hatte, fiel mir erst ein, daß es vielleicht eine Sonnenfinsternis sein könne; ich schlage im Nautikal-Alma nach die betreffende Stelle auf und richtig, da stands groß und deutlich: »totale Sonnenfinsternis«! woran Keiner von uns vorher gedacht hatte. Beide Steuerleute waren mit mir der Meinung, daß wir uns wegen unserer grenzenlosen Unwissenheit eigentlich doch recht schämen müßten.

Nach etwa einer halben Stunde Finsternis fing es wieder an zu tagen und die Sonne trat als kleine Sichel, dann allmählich größer werdend, hinter dem Mond hervor und bald darauf war's wieder hellichter Tag!

Wenn der Leser noch keine totale Sonnenfinsternis zu beobachten Gelegenheit gehabt hat, dann kann er sich nach Obigem ein klares Bild davon vorstellen.

Da durch die vorhin bemerkte lange Windstille bei den Galopagus-Inseln unsere Reise über die gewöhnliche Dauer verlängert wurde, kann man sich leicht denken, daß der Vorrat an eingemachten Sachen, Kartoffeln u. s. w. sehr zusammen schrumpfte, auch die für die Reise mitgenommenen kleinen Schweinchen eins nach dem andern geschlachtet und verzehrt wurden.

Beim Aequator trafen wir mit einer hannöverschen Brigg zusammen, welche von Bahia kommend nach Hamburg bestimmt war. Nachdem wir Signale mit ihr gewechselt, kam der Kapitän, da die See ganz ruhig, in seinem Boot zu uns an Bord und brachte uns allerhand Erfrischungen, als: Yams, süße Kartoffeln, Melonen, Bananen und eingemachte Sachen mit, worüber wir, namentlich meine Frau und Tochter, (die, wie der Leser weiß, die Reise mitmachten,) sehr erfreut waren.

Der Kapitän, ein sehr liebenswürdiger Mann, blieb bis zum Abend bei uns und wir verlebten einige recht vergnügte Stunden.

Einige Tage nachher bekamen wir frischen N.-O.-Passatwind, womit wir sehr bald in die veränderlichen, meistens westlichen Winde liefen, welche uns in verhältnismäßig kurzer Zeit in die Nähe des englischen Kanals brachten, wo wir wieder mehrere Tage gegen leichten Ostwind kreuzen mußten.

Unter den vielen aus dem Kanal kommenden Schiffen war eines Morgens eine englische Bark dicht in unserer Nähe, was mich veranlaßte, den Kapitän derselben zu fragen, ob er uns etwas Erfrischungen überlassen wolle. Als er bejahte, schickte ich das Boot dahin ab, welches nach kurzer Zeit mit Kartoffeln, Steckrüben, Zwiebeln, etwas corned Beef, zwei Dutzend Flaschen Ale, ein Pfund Tabak, eine Blechdose mit preserved Milch und etwas feinem Bisquit zurück kam. Außer der Bezahlung dankte ich dem Kapitän für seine Gefälligkeit und wünschte ihm eine glückliche Reise.

Als diese schönen Erfrischungen unter allgemeinem Jubel über genommen, das Boot wieder aufgehißt war, wurden zuerst ein paar Flaschen Ale geleert, wobei ich nach langer Entbehrung auch eine Pfeife Tabak rauchte.

Tags darauf bekamen wir endlich wieder günstigen Wind, der uns in und durch den englischen Kanal und die Nordsee brachte, und nach einer langen 160tägigen Reise kamen wir wohlbehalten in Bremerhafen an.

Nach Entlöschung der Ladung Cedernholz wurde das Schiff ins Trockendock gelegt, in allen Teilen nachgesehen und reparirt, mit einer neuen Kupferhaut[208] versehen, neue Masten eingesetzt ec. ec., welche Arbeiten ziemlich lange Zeit in Anspruch nahmen.

Ich brachte inzwischen meine Frau und Tochter nach Hause und besuchten dann zusammen unsere andern Kinder, welche während unserer Abwesenheit in einem guten Pensionat[209] untergebracht waren.

Nach beendeter Reparatur segelte ich von Bremerhafen via Cadix nach Buenos-Ayres, dann frachtsuchend nach der Westküste Amerikas und von Iquique mit einer Ladung Salpeter nach Hamburg, wo ich Mitte Oktober 1866 wieder ankam, ohne etwas Bemerkenswertes auf der ganzen Rundreise erlebt zu haben.

Anfangs Dezember fuhr ich mit einer Ladung Stückgüter von Hamburg nach Buenos-Ayres.

Ich hatte vier lebenslustige junge Passagiere, zwei Herren und zwei Damen, welche in Hamburg für deutsche Familien in Buenos-Ayres engagirt waren. Alle erwiesen sich – nachdem die Seekrankheit überstanden – als gebildete liebenswürdige Leutchen, welche heiter und wohlgemut in die Zukunft blickten.

Ueber Tag beschäftigten sich die Damen mit Handarbeit, Lesen ec., die Herren mit Schach- und Kartenspielen und in den Tropen mit Angeln; sie fingen aber nie etwas. Des Abends in der Kajüte spielten wir häufig zusammen; wenn aber das Wetter schön, wie es für gewöhnlich in den Tropen ist, setzten wir uns zusammen aufs Quarterdeck, erzählten Schnurren, gaben Rätsel auf ec.

Eines Abends saßen wir alle bei einander auf der Bank und unterhielten uns in obiger Weise, als plötzlich die eine Dame mit einem Angstschrei in die Höhe sprang. Diesem Schrecken folgte bald eine allgemeine Heiterkeit, denn es stellte sich heraus, daß ein Fliegfisch von der Leeseite her, über die Reeling weg, der Dame in den Schoß geflogen war und nun zu ihren Füßen zappelte. Die Dame bemerkte dann scherzend, daß diesem unverschämten Tiere die Flügel abgeschnitten werden müßten, und wolle sie dieselben zur Erinnerung an dieses Abenteuer in ihr Album einkleben, welcher Vorschlag von uns allen mit Jubel und Beifall genehmigt wurde.

Bemerken muß ich hierzu noch, daß ich nie früher so große Scharen fliegender Fische gesehen habe, als auf dieser Reise; daher kam es auch öfters vor, daß namentlich in der Dunkelheit einer oder einige davon aufs Deck flogen, des Morgens tot aufgefunden, gebraten und als Delikatesse beim Frühstück verzehrt wurden.

Beim Passiren des Aequators hatte der Untersteuermann die Gesellschaft, unter dem Vorwande, ihnen etwas zu zeigen, nach Mitschiffs geführt, wo sie von den Matrosen umringt, von diesen auf die hohe Bedeutung des Passirens der Linie hingewiesen und darauf nach alter Sitte mit Seewasser gehörig getauft wurden, was ihnen übrigens vielen Spaß machte.

Nach einer angenehmen 60tägigen Reise warfen wir Anker auf der Außenrhede von Buenos-Ayres und des folgenden Tages wurden die Passagiere von ihren resp. Herrschaften abgeholt.

Der Baumwollhafen New Orleans.

Einige Zeit vor unserer Ankunft in Buenos-Ayres war dort zum erstenmale die asiatische Cholera ausgebrochen, welche unter den Einwohnern der Stadt, namentlich unter der arbeitenden Klasse, fürchterlich aufräumte. Es war wirklich unheimlich in den Straßen, denn überall begegnete man Leichenwagen, die nicht einen, sondern vier bis sechs Särge über einander aufgestapelt nach den verschiedenen Kirchhöfen hinaus fuhren.

Leider mußte auch ich noch in den letzten Tagen unsers Dortseins einen Mann der Besatzung an dieser heimtückischen Seuche verlieren; derselbe war innerhalb fünf Stunden gesund und tot. Daß gerade dieser Mann von der Cholera befallen wurde, ist und bleibt mir noch ein Rätsel, eben weil er nie einen Fuß am Lande gehabt hatte während unsers Dortseins; dazu lag unser Schiff auf der Außenrhede, welche in gerader Linie über eine deutsche Meile vom nächsten Ufer entfernt ist. – Dagegen blieben einige andere von der Mannschaft, die verschiedentlich am Lande waren, von der Cholera verschont.

Von Buenos-Ayres segelte ich mit einer Ladung Wolle und Häute nach Bordeaux, wo ich gegen Mitte Juli ankam, nachdem ich vorher unten auf der Girodae wegen der Cholera in Buenos-Ayres acht Tage Quarantäne abgehalten hatte.

Als ich meine Geschäfte besorgt hatte, fuhr ich per Eisenbahn nach Paris, um meine dort auf mich wartende Familie abzuholen.

Da zu der Zeit die erste Pariser Weltausstellung war, verweilte ich einige Tage dort, um auch diese, wenigstens oberflächlich, in Augenschein zu nehmen; darauf reiste ich nach Bordeaux zurück.

26. Kapitel.
Napoleons-Fest in Bordeaux. Ich ziehe zum ersten Mal die deutsche Flagge auf.

Am 15. August wurde in ganz Frankreich, so auch in Bordeaux, das Napoleons-Fest ganz großartig gefeiert. Die sämtlichen Hauptstraßen waren bekränzt und beflaggt, auf dem Place Quinqonze, (von wo am Morgen durch hundert Kanonenschüsse das Fest eingeleitet wurde,) war ein großartiger Triumpfbogen errichtet, welcher am Abend brillant illuminirt wurde.

Um Mittag entlud sich ein schweres Gewitter über die Stadt; ein Blitzstrahl fuhr in den Triumpfbogen, traf den Kopf des oben auf der Spitze desselben prangenden großen kaiserlichen Adlers und richtete beim Hinunterfahren an dem Bogen vielen Schaden an. Letzterer wurde am Nachmittage wieder ausgebessert, aber der Kopf des Adlers konnte in der kurzen Zeit nicht wieder hergestellt werden.

Als nun am Abend mit einem Schlage tausende von Gasflammen den Bogen bis in die Spitze erleuchteten, der Kopf am Adler aber fehlte, entstand ein Zischen und Flöten unter einem Teile der Zuschauer, was aber von der rauschenden Musik der verschiedenen Regiments-Kapellen übertönt wurde.

Die republikanisch gesinnten anwesenden Bürger flüsterten sich einander ins Ohr: »Das ist ein böses Ohmen für Louis!«

Daß diese Bemerkung resp. Voraussetzung eintraf, weiß der Leser, denn drei Jahre nachher wurde das Kaiserreich gestürzt, Louis Napoleon als Gefangener nach Wilhelmshöhe abgeführt und Eugenie flüchtete nach England. – Ob die Napoleoniden wohl je wieder ein Kaiserreich aus Frankreich machen werden, das ist sehr fraglich!

Auch für mich war dieser Tag, abgesehen von der Napoleons-Feier, ein denkwürdiger, indem ich an demselben zum ersten Male die deutsche Flagge (Schwarz-Weiß-Rot) von der Gaffel meines Schiffes wehen ließ.

Ich hatte nämlich die bis dahin geführte hannöversche Flagge beim ersten Kanonenschuß vom Place Quinqonce aufgezogen, welche beim letzten Schuß herunter, und statt dessen wurde die deutsche mit Hurrahrufen der Mannschaft aufgezogen.[210]

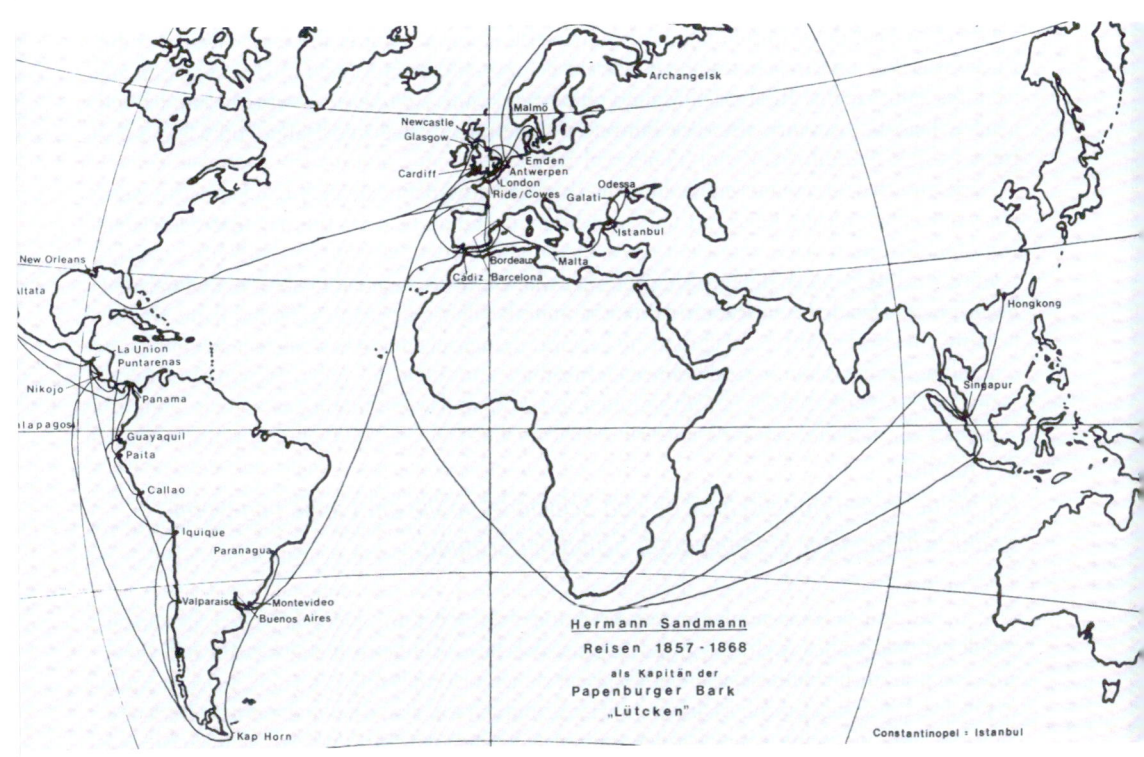

Die Reisen von Kapt. Sandmannn 1857–1868. (Zeichnung von H. Peineke, Papenburg)

Die Papenburger Schleuse, um 1890. (Aus Meyer, Vom Moor zum Meer, 1976)

mählich schwand und an Stelle der Verstimmung mein heiteres Gemüt wieder zur Geltung kam. Da ich aber aus Mangel an Beschäftigung nach einiger Zeit Langeweile bekam, so war die natürliche Folge, daß ich mich in meine frühere Kapitän-Stellung zurücksehnte und bei mir beschloß, im nächsten Jahre mein Schiff wieder anzutreten. Als ich mich eines Abends in Bekanntenkreisen dahin äußerte, meinte man, ich solle doch lieber ein Schiffsmakler-Geschäft anfangen, weil der hiesige Schiffsverkehr ja stetig zunehme und sich zweifelsohne in nicht gar langer Zeit das Bedürfnis eines zweiten Maklers herausstellen werde. – Diese Bemerkungen meiner Freunde gaben mir zu denken. Als ich reiflich darüber nachgedacht, gewann ich immer mehr die Ueberzeugung, daß der Zeitpunkt wohl geeignet, ein derartiges Geschäft anzufangen.

Nach einigen Tagen teilte ich der Ortsbehörde mein Vorhaben mit und fand Unterstützung, so wie bei der Handelskammer Befürwortung und wurde gegen Ende Oktober 1868 vom Magistrat als Schiffmakler angestellt und beeidigt.

Mit einem Schlage war die Langeweile verweht und nun hieß es thätig sein, um einen Erfolg zu erzielen. Noch im Herbst schickte ich Empfehlungsschreiben resp. Circulaire nach allen Richtungen, besuchte im Winter die hier und in der Umgegend wohnenden Kaufleute, Rheder und Kapitäne und hatte das Vergnügen, gleich auf dieser ersten Tour schon einige Befrachtungen abzuschließen.

Im Laufe des Sommers immer mehr Geschäfte, mußte ich schon einen Gehülfen engagieren. Inzwischen wurde ich auch von einer befreundeten Rhederei nach England geschickt, um dem Kapitän eines havarirten Schiffes zu assistiren. Bei dieser Gelegenheit machte ich einen Abstecher nach Birmingham, um mich bei der Muntz-Metal-Comp.[212] als Agent zu empfehlen. Nachdem die Compagnie später über meine Person und den hiesigen Schiffbau Erkundigungen eingezogen hatte, wurde ich als deren Agent für Papenburg und Umgegend angestellt.

Im Herbst 1869 wurde ich behufs Regulirung einer Havarie meines frühern Schiffes nach

Kapt. Hermann Sandmann. (Aus dem Nachlass der Familie Sandmann/Wedel)

Havre delegirt, bei welcher Gelegenheit ich dann auch den Kapitän definitiv anstellte und ihm einen Anteil am Schiffe übertrug.

Später habe ich mehrfach Reisen zur Regulirung von Havarie-Angelegenheiten gemacht.

Nach dem deutsch-französischen Kriege entwickelte sich auch hier ein lebhafter Aufschwung im Schiffsverkehr und Befrachtungsgeschäft und mußte ich infolge dessen einen zweiten Gehülfen für die laufenden Geschäfte engagiren.

Außer meinem Hauptgeschäfte erhielt ich noch verschiedene Nebenposten, als Direktions-Mitglied der I. hiesigen Assekuranz-Compagnie, dann seefahrt-kundiges Mitglied der Prüfungs-Kommission bei der hiesigen Navigationsschule, Beisitzer der seeamtlichen Untersuchungen und Vorstandsmitglied der Gesellschaft zur Rettung Schiffbrüchiger u. s. w. Kurzum, mein Rheder hatte vollständig Recht, als er mir sagte: »Beschäftigung werden Sie schon finden, wenn Sie erst ständig am Lande wohnen.«

In den Jahren 1872–75 hatte ich die Freude, meine drei Töchter gut verheiratet zu sehen. Leider verlor die älteste nach achtjähriger glücklicher Ehe ihren Mann an den Folgen und Strapazen des französischen Feldzuges. Meine jüngste Tochter starb an den Folgen des vierten Wochenbetts; aus dieser Ehe leben zur Zeit noch zwei Söhne und eine Tochter.

chen Vorsehung! – Ueberhaupt habe ich alle Ursache, der Vorsehung dafür dankbar zu sein, daß sie meine Lebenswege so geleitet hat, daß ich am Ende meiner Tage ruhigen und zufriedenen Herzens auf meine Vergangenheit zurückblicken kann. – Zwar habe ich in meinem Leben – um mich eines seemännischen Ausdrucks zu bedienen – auch nicht stets vor dem Winde gesegelt; und es stehen Trauerkreuze auch an meinem Wege als Merkzeichen, daß aus klarem wie aus wolkigem Himmel wider Menschenvermögen Gewitterschläge uns treffen können, – allein, ich habe nie den Mut sinken lassen, sondern mich stets bemüht, die mir von Gott verliehene Gabe, ein heiteres und zufriedenes Gemüt, zu bewahren und durch Maßhalten in Allem, Arbeitsamkeit und Gottvertrauen zu pflegen. –

Leser, wenn Dir meine Erlebnisse und Beobachtungen einfach und nicht besonders interessant vorkommen, dann bitte ich zu bedenken, daß dieselben auf Wahrheit beruhen und nicht durch Phantasiebilder ausgeschmückt worden sind. – Ob meine sel. Mutter mit ihrer Glücksvoraussetzung für mich durch den Namen Hermann Recht gehabt hat, darüber urteile selbst. – Ich bin am Ende meiner Tage zufrieden und dankbar und sehe voll Gottvertrauen in die Zukunft, hienieden und drüben.

Ende

Anmerkungen:
1. Sandmanns Vorfahren aus Papenburg lassen sich um weitere drei Generationen zurück verfolgen: Wessel Santmann, der älteste nachgewiesene Vorfahr, hatte am 12. Mai 1702 Maria Jürgens geheiratet und starb am 14. Dezember 1752.
2. Papenburg unterstand seit der Wiener Kongressakte vom 9. Juni 1815 »wegen seiner eigenartigen Handels- und Schifffahrtverhältnisse« in Verwaltungsangelegenheiten der Regierung in Aurich und war am 1. Juli 1817 mit dem neuerrichteten Amt Wehner verbunden worden, unterstand jedoch in kirchlichen und gerichtlichen Angelegenheiten der Regierung in Osnabrück. Die aus der französischen Zeit bekannten Friedensgerichte hatten mit dem Jahresende 1814 ihre Tätigkeit eingestellt, dafür waren für das Emsland vier Justizkommissionen gebildet worden, Papenburg gehörte zu der in Aschenburg. Die Wiederherstellung der von Landsberg-Velen'schen Patrimonialgerichtsbarkeit für das Gebiet der ehemaligen Herrlichkeit wurde in Aussicht gestellt, erfolgte aber erst am 10. April 1828. Die Gemeindeangelegenheiten wurden von dem Bürgermeister und dem noch aus französischer Zeit bestehenden Munizipalrat wahrgenommen. Dieses waren für Papenburg keine günstigen Regelungen, allein Wehner war etwa zwei Stunden entfernt.
3. Die Vorfahren von Johanna Sandmann lassen sich bis ins 17. Jahrhundert zurück verfolgen.
4. Aufgelegt, nicht in Betrieb.
5. Vertrag, der vor dem Wasserschout, dem Seeamt, geschlossen und von den Mitgliedern der Besatzung unterschrieben wurde.
6. Aufwärter des Kapitäns. Auf Segelschiffen wurden die Wohnräume des Kapitäns als Kajüte bezeichnet. Sie lag stets im Achterschiff.
7. Gedeckter, von Pferden gezogener Kahn.
8. »Ja sicher!« Alle folgenden mit einem Stern versehenen Anmerkungen stammen von Hermann Sandmann, die numerierten hingegen von Karl-Wilhelm Wedel und Ursula Feldkamp.
9. Stroh.
10. Bordkollegen, Matrosen.
11. Ohne Ladung, nur mit dem für die Stabilität des Schiffes notwendigen Ballast, Steinen oder Sand, in See gehen.
12. Ankerplatz vor dem Hafen.
13. Mit Kleedkeulen (auch Kleidkeulen) wurde eine schützende teerhaltige Masse auf das stehende und laufende (bewegliche und unbewegliche) Gut der Takelage, z. B. das Tauwerk, aufgetragen.
14. Unterkunft für die Schiffsjungen und Matrosen im Schiff. Auf älteren Schiffen befand sich das Roof oftmals als Aufbau auf dem Vorschiff.
15. »Junge, was machst du da, warum bleibst du nicht in deiner Koje?«
16. Seit 1429 erhoben die dänischen Könige eine Abgabe, die alle nichtdänischen Schiffe beim Passieren des Öresunds in Helsingör bezahlen mussten. Der Sundzoll zählte zu den wichtigsten Staatseinnahmen Dänemarks und wurde erst 1857 abgeschafft.
17. Heute Liepàja.
18. Ecke, Spitze; als Vorder- und Achterpiek werden die untersten engen Räume an den Schiffsenden bezeichnet.
19. westlich von Rotterdam gelegene niederländische Hafenstadt.
20. = Ostasienfahrer.
21. Ohne Besegelung.
22. Güter des Schiffes beim Zoll angeben, das Schiff anmelden.
23. Während die Pest eine durch Bakterien verursachte, insbesondere von Ratten verbreitete Infektionskrankheit ist, die im Mittelalter als »Schwarzer Tod« in den Städten wütete und mit den heute auftretenden Tierseuchen, Geflügel-, Rinder- oder Schweinepest, deren Erreger Viren sind, nichts zu tun hat, ist die Cholera eine durch Endotoxine, beim Bakterienzerfall frei werdende Giftstoffe der Cholera-Vibrionen, hervorgerufene epidemisch auftretende schwere Darminfektion mit begleitenden Brechdurchfällen und hoher Sterblichkeitsrate.
24. »Tja, Jungens, das sieht ja düster aus!«
25. »Nun will ich auch mal blasen.«
26. Befristete Isolierung von Menschen oder Tieren, die im Verdacht stehen, Infektionskrankheiten zu übertragen.
27. Hellevoet und Willemstad bestehen heute wegen des Ausbaus des Schiffahrtsweges von der Nordsee nach Rotterdam nicht mehr.
28. Abdichten von Fugen in Holz- bzw. an Bordwänden mittels eingetriebenem Werg und anschließendem Überzug mit flüssigem Pech oder Teer.
29. Heute Sètes, französischer Mittelmeerhafen im Golf von Lyon.
30. Zweiläufige Pistole.
31. Nach einem Jahr Schiffsjungendienst wurde der Seemann Leichtmatrose.
32. Heute Archangelsk, russischer Hafen an der nördlichen Dwina, der bis zu sechs Monaten vereist war.
33. Segelschiff mit zwei oder mehreren Masten mit Schratsegeln.
34. Der Bugspriet, eine kurze, starke, fest eingebaute Spiere, ist die Unterlage für den darüber hinausragenden Klüverbaum.
35. Wasserschout, Hafenbehörde, die das Seeamt vertritt.
36. Unterzeichnen des Arbeitsvertrags, der sog. Musterrolle.
37. Der Schlafbaas, der dem Seemann Kost und Logis gab, akzeptierte oftmals keinen Schuldschein, sondern vermittelte den Seemann auf ein Schiff, wofür ihm der Kapitän die erste Gage des verschuldeten Seemanns ausbezahlte.
38. Fallreep, Ausgangslücke in der Reling mit einer schräg zur Bordwand verlaufenden einziehbaren Treppe oder Strickleiter.

39 Tauwerk über Blöcke und durch Klüsen (Augen) ziehen.
40 Segel neu anbringen, an den Rahen befestigen.
41 Der unmittelbare Vorgesetzte der Matrosen.
42 Aufrecht stehende um einen Zapfen drehende Winde, die von den Seeleuten durch kräftiges Schieben waagerecht eingelegter Handspaken im Kreisgang bedient wird. Das Gangspill diente vor allem zum Aufholen des Ankers.
43 Surinam mit der Hauptstadt Paramaribo liegt im Nordosten des südamerikanischen Kontinents. Es stand nacheinander unter spanischer (1593), britischer (1650) und niederländischer 1667) Herrschaft. Erst seit 1975 ist das Land unabhängig.
44 Wasser aus dem Schiff pumpen.
45 Gerades, rundes Holz zur Verlängerung des Mastes oder Nutzung als Gaffel.
46 Tauwerk oder Kette zum Befestigen von Gegenständen.
47 Aufbau des Vorschiffs.
48 Aufbau des Achterschiffs.
49 Über das Oberdeck hinausreichende Erhöhung der Bordwand.
50 Maatschappij: Gesellschaft, Reederei.
51 Segelschiff mit zwei Masten, die beide Rahen tragen.
52 Ebenes, baumloses Grasland in Südamerika.
53 Heute Pesos.
54 Dreimastiges Segelschiff, das an zwei Masten Rahen trägt. Der hintere sog. Besanmast führt Gaffelsegel.
55 Südspitze Amerikas, berüchtigt durch dort auftretenden Starkwind und Stürme und aus westlicher Richtung, der die Segelreisen aus Osten kommender Schiffe beträchtlich verlängert und große Gefahren für Schiff und Besatzung birgt.
56 »Schnell, schnell!«
57 Stadt und Haupthafen des brasilianischen Staates Paraná mit seiner Hauptstadt Curitiba am Rio de La Plata.
58 Mate-Tee, Blätter des Mate-Strauchs.
59 Großtopp, oberes Ende des Großmastes.
60 Le-Maire-Straße, Passage zwischen Feuerland und Staten Island.
61 Eselshaupt, ein Stück Hartholz zur Verbindung von Mast und Stenge.
62 Trocken.
63 Zweitgrößte Insel Chiles.
64 Spottname für Bootsleute, im 18. Jahrhundert Bezeichnung für einen aus Hamburg stammenden Seemann.
65 Spanische Goldmünze im Wert von zwei Escudos, was 20 Reales entsprach.
66 Der portugiesische Seefahrer Fernão de Magalhães (~1480–1521) fand 1520 den 600 km langen und nach ihm benannten Seeweg zwischen dem südamerikanischen Festland und Feuerland. Es gelang jedoch erst dem englischen Seefahrer Sir Francis Drake, durch diese zerklüftete Wasserstraße mit ihren zahlreichen toten Armen in den Pazifischen Ozean zu gelangen. Segelschiffe bevorzugten die Umrundung des sturmumtobten Kap Hoorns, anstatt sich den Gefahren auszusetzen, die in der Maghelan-Straße lauerten. Sandmann beschreibt hier also eine unübliche Segelroute.
67 »Hab' ich mir doch gedacht, dass euch das Schafehüten nicht gefällt.«
68 »Nein, Jungens, wenn ich davon wusste, hätte ich euch bereits festnehmen können, als ich euch auf dem Deich habe entlang gehen sehen.« (Übersetzung: Marc Wedel)
69 Insel der Kleinen Antillen, von 1671 bis 1917 mit kurzen Unterbrechungen dänisch. 1804 wurde der Hafen von St. Thomas, benannt nach der dänischen Königin Charlotte Amalie, zum Freihafen erklärt und erlebte dadurch eine wirtschaftliche Blütezeit. St. Thomas gehört zu den Virgin-Inseln, welche die USA 1917 durch Kauf erwarben.
70 Puerto Rico, zwischen St. Thomas und Kuba gelegen.
71 Tümmler sind Delphine, deren Körper mit Schweinen Ähnlichkeit haben. Seeleute nennen sie deshalb auch Schweinsfische.
72 Der Bezirk Posen gehörte zu Westpreußen, zwischen der Ostsee, Ostpreußen, Polen und Pommern gelegen. Es war 1772 durch die erste polnische Teilung an Preußen gekommen und bildete von 1827–1877, also zur Zeit dieses Berichtes, mit Ostpreußen eine Provinz. Durch den Versailler Vertrag (1919) wurde der größte Teil Westpreußens polnisch. Posen heißt seither Poznan.
73 Südost-Passat, stabile Windströmung aus Südost. Segelschiffe machten sich die Passatwinde zunutze, um ihre Reisen zu beschleunigen. Stabile Windströmungen wurden vor allem seit dem 19. Jahrhundert systematisch erforscht.
74 In die Nähe der Antarktis.
75 »Du liebe Zeit, hier ist überhaupt keine Stadt, aber drei Meilen landeinwärts gibt es ein Dorf namens Adelhaide.«
76 das heutige Jakarta, die Hauptstadt Indonesiens, das damals noch zur holländischen Kolonie Ostindien gehörte und nach japanischer Besetzung 1942 bis 1945 seine Unabhängigkeit erklärte.
77 Boote der Eingeborenen.
78 Singapur war seit 1819 eine Faktorei der britisch-ostindischen Kompanie und wurde 1867 britische Kronkolonie. Erst seit 1965 wurde es als Staat unabhängig.
79 Die Hauptstadt des heutigen Thailand.
80 Dschunken, hochseetüchtige Segelschiffe, deren Segel mit Latten versteift sind.
81 Stabile Luftströmung im süd- und ostasiatischen Küstengebiet mit jahreszeitlicher Richtungsänderung, Der som-

merlich feucht-warme Südwest-Monsun weht vom Indischen Ozean, der winterlich kühle Nordost-Monsun vom asiatischen Kontinent.
82 Kleine Münzen, Wechselgeld.
83 Ruder.
84 Zyklon, Wirbelsturm in tropischen Gebieten mit über 200 km/h Geschwindigkeit, in anderen Gebieten Hurrikan, Taifun oder Tornado genannt.
85 Zeisinge, kurze, dünne Bändsel zum Befestigen von Segeln an der Rah.
86 Verkleinern, Reffen des Segels durch Einbinden mit am Segel befestigten Bändseln.
87 Masten und Tauwerk in ihrer Gesamtheit.
88 Uncaria gambir gilt in China als Heilpflanze und wurde in Indonesien auch zum Färben und Kauen (mit Betel) verwendet.
89 Insel im Südatlantik, 1815 bis 1821 Verbannungsort Napoleons I, wurde von Frachtsegelschiffen, die aus Asien kamen, gern als Proviantierungshafen angelaufen.
90 Brassen sind Taue an den äußersten Enden der Rahen, den Rahnocken, zum horizontalen Drehen der Rahen.
91 = Besan, Segel am letzten Mast.
92 Vorsegel zwischen Klüverbaum und Fockmast
93 Ein an allen Masten rahgetakeltes Schiff. In der ersten Hälfte des 19. Jahrhunderts waren Dreimastvollschiffe die größten Segler.
94 Von einem Experten für nicht mehr reparaturwürdig erklärt, zum Abwracken verurteilt.
95 Im Nordwesten Kubas.
96 Melasse, honigartiger Sirup aus Zuckerrohr. Sie enthält noch 50% Zucker und wird zur Herstellung von Spiritus oder Preßhefe sowie als Futtermittel verwendet.
97 Heute Sri Lanka, Hauptstadt von Ceylon, seit 1948 unabhängig.
98 Betrügerische Heuerbaase, die mit den Schlafbaasen zusammenarbeiteten, die Seeleute betrunken machten und diesen dann die Unterschrift für einen Arbeitsvertrag auf einem Schiff abnötigten.
99 = Belegnagel, ein etwa 25 bis 30 cm langes Rundholz, das an der Bordwand oder am Mastgarten zum Belegen (Festmachen) von Tauwerk etc. benutzt wird.
100 Während Körperstrafen zur Disziplinierung der Seeleute auf amerikanischen Schiffen häufig angewendet wurden, sah die deutsche Seemannsordnung bei Disziplinschwierigkeiten vor allem Geldstrafen und Freiheitsentzug vor.
101 An der Atlantikküste Brasiliens gelegen.
102 Auch Belem, in Brasiliens Amazonasgebiet.
103 An der Leeseite des Schiffes liegender Küstenstrich. Bei aufkommendem Sturm kann ein Segelschiff in eine gefährliche Situation kommen, wenn es nicht von der Küste loskommt.
104 Überseeische große Handelsniederlassung.
105 Im Vertrag von Nanking 1842 erzwang England eine Legalisierung des Opiumhandels sowie die Öffnung von fünf Häfen für den freien Handel, darunter Kanton und Shanghai, das damals noch ein Fischerdorf war, sowie Hongkong. Dazu kamen weitere Handelserleichterungen sowie Geldleistungen als Entschädigung Englands für vernichtetes Opium und Kriegskosten.
106 In Massachusetts, USA, gelegen, im 19. Jahrhundert einer der bedeutendsten Walfanghäfen der Welt.
107 Anna Schipmann, geb. Henrichs Albers; ihr Ehemann, der verstorbene Matthias Schipmann, war laut Sandmann der frühere Kapitän des hier verhandelten Schiffes. Nach den Unterlagen der Familie Wedel handelt es sich dabei um die Schonerkuff STADT MEPPEN. Tatsächlich findet sich bei Meyer, Jürgen: Vom Moor zum Meer, Papenburger Schiffahrt in 3 Jahrhunderten. Papenburg 1976, S. 233, ein Thies Schipmann als Kapitän des Schiffes. In den Kirchenbüchern wird Matthias Schipmann als »Matrose« geführt. Sandmanns Bemerkung, das Schiff sei später unter russischer Flagge gefahren, erhärtet die vermutete Identität des Schiffes. Es fuhr 1850 für den Reeder Brandt und trug den Namen des Heimathafens, STADT RIGA. Das Schiff wurde 1839 durch van Santen in Halte gebaut und besaß eine Tragfähiheit von 53 CL.
108 Heute Pylos, im Südwesten des Peleponnes gelegen.
109 Vermutlich die Insel Kea im Nordwesten der Kykladen.
110 Türkische Wasserpfeife.
111 Die Hagia Sophia, seit 641 die Krönungskirche der altrömischen Kaiser, wurde 1453 als Hauptmoschee der Osmanen adaptiert und ist das bedeutendste Bauwerk byzantinischer Kunst. Seit 1934 ist die Hagia Sophia ein Museum.
112 »Der Kerl will uns schinden, nun müssen wir uns selber helfen.«
113 »Nun soll der Kerl gar nichts bekommen!«
114 »So Kinder, jetzt wollen wir die anderen, die uns Arbeiter schinden, zur Vernunft bringen.«
115 »Kinder, mit diesen Kerlen ist nicht gut Kirschen essen!«
116 In voller Ausrüstung.
117 Langer, als Hieb- und Stichwaffe geeigneter Degen.
118 In Begleitung seiner Frau Anna und dem 14 Tage zählenden Baby Adelheid, geb. am 20. Juni 1847, vgl. Notizen von Ella Brüggemann.
119 »Der Herr spricht Spanisch.«
120 »Treten Sie ein, meine Herren.«
121 Fährboot.

122 Festung St. Carlos, 1843 gegründet.
123 Bis 1837 gehörte Hannover zum Königreich England.
124 Der Krieg auf der Pyrenäenhalbinsel von 1808 bis 1814 richtete sich gegen Napoleon I, der seinen Bruder Joseph zum König von Spanien erhoben hatte, und verband die Spanier mit England, dem 1813 der entscheidende Sieg über die Franzosen gelang.
125 Hier irrt Sandmann. Die Sommerresidenz der Königin Maria II da Glória, die 1777 Ferdinand von Sachsen-Coburg-Gotha heiratete und mit 15 Jahren Königin wurde, befand sich in Queluz zwischen dem Sintra-Plateau und Lissabon.
126 Tejo.
127 An der Südseite des Tejo liegt Almada. Lissabon wurde nicht 1652, sondern 1755 durch ein Erdbeben zu zwei Dritteln zerstört.
128 Beginn des Schleswig-Holsteinischen Krieges 1848–1851.
129 Holländische Hafenstadt an der Südküste der Insel Walcheren, an der hier über 4 km breiten Westerscheide gelegen.
130 Marie Beckmann, geb. Schipmann, Stieftochter von Hermann Sandmann, berichtete der Großmutter von K.-W. Wedel aus dieser Zeit ergänzend: »Papa reist nach Papenburg, um die Töchter Marie und Lina Schipmann aus der ersten Ehe (seiner Frau) zu holen, nach denen sie Sehnsucht hatte und die von der Großmutter Albers betreut wurden. Da die Ems anscheinend nicht blockiert wurde, wird Papa wohl von Vlissingen mit dem Schiff auf der Ems bis Papenburg gefahren sein und brachte uns alle im Boot bis vor unsere Wohnung (Brogmannhaus).«
131 Gegründet auf dem Wiener Kongress zur Neuordnung Europas unter der Leitung von Metternich.. In der Schlussakte 1820 wurden die Einzelstaaten aufgehoben und zu einem Staatenbund zusammengefasst.
132 In dieser Zeit, genau am 25. Juli 1849, wurde Sandmanns Tochter Henriette geboren, an die sich der Verfasser noch erinnern kann.
133 Halte, Ostfriesland.
134 Es wurde zu 88 2/3 CL, 212 RT vermessen. (Vgl. auch Meyer: Vom Moor zum Meer, Papenburger Schiffahrt in 3 Jahrhunderten. Papenburg 1976, S. 196)
135 Plan.
136 Benannt nach Eduard Christian von Lütcken (1800–1865), hannoverscher Politiker, bis 1853 Landdrost von Osnabrück, von 1853 bis 1855 Ministerpräsident in Hannover. Kapt. Sandmann übergab die Bark LANDDROST LÜTCKEN 1856 an Kapt. Lindeboom. Auf der ersten Reise unter dessen Führung verschwand das Schiff und blieb verschollen. Siehe Meyer (wie Anm. 134).
137 Nach Notizen von Ella Briggemann handelte es sich um Henriette sowie drei weitere Kinder.
138 »Das sollte genügen.«
139 Kapitän, unter solchen Umständen, wie Sie sie erklärt haben, ist das Gericht der Meinung, dass Sie ohne Schuld und damit entlassen sind.«
140 Pflanzenfrucht, die als Stärkemehl verwendet wurde.
141 Französischer Gesellschaftstanz des 19. Jahrhunderts.
142 Rundreigentänze, besonders in Frankreich seit dem 18. Jahrhundert als wechselseitige, sich gegeneinander bewegende Vierpaartänze beliebt, auch als Quadrille bekannt.
143 Die erste Weltausstellung 1851 im Londoner Hyde Park. Louise Pufahl notiert, Kapt. Sandmann habe dort seine kleine Tochter neben dem berühmten zwergwüchsigen »Admiral Tom Pouce Trump« auf den Tisch gestellt.
144 Seit 1829 föderalistischer Häuptling der großen Viehzüchter und Gauchos in der Provinz Buenos Aires.
145 Louise Pufahl zitiert hier Sandmanns Tochter Henriette wie folgt: »Und dann brachte Papa unsere Mutter und uns beiden Kleinen nach Hause und machte die Reisen von Hamburg aus allein, während am 3. Nov. 1851 Johanna geboren wurde (später Frau Lindemann).
146 Nach Notizen von Ella Brüggemann waren beide Kinder auf der Reise an Bord.
147 Unter dem Hauptdeck befindliches Deck.
148 Entspricht im Überseehandel dem Kommissionär, der Waren im eigenen Namen, aber für Rechnung des Auftraggebers (Kommittenden) ein- und verkauft.
149 Der 99 m hohe, aus dem 10. Jahrhundert stammende und 1329 erneuerte Campanile stürzte 1902 ein und wurde in den Jahren 1905–1912 originalgetreu wieder aufgebaut.
150 Venezianische Goldmünze aus dem 13. Jahrhundert nach dem Vorbild des Dukaten.
151 Frederika Bremer, (1801–1865), schwedische Schriftstellerin und Vorkämpferin der schwedischen Frauenbewegung.
152 Louis Adolphe Thiers (1797–1877), französischer Politiker und Historiker. Seine »L'Histoire de la Revolution Francaise« (1823–1827) begründete eine positivere Sichtweise auf die Französische Revolution.
153 Ein für Arrestanten zuständiger Unteroffizier.
154 Halbverdeckter Wagen.
155 »Meine Herren, einsteigen, die Postkutsche ist fertig zur Abfahrt!«
156 »O Herr! Was ist das für ein großes Loch!«
157 Fährboot.
158 Der wachsende Einfluss Russlands im Orient führte schließlich zum Russisch-Türkischen Krieg, besser bekannt als »Krimkrieg« (1853–1856). Nach unbefriedigenden Verhandlungen mit Russland befahlen England und Frankreich ihren Flotten, Stellungen in der Nähe der Dardanellen zu beziehen. Daraufhin hatte Russland etwa 53 000 Mann in das Moldau-Fürstentum entsandt, das damals zur Türkei gehörte. Die Anwesenheit der englisch-franzö-

sischen Flotte stärkte den Türken so sehr den Rücken, dass sie am 26. September 1853 Russland den Krieg erklärten, in der Absicht, Russland wieder aus den Donaufürstentümern hinaus zu drängen. Am 6. Februar 1854 brachen England und Frankreich die Beziehungen zu Russland nach ergebnislosen Verhandlungen ab und forderten in einem Ultimatum die Räumung der besetzten Fürstentümer. Sie wiederholten das Ultimatum am 27. Februar 1854. Danach folgte am 28. März die englische Kriegserklärung, während Napoleon sie nach dem Ultimatum nicht mehr für notwendig hielt. (Vgl. dazu: Treue, Wilhelm: Der Krimkrieg, Herford 1980, Treue verweist darin auch auf die Aufzeichnungen von Hermann Sandmann.)

159 Flagge des Bevollmächtigten, der Verhandlungen mit dem Feind führt.
160 1854 bestand die englische Kriegsflotte noch zum großen Teil aus Segelschiffen. Das Linienschiff war zur Zeit der Segelschiffsflotten das Hauptkampfschiff. Es konnte seine Geschütze taktisch am günstigsten in der Linie der hintereinander fahrenden, möglichst gleichartigen Schiffe einsetzen.
161 Die Fregatte war ein im 17. Jahrhundert entstandener schneller, wendiger Kriegsschiffstyp mit einer gedeckten Batterie und drei voll getakelten Masten. Sie dienten besonders der Unterstützung der Linienschiffe oder zur Aufklärung.
162 Unbelästigt.
163 Nach Treue fand die Beschießung Odessas als erste kriegerische Aktion am 22. April 1854 statt. Dabei mussten die Alliierten feststellen, dass Küstenbatterien den Schiffsgeschützen überlegen waren. Diese Erfahrung mussten sie im Verlauf des Krieges mehrfach machen und beschränkten sich später auf die Durchführung von Blockaden.
164 = Fieren, herunterlassen.
165 = Einhieven, einholen.
166 = Zeising (Bändsel) zum Beschlagen oder Festmachen der Segel.
167 = Slippen, gleiten lassen.
168 = Schoten/Schot, Leine zum Bedienen des Segels.
169 Der ostwärts der Halbinsel Krim gelegene Teil des Schwarzen Meeres.
170 Gelegen an der Straße von Kertsch, die das Schwarze mit dem Asowschen Meer verbindet.
171 Der russische Oberbefehlshaber Fürst Menschikov stellte sich mit 33 000 Mann den Alliierten am Fluss Alma entgegen und wurde am 20. September geschlagen. Er erlitt aber nicht die erwartete völlige Niederlage, sondern konnte sich mit seinen Truppen einigermaßen geordnet nach Sewastopol zurückziehen. Am 5. November 1854 war es – in Fortsetzung der kriegerischen Auseinandersetzungen auf der Halbinsel Krim - zwischen den Alliierten, besonders den Engländern, und russischen Truppen aus den Werken von Karabelnaja zur blutigen Schlacht von Inkerman gekommen, die zwar mit einem Rückzug der Russen, aber auch mit schweren Verlusten auf der englischen Seite endete. Die Russen beschränkten sich danach auf die Verstärkung ihrer Werke in und vor Sewastopol.
172 Eine Zehntelseemeile = 185,2 m.
173 Gemeint ist Tulcea in Rumänien, Hauptstadt des gleichnamigen Bezirks. Tulcea wurde im 8. Jahrhundert v. Chr. gegründet und im 3. Jahrhundert v. Chr. vom griechischen Historiker Herodot als Castrum Aegyssus erstmalig beschrieben. Als bedeutende Hafenstadt und Tor zum Donau-Delta seit dem Altertum unterstand Tulcea wechselnden Herrschaften und ist heute Weltkulturerbe.
174 Am Mündungsarm der Kilia in die Donau gelegene Gebietshauptstadt Bessarabiens
175 Galati, heute bedeutendste Binnenhafenstadt an der Donau, gelegen zwischen Brates-See und Sereth-Mündung.
176 Eilzustellung.
177 Zar Nikolaus war bereits am 2. März 1855 in St. Petersburg gestorben.
178 Stadt und Lotsenstation an der Mündung des mittleren Mündungsarmes der Donau, der Solina, in das Schwarze Meer.
179 Russisch: Anweisung, Befehl.
180 Heute die türkische Provinzstadt Tekirda an der europäischen Seite des Marmarameeres.
181 = Dendermonde, in Belgien an der Mündung der Dender in die Schelde gelegen.
182 Am 30. März 1856 in Paris.
183 An dieser Reise nahmen Hermann Sandmanns Ehefrau Anna sowie seine Kinder Hermann, der am 11. November 1855 verstarb, und Adelheide teil.
184 = Üskudar.
185 Hier irrt Sandmann: Franz Grillparzer (1791–1872) hat die Liebestragödie von Hero und Leander, die schon in den »Heroides« von Ovid (43 v. Chr.–18 n. Chr.) genannt werden, in seinem Schauspiel »Des Meeres und der Liebe Wellen« verewigt. In einer der schönsten Liebesdichtungen deutscher Sprache hat er, 1831 uraufgeführt, antiken Sagenstoff und lyrische Romantik vereinigt.
186 Ca. 1800 m. In Wirklichkeit ist der Bosporus hier an seiner engsten Stelle 700 m breit. In historischer Zeit konnte er hier mit Ketten gesperrt werden.
187 Und im gleichen Jahr eroberte, worauf er über den Balkan bis nach Ungarn vordrang.
188 Neben Kapt. Sandmann besaßen viele weitere Personen Anteile am Schiff. Die Abwicklung der Geschäfte der Reederei wurden per Vertrag dem Korrespondentreeder übertragen. Darin waren seine Entscheidungsbefugnisse zur Bewirtschaftung des Schiffes genau festgelegt.
189 Die Bark Lütcken wurde 1857 auf der Werft »Zum Preußischen Adler« in Emden gebaut. Sie war zu 162 CL bzw. 300 SL bzw. 437 RT vermessen, führte die Nummernflagge 756 und das Unterscheidungssignal KDPR. Korrespondentreeder war Joseph Heyl aus Meppen, während Hermann Sandmann und Lucas Post als Kapitän genannt werden. 1872

190 Hafenstadt an der Nordküste der südenglischen Insel Wight.
191 Da die Bark Lütcken Anfang August 1857 auf die Reise ging und Kapt. Sandmann elf Monate unterwegs war, dürfte Kapt. Sandmann etwa einen Monat nach dem Tode von Anna Sandmann die Trauernachricht bekommen haben.
192 = Achterdeck, Wohnbereich des Kapitäns, der Offiziere und der Kajütspassagiere.
193 Laut Louise Pufahl handelte es sich um Lina und Henriette. Eigentlich sollte statt Lina Sandmanns Tochter Johanna mitreisen; doch sie erkrankte am Morgen der Abreise an einer »Kopfrose«, so dass Lina an ihre Stelle trat. Henriette, die Urgroßmutter von K.-W. Wedel, war damals neun Jahre alt.
194 Hier ließ Hermann Sandmann von sich und seiner Tochter Henriette ein Daguerrotypie anfertigen. – Der französische Maler Louis Jaques Mandé Daguerre (1787–1851) hatte die Idee, das Bild der camera obscura festzuhalten und erfand 1837 die »Daguerrotypie«. Er entdeckte, dass nach längerer Belichtung hochpolierter, silberplattierter Kupferplatten, die Joddämpfen ausgesetzt waren, Bilder durch Quecksilberdämpfe sichtbar gemacht werden können.
195 Montevideo, die Hauptstadt Uruguays, liegt auf der Nordseite des Rio de la Plata. Ca. 200 km stromauf, auf der Südseite des Rio de la Plata, liegt Buenos Aires, die Hauptstadt Argentiniens, kultureller und wirtschaftlicher Mittelpunkt des Landes.
196 Kutsche.
197 Sandmanns Tochter Marie hatte inzwischen geheiratet und die Töchter Adelheide und Lina waren am 11. September 1860 in Haselünne bzw. Münster untergebracht worden. Die folgende Reise scheint Sandmann allein gemacht zu haben, während er vom 23. Oktober 1860 bis 17. Juli 1861 mit seiner Frau Josephine und den beiden Kleinen nach Barcelona und Konstantinopel reiste. (vgl. Aufzeichnungen Pufahl).
198 Chinesische »Ausfahrt zum Meer«, größte Stadt und bedeutendster Hafen Chinas. Allerdings nahm Schanghai erst 1842, nach der Öffnung für den ausländischen Handel, seinen raschen Aufschwung. Nach einer 1854 erlassenen und 1869 ergänzten Verwaltungsanordnung wurde ein Teil der Stadt als »Internationale Niederlassung« und »Französische Niederlassung« exterritorial und dem ausländischen Konsularkorps unterstellt.
199 Segelschiffe führten zu jener Zeit eine Medizinkiste mit sich, die neben Verbandszeug, Waage und Dosierungsbesteck diverse Pulver und Tinkturen sowie eine Gebrauchsanweisung zur Verwendung und Dosierung der Medikamente enthielt. Erst seit 1888 wurde in einer vom Kaiserlichen Gesundheitsamt herausgegebenen »Anleitung zur Gesundheitspflege auf Kauffahrteischiffen« die Behandlung von Verunfallten und Kranken erläutert sowie Mindestanforderungen zur Ausstattung von Bordapotheken vorgeschrieben.
200 = Backbrassen, wobei der Wind von vorn in die Segel bläst und sie gegen den Mast drückt. Dadurch wird die Fahrt des Schiffes gebremst.
201 Hafenstadt im brasilianischen Bundesstaat Paranià.
202 Brigg Hero of Kars, 1839 gebaut, 202 tons, geführt von Kapt. D. Kydd.
203 Heute im Besitz der Familie Lindemann, Papenburg.
204 Fonseca-Bucht an Honduras' Pazifikküste.
205 K.-W. Wedel erinnert sich daran, etwa 1928 oder 1929 als kleiner Junge in der Wohnung der Urgroßmutter in der Görlitzer Augustastraße einen Papagei erlebt zu haben, der sich in einem kleinen Zimmer frei bewegte und ihm Angst machte, weil er sich gern auf eine Schulter setzte. Da Papageien sehr alt werden, könnte es durchaus einer der hier geschilderten Papageien gewesen sein.
206 Papageienart.
207 Zwei Fische aus der Familie der Makrelen, die echten Bonitos sind kaum genießbar, die unechten hingegen sehr wohlschmeckend.
208 Zum Schutz gegen Bewuchs und Wurmfraß wurden hölzerne Schiffe des 19. Jahrhunderts unterhalb der Wasserlinie mit Kupferblech beschlagen.
209 Einer Bildungsanstalt für »höhere Töchter« in Haselünne, Emsland, die 1854 gegründet und von Ursulinen geführt wurde.
210 Nach der Gründung des Norddeutschen Bundes nahm der sich konstituierende Reichstag am 16. April 1867 die Verfassung an; Preußen erhielt das Bundespräsidium und die Landesflagge mit den Farben schwarz-weiß-rot. – Das Königreich Hannover war nach einem kurzen Krieg gegen Preußen mit 1866 zur preußischen Provinz geworden.
211 Vor allem seit dem 18. Jahrhundert wurden Juden zunehmend mit Vorurteilen versehen, verachtet und entrechtet. Johann Jacobi äußert 1832 über den Status des Juden: »Überall wird er in der Entwicklung seiner Fähigkeiten gehemmt, im ungestörten Genuss der Menschen- und Bürgerrechte gekränkt und überdies noch – als natürliche Folge hiervon – der allgemeinen Verachtung preisgegeben.« (Vgl. Herzig, Arno in: Jüdisches Leben in Deutschland. Informationen zur politischen Bildung 307, S. 36)
212 Georg Frederik Muntz ließ 1832 seine Erfindung des »Muntz's metal« (60% aus Kupfer, 40% Zink sowie eine Spur Eisen) patentieren. Die Legierung hatte die gleiche Anti-fouling-Wirkung wie reines Kupfer und war um zwei Drittel billiger. Die Muntz's-Metal-Co. Ltd. in Birmingham vertrieb die Neuheit vor allem zum Kupfern von Schiffen und Holzpfählen von Hafenpiers.
213 Vincent Graf Benedetti (1817–1900), französischer Botschafter, stellte auf einer Audienz in Bad Ems Forderungen an den König Wilhelm I. von Preußen, die den Verzicht der Hohenzollern auf die spanische Thronfolge betrafen. Das Ergebnis der Verhandlungen sandte der König in der berühmten »Emser Depesche« an Bismarck nach Berlin.

Nachwort

von Ursula Feldkamp

Hermann Sandmann und die Papenburger Schifffahrt im 19. Jahrhundert

Im letzten Viertel des ausgehenden 19. Jahrhunderts erfuhr die Seeschifffahrt durch die Globalisierung der Märkte und technischen Innovationen im Schiffbau, insbesondere durch die Entwicklung der Dampfschiffe, einen tief greifenden Wandel, der auch das Bordleben auf den Segelschiffen erfaßte. Obwohl die Arbeitsorganisation sowie die Arbeit auf den Frachtsegelschiffen im 19. Jahrhundert im wesentlichen gleich blieben, hatten sich die Lebensverhältnisse auf den großen Bremer, Oldenburger, Schleswig-Holsteiner und Hamburger Segelschiffen in weltweiter Fahrt stark verändert. Viele Seeleute begannen in dieser Zeit, ihre Seefahrtserlebnisse aufzuschreiben, um in ihren maritimen Selbstzeugnissen den nachgeborenen Generationen ein lebendiges Bild des im Schwinden begriffenen Arbeitsplatzes Segelschiff zu vermitteln. Den technischen Wandel hat Hermann Sandmann noch während seiner Geschäftstätigkeit als Schifffahrtsagent miterlebt und bis zum Verfassen seines Manuskripts 1895 erfahren. Im Gegensatz zu den späten Chronisten schilderte Hermann Sandmann die traditionelle Segelschifffahrt, bevor sich die Dampfschiffe etablieren konnten. Die kleinen Parten- oder Kapitänsreedereien, die mit den Anteilen Vieler und einem Buchhalter bzw. Korrespondenzreeder an der Spitze nur ein Schiff betrieben, dessen Erfolg zum großen Teil vom Geschick und Geschäftssinn des Kapitäns abhing, konnten in Papenburg bis zum Ende der 1860er Jahre noch gute Geschäfte erwirtschaften. In seiner gesamten Seefahrtszeit fuhr Hermann Sandmann im Auftrag kleiner Reedereien. Ausführliche Aufzeichnungen über Reisen auf solchen Eignerschiffen, wie sie Hermann Sandmann schildert, sind selten.[1] Er beschreibt vor allem das, was aus der Sicht der Schifffahrt im Jahre 1895 bereits Geschichte war.

Als Gedächtnisstütze nutzte Hermann Sandmann nach eigenem Bekunden Aufzeichnungen, die er während seiner Seereisen anfertigte. *Mein gutes Gedächtnis und die Angewöhnung, von früh auf mir besondere Vorfälle zu notiren, haben es mir ermöglicht, diese Lebensbeschreibung nicht nur den Thatsachen nach korrekt, sondern auch die einzelnen Vorfälle so niederzuschreiben, wie ich sie zu ihrer Zeit, und nicht, wie ich sie als älterer Mann empfunden und aufgefaßt habe.* Demnach hat Sandmann – wie unregelmäßig auch immer – Tagebuch geführt, besaß vermutlich auch noch Schiffsjournale oder deren Kopien, so dass ihm die genauen Benennungen einzelner Fahrtrouten, Häfen und Ladungen sowie minutiöse Schilderungen der Jahrzehnte zurückliegenden Ereignisse nicht schwer fielen. Sandmanns einzigartige Aufzeichnungen gehören zweifellos zu den bedeutendsten Zeitdokumenten aus der Segelschifffahrt der ersten Hälfte des 19. Jahrhunderts.

Kapitän Hermann Sandmann (1818–1900). (Gemälde aus dem Nachlaß der Familie Sandmann/Lindemann, Foto: Egbert Laska, DSM)

Josephine Sandmann (1830–1913). (Gemälde aus dem Nachlaß der Familie Sandmann/Lindemann, Foto: Egbert Laska, DSM)

Es ist offenkundig, dass Hermann Sandmann sein Manuskript vor allem für den zeitgenössischen Leser verfasst hat. Wesentliche Eckpunkte des wirtschaftlichen Wandels sowie technische Entwicklungen im Schiffbau werden nahezu gänzlich ignoriert und damit als bekannt vorausgesetzt. Sandmann hält sich - bis auf ganz wenige Ausnahmen am Ende des Manuskripts – streng an seinen eingangs formulierten Anspruch, seine Lebenserinnerungen möglichst mit den Empfindungen des jungen Mannes, also in der Diktion seiner Notizen, wiederzugeben.

Die Fahrtgebiete und Frachtgeschäfte der von Sandmann geführten Schiffe, der Schonerkuff STADT MEPPEN sowie der Barken LANDDROST LÜTCKEN und LÜTCKEN, sind typisch für Papenburger Schiffe, die während der Zeit ihrer Zugehörigkeit zum Königreich Hannover, bis 1866 also, vor allem Frachtfahrt für fremde Rechnung betrieben. Ihre Routen erstreckten sich bis zur Mitte des 19. Jahrhunderts mit wenigen Ausnahmen auf die Nord- und Ostsee. In holländischen Häfen luden sie Kolonialwaren für deutsche und russische Ostseehäfen und brachten von dort regionale Produkte, Getreide, Holz, Häute etc. zurück. Papenburger Schiffe wurden wegen ihres geringen Tiefgangs gerne von Holland und den Hansestädten für Reisen in seichte Ostseehäfen wie Libau, Kronstadt, Riga und Archangel genutzt, weil sie hier bis an die Städte heranfahren konnten. Es sind diese Routen, die auch Sandmann nennt. In Memel, Danzig, Königsberg und Rendsburg wurden Papenburger Schiffe bevorzugt, *da die Reeder, Schiffer, Steuerleute und Matrosen überall wegen ihrer Tüchtigkeit, Reellität und Ausdauer bekannt waren.*[2]

Die Fahrzeit Hermann Sandmanns begann 1831 während der Phase der Wiederbelebung und Erholung der Schifffahrt nach der napoleonischen Kontinentalsperre. Dabei profitierte Papenburg von seiner Verbundenheit zu Hannover und damit zu England. Bereits 1824 galt die Navigationsakte, die in anderen Staaten erst 1849 außer Kraft gesetzt wurde, nicht mehr. Wie alle hannoverschen Schiffe konnten die Papenburger überdies bei Reisen ins Mittelmeer in den Häfen auf die Betreuung der britischen Konsuln zählen. Außerdem wurde der Schiffbau durch Einfuhrzölle auf Schiffsneubauten aus dem Ausland indirekt gefördert. 1840 hatten 20 Werften ihren Betrieb wieder aufgenommen und insgesamt 33 Schiffe abgeliefert.[3]

Die erste amtliche Statistik Papenburgs aus dem Jahre 1849 führt insgesamt 146 Schiffe auf, von denen das Gros zwischen 40 und 75 Lasten trug. 1860 zählte der Papenburger Anteil am Bestand der hannoverschen Ems- und Nordseeflotte 21,1% der Schiffe und 24,7% der Lasten. 1864 gab es in Papenburg 190 Seeschiffe, die mehr als 42% der Ladungsfähigkeit ausmachten. Damit war Papenburg der bedeutendste Reedereiplatz des Emsgebietes und des Königreichs Hannover.[4] Die Reisen der Papenburger Schiffe führten vor allem ins Baltikum, nach Westeuropa und in das Mittelmeer, und nach 1850 waren Segelschiffe aus Papenburg in allen Welthäfen anzutreffen.

1845 bekam Sandmann sein erstes Schiff als Kapitän, die Schonerkuff STADT MEPPEN. Sie gehörte 1847 zu den 15 Kapitänsreedereien, die in Papenburg existierten. Darüber hinaus gab es in der Schifferstadt weitere elf Reedereien mit je drei bis elf Schiffen. Die Papenburger Reeder beteiligten sich auch am Auswanderergeschäft; wie Sandmann statuiert, wurden 1850 beim Bau seines zweiten Schiffes, der Bark LANDDROST LÜTCKEN erstmals die Belange *für die transatlantische Fahrt* berücksichtigt.

Die Geschäftstätigkeit der Papenburger in den russischen Ostseehäfen wurde durch den Krimkrieg 1854 bis 1856 beflügelt. Auch Sandmann erwähnt etliche Fahrten nach Russland und in das Schwarze Meer. Die Frachtsätze der Ladungen erbrachten in dieser Zeit das Zwei- bis Dreifache des üblichen Preises. Zwischen 1849 und 1865 vergrößerte sich die Papenburger Flotte um 24%. Die Gesamttragfähigkeit aller Schiffe stieg durch den Einsatz größerer Segler um 97%.

Für den Bau seines dritten Schiffes, der Bark LÜTCKEN, im Jahre 1857 fiel Sandmann im Auftrag der Mitreeder bzw. des Korrespondenzreeders die Suche nach einer geeigneten Werft, Bestimmung der Bauart sowie die Bauaufsicht zu. Mit der beschriebenen Organisation des

Schiffbaus in einer Partenreederei macht Sandmann deutlich, welch großen Einfluss der Kapitän hier auf alle Belange des Schifffahrtsgeschäfts, einschließlich des Schiffbaus nahm. Er konnte damit die Geschäftsentwicklung für seine Reeder optimal gestalten, während die in großen Reedereien beschäftigten Kapitäne sich mit vorgegebenen Konzepten arrangieren mussten. Diese Reeder beauftragten verdiente Kapitäne mit der Bauaufsicht ihrer Schiffe, deren Bauausführung, oftmals in Serie, sie selbst entschieden.

Die Vorschläge der Kapitäne zur Bauausführung, Ausrüstung, Bemannung und Verproviantierung des Schiffes besaßen in den Partenreedereien großes Gewicht und wurden beim Bau der Bark LÜTCKEN den Schilderungen Sandmanns zufolge ohne Abstriche umgesetzt. Der Geschäftsführer der LÜTCKEN an Land, Joseph Heyl aus Meppen[5], erledigte vor allem die Geschäfte mit den Befrachtern an Land und sorgte für einen optimalen Kommunikationsfluss vom Schiff zum Land, von Hafen zu Hafen sowie zu den Angehörigen und Anteilseignern. Informationen flossen per Brief oder Morsetelegramm, das damals noch eine Neuheit darstellte. Sandmann berichtete über diesen Fortschritt, als er im Englischen Kanal auf der Reede von Ride, in der Nähe der Isle of Wight, nach nur einem Tag *per Draht* Gewissheit darüber bekam, dass der Weg durch den Sund nach Malmö eisfrei war.

Während die großen Reeder oftmals bei der Ernährung der Besatzungen sparten und damit nicht selten deren Gesundheit und damit die Schiffe gefährdeten, gab es auf den Seglern von Kapitän Hermann Sandmann offenbar immer gut zu essen. Auf der Reise nach Bremerhaven im Jahre 1865 wurde der Proviant nach einer Windstille noch in der Nähe des Englischen Kanals durch Ankauf von einem entgegenkommenden englischen Schiff ergänzt, obwohl in der Nähe des Äquators bereits anlässlich des Besuchs des Kapitäns eines Seglers aus Bahia auf See frische Lebensmittel als Geschenke für die Kajüte an Bord gekommen waren. Mehrfach berichtet Sandmann – wie nebenbei – über seine Aktivitäten zur Erhaltung der Gesundheit seiner Besatzungen. Wenn er am Ende bemerkt, er habe während seiner 24jährigen Fahrzeit als Kapitän keinen Mann verloren, so ist dies sicherlich auch dem pfleglichen Umgang mit seinen Besatzungen zu verdanken. Sandmann versichert jedoch – gewissermaßen augenzwinkernd –, dass er diesen *höchst selten bei Seeleuten mit ähnlicher Fahrenszeit* vorkommenden Umstand nicht etwa seinen eigenen *Erfahrungen, Kenntnissen und Fähigkeiten in der Leitung und Führung eines Schiffes* und nicht etwa seiner *besonderen Vor- und Umsicht zuschreiben möchte, sondern darin dankbar das Walten der göttlichen Vorsehung* erblickt. So mancher Seemann wird die offensichtliche Ironie dieser wortreichen Negation verstanden haben, denn auf den großen Segelschiffen war oftmals Schmalhans Küchenmeister, und auch die Gesundheitsfürsorge ließ viel zu wünschen übrig, was die Besatzungen schwächte und für Unfälle anfällig machte. Die schlechte Ernährungslage an Bord von Segelschiffen, die auch auf kleineren Eignerschiffen vorkam, führte 1888 seitens des Deutschen Reichsgesundheitsamts zur Empfehlung einer Proviantliste zur Mindestverpflegung für Schiffsbesatzungen auf deutschen Handelsschiffen, der Speiserolle.[6] Man darf getrost voraussetzen, dass Sandmann als Schiffsmakler, als Akteur der Deutschen Gesellschaft zur Rettung Schiffbrüchiger und als Lehrer der Papenburger Navigationsschule die Lebensbedingungen der Seeleute auf den modernen Segelschiffen sehr genau beobachtet hat. Die hier verlautete Kritik an den Arbeitsbedingungen auf modernen Großseglern der Jahrhundertwende soll nicht verkennen, dass Segelschiffsreisen immer gefährlich, oft lebensgefährlich waren.

Doch hatte auf den großen Segelschiffen des ausgehenden 19. Jahrhunderts ein rüder Ton in den Mannschaften Eingang gefunden: Beschimpfungen, Beleidigungen und Mißhandlungen als Lehrmethode der praktischen Seemannsausbildung sowie schlechte Ernährung bestimmten auf vielen Seglern den Alltag in einer Zeit, in der Schiffsjungen auf Segelschiffen meist nur noch ein Ziel verfolgten: mit der vorgeschriebenen Segelfahrzeit die Voraussetzungen für das Steuermannspatent zu erwerben. Weniger ambitionierte Seeleute gingen auf Dampfschiffe, wo sie nicht so hart arbeiten mussten, besser verpflegt wurden und nicht Langreisen von vielen Monaten oder gar einigen Jahren aushalten mussten, sondern im Zwei-Wochen-Rhythmus nach Hause kamen. Schiffsjungen auf Segelschiffen, zumal wenn sie das Gymnasium besucht hatten, waren für viele ältere Matrosen potentielle spätere Vorgesetzte und damit anmaßende Grünschnäbel, denen man zeigen wollte, wie wenig man von ihnen hielt. Manchmal starben Schiffsjungen unterwegs, weil unter den wirtschaftlichen Sparzwängen der Reeder auch die Fürsorge der Kapitäne und übrigen Vorgesetzten litt.

Auf den Papenburger Seglern hingegen herrschte noch ein familiärer Umgang. Aus den Erinnerungen Sandmanns ist zu ersehen, dass viele Seeleute miteinander verwandt waren, z. B. der Kapitän seinen Sohn als Steuermann oder als Kajütswächter mitnahm, oder dass Brüder oder Cousins auf demselben Schiff als Matrosen dienten. Man kannte sich aus der Heimat und damit auch die Familienverhältnisse der einzelnen. Kein Wunder also, wenn die Seeleute den Vollwaisen Hermann als schutzbedürftiges Kind betrachteten, dessen Erziehung in ihren Händen lag und dessen Karriere als Kapitän oder Steuermann keineswegs vorgezeichnet war wie bei den Segelschiffsjungen der Jahrhundertwende. Sandmann betont in den Memoiren die freundliche Aufnahme des 12-jährigen Waisen Hermann in der Besatzung seines ersten Schiffes 1831. Väterlich gratulierten die Seeleute ihm bei seiner Ankunft an Bord zu seinem 13. Geburtstag, sogar der Kapitän zeigte sich fürsorglich um den elternlosen Neuling besorgt. In Ermangelung einer anderen Unterkunft schlief der Schiffsjunge Hermann, unterster Rang an Bord, zunächst in der Kajüte beim Kapitän, ein Umstand, der vielen jungen Seeleuten 1895 wohl märchenhaft erschienen ist.

Trotzdem scheint auch bei Sandmann durch, wie hart und gefährlich das Leben auf einem Segelschiff sein konnte, denn natürlich gehorchten auch die Papenburger Schiffe und ihre Besatzungen den Gesetzen des Marktes und der Konjunktur. Die von Sandmann so vergnüglich beschriebenen Reisen dauerten oft viele Wochen. Aus vielen Selbstzeugnissen ist bekannt, dass es in der Enge der Bordgemeinschaft häufig zu Spannungen kam, dass Windstillen Besatzungen und Passagiere in Depression versetzten und Wasser und Proviant rationiert werden mussten. Letztlich bezeugen die Kirchenbücher die vielen auf See gebliebenen Papenburger Familienväter und Söhne.

Kamen die Schiffe zurück nach Europa, so liefen sie die Welthäfen Rotterdam, Antwerpen, Hamburg, Bremen oder Liverpool an, und nicht etwa den Heimathafen Papenburg, so dass ein Matrose oder Steuermann mitunter fünf Jahre und länger ununterbrochen unterwegs war.[7] Sandmann war keineswegs der einzige Seemann, der erst Wochen nach der Beerdigung seiner Frau von ihrem Tod erfuhr. Sein Schiff lag in Cowes, als er die Nachricht erhielt. *Ich bekam in Cowes meine Ordre nach Bremerhaven,* schrieb Sandmann, was vermuten lässt, dass der Buchhalter der LÜTCKEN ein Einsehen mit der schwierigen Lage des Witwers hatte, der zudem nun für seine drei Töchter allein die Verantwortung trug.

Die Papenburger Schifffahrt hatte 1867 mit 191 Seglern die größte Ausdehnung ihrer Geschichte erfahren, als ihr Sandmann ein Jahr darauf *wegen eines Augenleidens* den Rücken kehrte. Von den 14 Werften im Jahre 1865 waren 1874 nur noch fünf übrig geblieben. Die Umstellung vom Holz- zum Stahlschiffbau wäre für die Papenburger Firmen zu teuer gewesen, auch war die Konkurrenz der Dampfer im Frachtgeschäft in Papenburg viele Jahre unterschätzt worden. Im Übrigen war der Bau großer Segelschiffe wegen der beengten Kanalverhältnisse nicht möglich. Wie die Segler der anderen Nordsee-Anrainerhäfen von Elbe, Weser und Ems suchten die verbliebenen Papenburger Segler vorwiegend im Überseegeschäft mit Massengut ihr Auskommen. Die Zahl der in Papenburg beheimateten Segelschiffe betrug im Jahre 1880 noch 139, im Jahre 1890 noch 67 und 1900 lediglich noch 23.[8] Über die Ursachen des Niedergangs der Papenburger Schifffahrt sagte der Werftbesitzer Meyer 1900 in einem »Prospect betr. der Errichtung eines Rhederei-Unternehmens in Papenburg«: *Der Grund des Rückgangs der hiesigen Rhederei ist allein in dem zähen man darf fast sagen, eigensinnigen Festhalten an alte Gewohnheiten in einem Geschäftsbetrieb zu suchen, der den Vorfahren allerdings einen sehr bequemen und günstigen Lebensunterhalt verschafft hat.* Meyer kritisierte unter anderem das Konstrukt der Partenreederei in Papenburg, in der jeder Gewinn verteilt wurde und Abschreibungen unbekannt waren. Die veralteten Schiffe wurden nicht rechtzeitig verkauft, erbrachten aber auch nicht mehr den erwarteten Erlös, so dass viel in den Schiffen angelegtes Kapital verloren gegangen sei.[9] Hermann Sandmann gehört ohne Zweifel zu der alten Generation Papenburger Reeder und Schiffer und hat in seinen Erinnerungen die Vorteile der alten Kapitänsreederei skizziert.

Die Editionen

Das Manuskript der Erinnerungen ließ Sandmann 1896 in Frakturschrift drucken und veröffentlichte es als broschiertes Heft im Verlag Anton Gerhard, Emden. Das fadengeheftete Bändchen im Hochformat 22 x 14 cm, umfasst 124 Seiten und enthält nicht die Illustrationen, wie sie in den späteren Auflagen des Papenburger Heimatvereins aus den Jahren 1982 und 1986 zu finden sind. Lediglich die Skizze der Belagerung Odessas entstammt der Originalausgabe. Das Exemplar der Familie Wedel trägt die Widmung: *Der lieben Enkelin Ella Brüggemann zum Andenken an den Großpapa Hermann Sandmann Papenburg im Januar 1896.* Über den Verkauf der Bücher äußerte sich Sandmann in einem Brief an seinen Schwiegersohn und Neffen Louis Brüggemann am 23. November 1896 unzufrieden: *Meine Lebenserinnerungen, welche Anfangs so flott abgingen, werden in der letzten Zeit nur noch ganz vereinzelt angefordert. Es ist möglich daß gegen Weihnachten mehr Nachfrage kommt. Sonst muß ich später den Preis herunter setzen.*

Jedenfalls lässt sich folgern, dass Sandmann die »Erinnerungen eines alten Seefahrers« auf eigene Rechnung drucken ließ und selbst vertrieb. In seinem Vorwort entschuldigt sich Sandmann für sprachliche Mängel. *Im Uebrigen sei dem »Seemann« verziehen, wo der Schriftsteller gelegentlich aus dem Kurse geht; er segelt hierin zwar in bekannten Fahrwassern, aber mit einem gar fremdartigen Fahrzeug.*

Tatsächlich hat sein Manuskript vor der Drucklegung offenbar kein umfangreiches Lektorat erfahren. Die Rechtschreibung ist uneinheitlich geblieben, während die Zeichensetzung, insbesondere die reichhaltige Verwendung von Kommata, auf einen Korrektor zurückzugehen scheint. In den erhaltenen handschriftlichen Briefen Sandmanns fallen die Kommata spärlicher.

Die Sandmanns, eine Seefahrerfamilie zwischen Abschied und Wiedersehen

Die knappen Andeutungen Hermann Sandmanns über die Familiensituation nach seiner Heirat 1845 in seinen Erinnerungen geben nur wenig Aufschluss über die Situation seiner Ehefrau Anna und ihrer Nachfolgerin Josephine während der Reisen an Bord und an Land. Die Lebenswelt der Seefahrerfamilie, insbesondere aus der Perspektive der Frauen und Kinder, soll hier deshalb durch weitere Briefdokumente Josephine Sandmanns an ihre Kinder, durch Notizen mit überlieferten Erzählungen der Sandmannstöchter aus der Familie Wedel-Brüggemann sowie durch Erkenntnisse aus den Selbstzeugnissen weiterer Seefahrer und ihrer mitgereisten Ehefrauen ergänzt werden.

Wegen der mangelnden Kommunikation der Schiffe zum Land war die Rückkehr von einer Langreise für jeden Seemann ein ersehntes, aber auch mit Furcht erwartetes Ereignis. Immer mußten die Seeleute und ihre Angehörigen mit Hiobsbotschaften rechnen. Hermann Sandmann Sandmann. Welche Bedeutung ein Brief in Zeiten der Trennung für eine Seemannsfamilie besaß, lässt sich bereits aus dem Umstand ersehen, dass diese Dokumente erhalten blieben, obwohl sie für den unbeteiligten Leser auf den ersten Blick nichtssagend erscheinen mögen. Zur Situation der getrennten Seefahrerfamilie im 19. Jahrhundert ist jedoch zu berücksichtigen, dass Briefe das einzige verfügbare Mittel waren, über eine große zeitliche und räumliche Distanz die Bindung der Familie aufrecht zu erhalten. Ein Brief von Bord der Lütcken war ein Lebenszeichen, dass für die Adressaten große Erleichterung bedeutet haben muss. Adelheid und Henriette kannten das Seeleben und die damit verbundenen Gefahren aus eigener Erfahrung. Sie wussten von vielen Papenburger Schiffern und ihren Familien, die mit ihren Schiffen verschollen waren. Die Angst, dass auch die Lütcken eines Tages nicht zurückkehren könnte, war allen Familienmitgliedern stets bewusst, wie es auch das in den Briefen oft vorgetragene Anliegen der Eltern, die Kinder möchten sie doch in ihre Gebete einschließen, belegt.

Wegen der Monate dauernden Postbeförderung schickten die Sandmanns ihre Weihnachtsgrüße bereits im Oktober ab. Die versetzten Zeiträume der Schreibenden verhinderten jeden spontanen Ausdruck der Kommunikation. Leider sind die Briefe der Kinder an die Sandmanns nicht erhalten, so dass dies nur an einem Beispiel illustriert werden kann:

Die Kinder beantworteten den ersten Brief aus Antwerpen wohl schnell, denn Josephines folgender Brief ging 14 Tage später aus demselben Hafen ab. Darin bezieht sie sich offenbar auf das, was die Kinder ihr schrieben. Sie schickten Porträts und erwähnten wohl eine Erkrankung und bevorstehende Kur ihrer Oberin. Josephine griff diesen Kommunikationsfaden auf und erkundigte sich nach dem Befinden der *lieben Frau Oberin*.

Als sie im nächsten Hafen Cadiz keine Post aus Haselünne vorfand, war sie zutiefst besorgt. Über drei Wochen hatten Henriette und Adelheid sich nicht gemeldet. Welche Verzweiflung liegt ihren Worten eingangs des dritten Briefes, den sie am 11. August 1862 in Cadiz schrieb: *Von Tag zu Tag erwarteten wir mit Sehnsucht einen Brief von Euch, aber immer vergebens!* Sie konnte sich nun nicht auf »Neuigkeiten« beziehen und wiederholte ihre Frage nach dem werten Befinden der Schulleitung, einerseits bemüht, den Faden zu den Kindern aufrecht zu erhalten, andererseits besorgt über das hartnäckige Schweigen ihrer Kinder.

Josephines häufiges Einbeziehen der *Mères* zeigt in jedem Fall auch ihr diplomatisches Geschick, sich den Lehrerinnen durch Anteilnahme und durch Grüße an die »lieben Mères« sowie Erziehungsaufträge an ihre Stellvertreterinnen als besorgte und der Bildungsinstitution vertrauende Mutter in Erinnerung zu bringen, in der Hoffnung, die Sympathie der Nonnen zu gewinnen und deren Fürsorge für die in der Heimat zurückgelassenen Kinder anzuspornen.

Noch wurde das Schiff in Cadiz beladen, so dass zumindest der Korrespondenzreeder Heyl aus Meppen sowie die Großmama beauftragt werden konnten, Genaueres in Erfahrung zu bringen. War die Lütcken erst auf dem Atlantik, auf dem Weg nach Montevideo, war mindestens einen weiteren Monat lang nichts mehr über die Verhältnisse im fernen Papenburg und in Haselünne zu erfahren. Hatten die Mädchen zuviel zu tun? Waren sie krank oder nur gleichgültig? Zum Grübeln darüber hatte vor allem Josephine Sandmann unterwegs auf See viel Zeit. Ablenkung boten die Kinder und zuweilen mitreisende Kajütspassagiere. Erlösung brachten in diesem Fall Nachrichten des Korrespondenzreeders und der Oma, die bestätigten, dass die Kinder wohlauf seien. In Ermangelung einer Antwort von den Kindern bemühte Josephine in ihrem Brief vom 13. September 1862 aus Cadiz ein drittes Mal die Erwähnung der Kur für die Frau Oberin als dialogischen Kommunikationsfaden.

Es gehörte zweifellos zu den obersten Mutterpflichten Josephine Sandmanns, einen guten Briefkontakt zu den Kindern zu halten, denn der Vater, Kapitän Sandmann, ließ die Kleinen meistens nur grüßen. Umso mehr Mühe gab sich Josephine mit den Briefen. Ihre Fürsorge klingt ebenso echt wie die Zärtlichkeitsbekundungen. »Herzchen« oder »meine lieben Kleinen« nennt sie Sandmanns Töchter, die sie am Ende der letzten Briefe herzlich umarmt und küsst.

Die Höhere Töchterschule der Ursulinen in Haselünne 1905.

Anstelle der unmittelbaren Teilnahme am Leben der Kinder steht Josephines ritualisiertes, rethorisches Fragen nach Wohlverhalten. Mit ihren in allen Briefen unablässig formulierten Ermahnungen dokumentiert sie die Aussichtslosigkeit, ihren Erziehungsanspruch umzusetzen. Die einzige Einflussnahme des Ehepaars Sandmann auf die Töchter erstreckt sich darauf, für gute Leistungen Preise auszusetzen, und entsprechend oft wird dieses Mittel in den Briefen bemüht. Nur selten schreibt Sandmann, der viel beschäftigte Kapitän, ein paar Zeilen.

Die Briefe auf hellblauem Seidenpapier, deren einzelne Bögen, im Format 27,5 x 24,4 cm, die Kapitänsfrau in der Mitte falzte und beidseitig beschrieb, sind vermutlich die einzigen noch existierenden originalen Dokumentationen über die Reisen der Bark LÜTCKEN, und werden im Folgenden buchstaben- und zeilengetreu wiedergegeben:

Die Briefe der Josephine Sandmann 1862 bis 1863

1. Brief

Fräulein Adeleide Sandmann
Haselünne

Antwerpen, 2. Juli 62

Meine lieben Kinder!
Sonntag Abend 8 Uhr sind wir / ganz wohlbehalten, aber recht müde in / Antwerpen angekommen. Gewiß werdet / Ihr Euch über unsere rasche Abreise / verwundern, Papa wußte sich indeß / ganz unentbehrlich an Bord zu machen, / So wurden denn eilig die Koffer gepackt / und nun ist der Abschied von der / lieben Heimath auch ja schon über-/standen. Die Portraits haben wir / in Pas. [oder Pap. für Papenburg?] am Bahnhofe noch in Empfang / genommen. Das eine Bild

hat Groß-/mama bekommen. Wohin von hier / unsere Reise geht ist noch unbestimmt, / höchst wahrscheinlich nach Cardiff / und Buenos Ayres. Wilhelm Heyl[25] / ist noch in Meppen, wird aber
2
so bald das Schiff fertig / ist hier kommen und noch eine / Reise mit machen. Hänschen[26] / geht hier zur Schule und lernt / Französisch in Buenos Ayres wird / hier auch die Schule besuchen, / sonst bin ich bange, meine liebe / Henny, daß Du ihr voraus / kommst, dies darf nicht sein, denk / ja an die Uhr, liebe Adeleide, wir spre-/chen hier auch Französisch. Papa hat / mir ein hübsches Pianino geschenkt / und soll Johanne auch spielen an Bord. / Der Fruchtkorb liebe Adeleide darf du (?) / wohl an Großmama schenken. Wenn / Lina vielleicht noch zum Winter / heiraten sollte, was Du wohl von / ihr hören wirst, so kannst du / für sie irgend eine Handarbeit / anfertigen, Mère Ambrusia wird
3
Dir gewiß gern sagen welche / Arbeit wohl am zweckmäßigsten / ist. Papa ist den ganzen Tag / an Bord beschäftigt, wir logi-/ren in der Stadt. Nun Adieu, / Ihr lieben Kleinen, grüßet / die liebe Frau Oberin und / Mères herzlich von mir. Der / gute Papa ist am Bord und Hans / zur Schule, sie grüßen Euch herzlich. / Seid fleißig und folgsam und / erinnert Euch oft und gern / an Eure Euch herzlich liebende
Mama
 Josephine.

2. Brief

Antwerpen 16/7 1862

Meine lieben Kleinen!
Wie geht es Euch, meine kleinen / Herzchen, gewiß recht gut, denn / wenn ich Euer liebes Portrait ansehe, / wie Ihr so wohl und / heiter drein schaut, so kann mir / kein anderer Gedanke kommen / als, es geht Euch wohl. Die liebe / Frau Oberin wird sich hoffentlich / nach dem Seebade bedeu-/tend kräftigen, und welche / Freude wird es sein, wenn / sie so recht fröhlich und gesund /
2
wieder zu Euch zurückkehrt. / Gestern haben wir unsere Woh-/nung wieder an Bord genommen, / das Pianino ziert die kleine / Cajüte ganz bedeutend. Den / gestrigen Abend verlebten wir / in Gesellschaft einiger Freunde / recht angenehm, es wurde viel / musizirt, gesungen und so-/gar in der großen Cajüte / getanzt. Papa war recht heiter. / und hoffe ich durch fleißiges / Ueben noch einige Fertigkeit / im Spielen zu erhalten und / ihm so noch manche angeneh-/me Stunden bereiten.
3
Wir haben hier immerzu / schlechtes Wetter gehabt, so, / daß wir in der Umgegend / Antwerpens uns gar nicht er-/gehen konnten und das Stadt-/leben im Sommer hat nicht / viel Annehmlichkeiten. Im zoo-/logischen Garten haben wir / wieder einen ganzen Nachmit-/tag zugebracht. Die beiden schö-/nen Giraffen waren nicht mehr / dort, liebe Henriette, Sprichst / Du nun auch immer Französisch / meine liebe Adeleide, denk ja / an die Uhr, verdiene sie dir, aber / sei fleißig sonst gewinnst du
4
nicht, denn Papa will viel / studiren und Johanne, Wilhelm / und ich werden dann auch / flei-/ßig sein. Auch wird Hans / bei Wilhelm Zeichnen und Mu-/sikunterricht haben, deshalb mag / Henriette auch gewiß wohl recht / sich mühen damit sie den / Preis gewinnt, einen Ring. / Nun Lebet wohl! meine lieben / Herzchen, Papa ist sehr beschäftigt / und grüßt und küßt Euch / mit mir recht herzlich. Erin-/nert Euch unser recht oft in / Eurem frommen Gebete und / behaltet stets lieb Eure Mama
[Johanna schreibt:]
Liebe Schwestern ich grüße noch / recht herzlich u. auch der t. [teuren] Frau / Oberin u. Mere Ambrosia, Mère Bernadine, / Mère Saveria und alle andern t. Mères.
Eure euch liebende Johanne

3. Brief

Cardiff, 11/8, 62.

Meine lieben Kinder!
Von Tag zu Tag erwarteten / wir mit Sehnsucht einen Brief / von Euch, aber immer vergebens! / Hoffentlich habt ihr doch an Groß-/mama einen Brief für uns / abgeschickt, und wird Onkel Ru-/dolph ihn uns dann doch in seinem / nächsten Briefe ein senden. Un-/sere Reise von Antwerpen nach / Cardiff war nicht angenehm und / von langer Dauer, wir hatten / fast bestän-/dig Sturm und con-/trairen Wind. Wie schön es /
2
hier in Cardiff ist, magst du, / meine liebe Henriette, den Kleinen / beschreiben. Aufs Land hinaus / ist es hier aber wirklich ro-/mantisch schön, man denkt nicht / mehr an den hässli-/chen Straßen-/staub, der die Luft hier so ver-/pestet. Der Lütcken ist wieder / beladen und Papa

heut mit / Ausklarieren beschäftigt, wenn / er fertig wird, gehen wir morgen / wahrscheinlich unter Segel / und nach Cadiz. Von Spanien / verspreche ich mir recht viel, / das Stiergefecht soll nament-/lich in Cadiz so großartig / sein, aber du denkst gewiß
3
liebe Henriette, dahin geht Mama / nicht wieder. Wenn wir lange / dort bleiben müssen, wird / Papa mit uns vielleicht einen / kleinen Abstecher nach Sevilla / machen. Du erinnerst Dich doch / noch gewiß der schönen spa-/nischen Küste. Von Gibraltar / bis nach Barcelona hatten/ wir ja immer das schönste / Panorama vor uns, nicht wahr. / Henriette, und wie herrlich waren / die Trauben. Johanne und Wilhelm / freuen sich schon recht zu dem / schönen Obste, aber sie müssen / auch Ersatz haben, wir ha-/ben Herbst und noch kaum
4
Obst gesehen. Wie befindet sich / die liebe Frau Oberin, hat sie / das Seebad besucht u. grüßet / sie recht herzlich von uns allen / und betet recht fleißig zum / l. [lieben] Gott für ihre voll-ständige / Genesung, dann meine lieben / Kinder empfehle ich Euch uns / auch in Eurem From-men / Gebete dringend an, damit der / l. Gott Papa in seinen Unter-/nehmungen segnen möge und / uns vor Unglück bewahre. / Lebet recht wohl meine süßen / Herzchen, seid durch Fleiß und / Frömmigkeit die Freude Eurer / Lehrerinnen und erinnert Euch / oft und gern an Eure Mama

Auf der ersten Seite dieses Briefes schrieb Sandmann einige Sätze vertikal auf die linke obere Ecke, wobei er mit der Feder zuweilen durch die Zeilen seiner Frau fuhr:

Meine lieben Kinder! Mangel an Zeit und Raum lassen mich nicht / viel mehr hinzufügen. Alles was ich Euch noch zu sagen ist daß Ihr / die Zeit gut benutzet und / recht lieb und fleißig seid damit / Du meine liebe Adelaide / die Uhr und meine kleine / Henriette den goldenen / Ring verdienst. Betet / auch recht oft für Euren / Euch so sehr liebenden / Vater

4. Brief

Cadiz, 13/9. 1862

Meine lieben Kinder!
Es ist schon recht lange her, meine / lieben Herzchen, daß wir von Euch / Briefe erhalten haben. Von Groß-/mama und Herr Heyl aus Meppen / hörten wir indeß, daß ihr wohl / und vergnügt seid und recht Flei-/ßig lernt. Hoffentlich macht Ihr / der lieben Frau Oberin und / Eure Leh-rerinnen recht viel Freu-/de durch Gehorsam und Fleiß. In einigen Tagen sind wir nun schon / fertig zur Abreise nach Monte / Video, wo wir jedenfalls Briefe / mit schönen Nachrichten von / Euch erwarten. Ist der l. Frau / Oberin das Bad gut bekommen? / bitte grüßet sie doch recht herz-/lich von mir. Nun wollt Ihr / gewiß wohl gern etwas über
2
die sehr schöne Stadt Cadiz hören, am / Ende noch viel lieber von den / schönen Trauben einige haben, / die uns hier täglich angeboten / werden. Leider kann ich Euch da-/von keine zu schicken, wir sind ja / zu weit von Euch entfernt. Die / Rhede hier ist recht Freundlich, / ungefähr ¼ Stun-de von der Stadt ent-/fernt. Die Stadt ist sehr sauber, hat / hohe Häuser und sehr schmale / Stra-ßen, damit man Schatten / hat. Die Hitze war in den letzten / Tagen ziemlich erträglich, doch / in der ersten Zeit recht angrei-/fend. Wer nicht Geschäfte halber / hinaus muß, geht nicht vor Abend, / wo dann auf verschiedenen / Plätzen Musik ist. Cadiz ist auch / Badeort und augenblicklich sehr

3
besucht. Das Wasser ist hier stark / salzig und sind hier große Salz / Anlagen. Lauter kleine Flächen un-/gefähr 20 Fuß und 2 Fuß tief / werden bei hohem Wasser voll-/gelassen und täglich durchge-/rührt. Durch die starke Sonnen-/hitze verlieren sich die frischen / Theile und in 9 Tagen ist das / Salz fertig. Nun wird es aus den / kleinen Gruben heraus genommen / in Körben durch Esel fortgetragen, / wo es im Freien zu hohen Bergen / angehäuft wird. Das hier sehr viel / Salz gewonnen wird könnt Ihr / Euch wohl denken, da täglich / beladene Schiffe damit abse-/geln. Unser Hänschen ist recht gut / zufrieden und lernt auch etwas. / Ueber 8 Tage kommt die Königin /
4
hier zu Besuch, und werden dazu / große Anstalten getroffen, / es ist schade, daß wir von dieser / Festlichkeit nicht profitiren./ Nun bitte ich Euch zum Schluße / noch, meine lieben, süßen Kinder / unser doch täglich in Eurem / frommen Gebete eingedenk zu / sein, damit der l. Gott uns seg-/nen und wohlbehalten wieder / zusammen führen möge. / Nun lebt wohl, meine / lieben Kleinen, seid herzlich / von mir geküßt und umarmt, / erinnert Euch oft an Eure / Euch herzlich liebende Mama
Josephine

Hermann Sandmann schreibt:
Nehmt zum Schluß auch meinen väterlichen / Segen u. Umarmung, meine lieben Kinder, / Lernt fleißig und vergeßt nicht in Eure / Gebete einzuschließen Euer Euch so sehr liebender Vater.

5. Brief

Monte Video, 14.10.62

Meine lieben Kinder!
Seit einigen Tagen sind wir in / bestem Wohlsein hier angekommen / und erhielten, zu unserer großen / Freude mit der gestrigen Post Eure / lieben Briefe. Wie sehr freuen wir / uns über Euer Wohlsein meine lie-/ben Kleinen, lernet nur weiter / fleißig und macht Eure Lehrerin-/nen viel, viel Freude, Ihr selbst habt / ja den größten Nutzen davon und das / wohltuende Gefühl Eure Pflicht gethan / zu haben, das Ihr nach bestandener / Prüfung eine kleine Belohnung / bekom-/men habt, ermuntere Euch / nun noch immer mehr. Wie steht / es mit dem Clavier und Gesang / wenn Du recht Fleißig gewesen, / liebe Adelaide, schenke ich Dir bei
2
meiner Zurückkunft ein hübsches Stück / Robert le Diable von Cramer[27]*, welches mir / in Antwerpen von einem Freunde ge-/schenkt wurde, und meine Kleine / Henny, ja, für Dich habe ich dann / einen ganz hübschen leichten Tanz. / Du möchtest gern nochmals wissen, / was Du für mich arbeiten sollst, liebe Ade-/laide, Du weißt wir haben an Sticke-/reien noch sehr wenig, was Du arbei-/test, möchte ich gern fein und elegant / haben. Mère Ambrusia und die Dame / bei der Du den Unterricht hast, wird / Dir gewiß gern bei der Wahl einer / Arbeit rathen. Ihr habt es gewiß / schon mitunter recht kalt und versam-/melt Euch um den warmen Freund, / wir hingegen schützen uns möglichst / viel vor den Sonnenstrahlen und / genießen den Abend. Heute ist / es sehr erquickend, da die Luft sich*
3
gestern durch Pampero abgekühlt hat. / Papa erfreut mich täglich durch ein / wundervolles Blumen Bouquet, / Solltest mal sehen, welche reiche Farben-/pracht die Blumen hier enthalten / und wie groß und gefüllt die Ro-/sen sind. Auch sind die Erdbeeren herr-/lich, aber so gern

Johanne diese auch / isst, meint sie doch es wäre noch / schöner wenn sie mal mit all ihren / Gespielinnen zusammen wäre. Hier / hat sie eine kleine Gespielin und obgleich / das Kind erst 4 Jahr alt ist, spricht es / mit den Eltern Dänisch, mit / ihren hiesigen Gespielinnen spanisch und / mit uns ganz verständlich deutsch. / Du erinnerst Dich ja auch noch wohl der / kleinen [unleserlich] *Schipman in Galatz / die auch 4 Sprachen sprach, nicht wahr / L. Henny. Ihr habt jezt auch Gelegenheit, / darum bitte ich Euch, seid Fleißig. / Lebet nun wohl, meine Herzchen. / es küßt Euch*
Eure Mama.
[vertikal am Rand:] *Vergeßt nicht die L. Frau Oberin und Meres von mir zu grüßen.*
4
Sandmann schreibt:
Meine lieben Kinder!
Da dieser Brief wohl ungefähr gegen / Weihnachten in Eure Hände kommen wird / so wünsche ich Euch zuerst ein fröhliches Weih-/nachtsfest und ein glückliches neues Jahr. / Eure lieben Briefe haben uns sehr viele Freude / gemacht, im besonderen auch dadurch daß Ihr / durch Euren Fleiß eine kleine Prämie er-/worben habt. Diese Anerkennung muß Euch / noch zum größeren Fleiße anspornen, und / ich bin fest überzeugt daß solches auch der / Fall. Mit unserer Johanne, Wilhelm u. Mama / geht es immer ums französisch parliren / daß mirs manchmal ganz bunt vor die Augen / wird, denn jeder will die goldene Uhr ver-/dienen. Gebe dir deshalb nur tüchtig Mühe meine / liebe Adelaide damit Du sie verdienst / und ich zweifle nicht, Du wirst sie erhalten / denn Du hast mehr Gelegenheit zum lernen / wie wir an Bord. – Auch meine kleine / Henriette wird allen Fleiß anwenden / müssen damit Johanne nicht mit der Prä-/mie / den goldenen Ring durchgeht. Auch Musick und / Zeichnen müßt ihr nicht vernachlässi-gen meine / Lieben, und wenn ein Tanzlehrer dort, so er- / laube ich gerne daß Ihr auch darin Unterricht / erhaltet. - Wir werden von hier wohl / wieder nach Europa gehen wo wir dann / wenn die Zeit und Umstände es erlauben / einen Abstecher nach Euch um uns examiniren / zu laßen und bin ich jetzt schon neugierig wer / von uns die goldene Uhr und den Ring verdienen / wird. Nun lebt recht wohl ihr lieben Kinder / und vergesst nicht im Gebete einzuschließen Euren Euch so sehr liebenden Vater
                                    HS.

6. Brief

Monte Video, d. 14/12. 62

Meine lieben Kinder!
Meinen lezten Brief, worin ich / Euch mitteilte, daß wir wohlbehal-/ten hier angekommen, wer-det Ihr / hoffentlich in bestem Wohlsein er-/halten haben, meine lieben Kleinen. / Seitdem nun ist unsere Ladung hier / gelöscht und sind beschäftigt Ballast / einzunehmen nach Buenos Ayres / zu versegeln, woselbst Papa vor / einigen Tagen Briefe nach Ant-/werpen angenommen hat. Wir /kommen also im Frühjahr der / lieben Heimath wieder nahe / wenn der liebe Gott uns eine / glückliche Reise verleiht, bittet / ihn doch Fleißig darum, l. Kinder.
2
Vielleicht hat Papa in Antwerpen so / viel Zeit übrig, daß wir Euch besu-/chen und vielleicht treffen wir / dann grade die schöne Zeit, wo Du / liebe Henny zur Ersten hl. Communion / angenom-men wirst. Bereite Dich auch / Fromm und würdig dazu vor mein / liebes Kind und gib Deinen / Mitschülerinnen in jeder Weise / ein gutes Beispiel, ja meine lieben / Herzchen, suchet durch Fleiß und jede / mögliche Aufmerksamkeit, die Liebe / Eurer Lehrerinnen zu vergelten. / Welch schönes Gefühl für Euch, wenn / Ihr später von Euren lieben Lehre-/rinnen gern wieder gesehen

seid. / Ihr sucht nun recht gern den war-/men Ofen, wir hingegen gebrau-/chen Sonnensegel und selbst dar-/unter ist es noch schwül. Die Näch-/te sind indeß kühl und auch der

3

Pampero säubert oft die Luft. Johanne / ist wirklich unpäßlich bei diesem fürch-/terlichen Winde, verbunden mit star-/ken Gewittern ganz in der Nähe, wo-/mit liegen verschiedene Fregatten / worauf schöne Musik ist, so haben / wir den oft Mittags und Abends / Stundenlang herrliche Unterhaltung. / Auch besuchen wir mitunter die / italienische Oper. Doch muß ich / mir meine Unkenntniß in frem-/den Sprachen bedauern. Benutzet / doch ja die schöne Zeit und Gele-/genheit Euch in jeder Weise, / Kenntnisse zu erwerben. Ihr / lernet gewiß nie zu viel. Spielst / Du auch fleißig Clavier und singst / dabei, meine liebe Adelaide, übe / doch und sei ja weiter wirksam / damit Du später selbst weiter / kommen kannst und nicht alles ver-/gißt. Johanne kennt auch schon einige

4

Noten. Da kommt Papa soeben mit / Briefen von Euch meine Lieben an Bord, / und wie sehr freuen wir uns über Euch / und Eure guten Vorsätze. Meinen herzlich-/sten Dank sage ich Euch für Eure Gratula-/tion zu meinem Geburtstage. Ich bin / fest davon überzeugt, daß Ihr Wort hal-/ten werdet, was Ihr versprochen. Also der / hochwürdige Herr Bischof hat Euch besucht, / und auch Ihr seid gefirmt worden; / wie habt Ihr Euch wohl gefreut, meine / Kleinen. Auch ich habe vor einigen Jahren / die persönliche Bekanntschaft der hochw. / Herrn Bischofs gemacht, später war ich / Firmpatin bei Maria Münster und / Caroline Papendiek. Anna Papendieks / Gruß / erwidere ich freundlichst, auch ihr Bru-/der Fritz, welcher gegenwärtig hier / ist, grüßt sie bestens. Du erwähnst / in Deinem Brief, liebe Adelaide, / daß Du gern und oft spielst. dies / macht mir große Freude mein

5

liebes Kind, Du wirst später einsehen / wie manche Stunde Du dir dadurch an-/genehm machst und auch uns erfreust. / Unser Pianino hält sich ziemlich gut. / In letzter Zeit hat es freilich durch / feuchte Seeluft gelitten, doch denke / ich, wenn es nun gestimmt worden, / ist es wieder gut. Bis zum Früh-/jahr wird Mère Maria sich hoffent-/lich recht gekräftigt haben, ich sehe / sie doch gern ganz gesund und wohl /

wieder. Freundlichst bitte ich Euch die / Frau Oberin, Mères und Saeurs herz-/lich von mir zu grüßen. Euch und / alle Bewohnerinnen des lieben / Klosters wünsche ich ein recht / vergnüg-tes Weihnachtsfest und / fröhliches Neujahr. Hoffentlich / umarmen wir uns in dem neu / anzutretendem Jahre fröhlich / und ganz zufrieden.

6

Zum Schluße, meine lieben Herzchen, / seid recht herzlich von mir geküßt / schreibet bald wie-der, lernt fleißig / und behaltet stets lieb Eure Euch / so herzlich liebende
Mama

[Kapt. Sandmann schreibt:]
Monte Video, d. 14/12. 62
Wie herzlich wir uns über Euren lieben Brief gefreut / könnt Ihr Euch gar nicht denken, liebe Kinder! Fahrt / so fort Ihr Lieben und ich zweifle nicht Ihr werdet / beide die ausgesetzten Prei-se verdienen. Ich sehe, / meine liebe Adelaide, daß Du für das schöne Spanien / schwärmst, und ich verspreche Dir, daß wenn / Deine Pensionsjahre beendigt, auch eine Reise / mitzumachen und wollen wir dann recht schöne / Gegenden besuchen nicht wahr mein Kind? / Wie Mama Euch geschrieben, segeln wir von hier / nach Buenos Ayres und von da wieder nach / Antwer-pen, wo ich hoffe, Ende April / einzutreffen. Wenn dann irgend Zeit & Um-/stände es erlauben, machen wir von dort / einen kleinen Abstecher nach Euch hinüber / um die Prüfung mit Euch vorzunehmen. / Nach Eurem Brief zu urtheilen, so wird / Mama & ich wohl auf die goldne Uhr

ver-/zichten müssen. Aber Du Liebe Henriette / wirst einen schweren Kampf mit Johanne / um den goldenen Ring bestehen / zu bestehen haben! / Nun Lebt wohl, Ihr Lieben und vergesset / nicht uns in Eurer Gebet mit Einzuschließen. / Es umarmt und küßt Euch herzlich / Euer Euch liebender Vater
Hermann Sandmann

7. Brief

Buenos Ayres, 25/2 1863

Meine lieben Kinder!
Eure lieben Briefe, meine süßen Herzchen / haben uns recht viel Freude gemacht, wie / schön war es doch, daß Ihr gerade zum Weih-/nachtsfeste die Nachricht von unserer Ankunft / in Monte Video erhieltet. Wir freuen uns sehr / darüber, daß die liebe Mère Ambrosia Euch statt / uns wie auch Großmama am Weihnachtsfesta-/ge durch Geschenke überrascht haben. Du / meine liebe Adelaide möchtest gern wissen, / wann Du denn eigentlich zu uns zurück-/kehren sollst. Wir, mein liebes Kind, haben / aber große Sehnsucht, Dich wieder bei uns / zu sehen, so haben wir uns denn Folgen-/des überlegt: Wenn wir nach Europa / zurück gekehrt sind, und Papa dann eine / kleine Reise machen wird, z.B. nach Archan-/gel, wo er dann bis zum Herbst zurückkommt, / wirst Du bis Ende des Sommer Semesters / dort bleiben, wo ich Dich dann abholen / werde, um mit mir eine hübsche See-/reise zu machen. Wird Papa aber / jetzt gleich von Antwerpen wieder eine / größere Seereise unternehmen, so werde
2
ich ab Antwerpen unser Hänschen bringen / und Dich nach kurzem Aufenthalte in / Papenburg gleich mit auf Reisen nehmen. / Hoffentlich hat unser Plan Deinen Bei-/fall, mein liebes Kind, sei bis dahin / in allen Fächern nun noch recht fleißig / namentlich in fremden Sprachen und / Musik, später an Bord hast Du Zeit / und Gelegenheit Dich darin weiter aus-/zubilden. Dein, Henny, wie deutscher Brief [?] / hat uns recht erfreut, liebe Henny, sei mir / immer recht flei-/ßig, folgsam und / die Freude Deiner Umgebung so bist Du / auch sicherlich die Freude Deiner Eltern. / Unsere Johanna lernt auch ziemlich gut,/ doch kommen zu viele Tage vor, wo / ganz damit ausgesetzt wird und so / vergisst sich dann Vieles wieder. So / lange wir hier gewesen wohnen / wir in einem französischen Hotel / und muß sie mit der Kleinen, / womit sie spielt nur Französisch / sprechen. Die Kinder verständigen / sich gut und wird Johanne doch ge-/wiß Manches davon behalten.
3
Fastnacht ist glücklich vorüber, aber dies / Treiben hier hättet Ihr mal ansehen / müssen. Bis 2 Uhr mittags wird gear-/beitet, dann aber fällt von der Plaza Victoria / ein Kanonenschuß und nun ist / Maskenfreiheit. Tanzen(der) weise sieht man die / Masken umherziehen, die / Ver-schiedenes vorstellen und aufführ-/en. Wer sich in die Straßen hinein / wagt, sich am offenen Fenster zeigt / oder aufs Dach hinaufgeht, wird naß / gegossen oder mit Eier oder Bom-/ben, gefüllt mit Wasser, geworfen. / Dies Spiel dauert bis 7 Uhr, wo wieder / ein Schuß fällt und Alles ruhig ist. / Gegen 10 beginnt der Maskenball / im großen Theater. Herren dürfen / ohne Maske kommen, Damen maskiert. / Für Zuschauer sind die Logen, die übri-/gen Salons aber nicht der Tanzsaal. / Wir haben uns dieses Treiben auch einen / Abend angesehen. Es waren gewiß über / 2000 Menschen anwesend, dann noch / die Herren und vielen Zuschauer. Die Mas-/ken sprachen nur immer mit kreischen-/der Stimme, damit sie sich nicht erkennen,
4
und jede Sprache wird durcheinander / geplappert, daß man, als wenig bewan-/dert in fremden Sprachen, sich in solch / einer Gesellschaft die Verwirrung beim / Turmbau zu Babel wohl vor-

stellen kann. / Vor 2 Jahren sind von Haselünne zwei junge / Mädchen nach hier gereist, wovon das / jüngste, Josephine Thole, im Kloster be-/kannt ist. Sie grüßt die Frau Oberin / und Saeurs recht herzlich. Diese beiden / Mädchen haben sich hier recht gewand / gemacht, es geht ihnen gut. Die älteste / Schwester hat sich gut verheiratet / und Josephine wird gewiß auch recht bald / gut versorgt sein. Unsere Johanne / ist hier einige Tage ganz bei ihnen / zu Hause, und auch ich besuche sie / gern. Denkt Euch nur mal die Freude, / wenn wir den alten Eltern, woran / sie mit großer Liebe hängen, so / viel Gutes von ihren Kindern erzäh-/len können. Hoffentlich sind wir hier / in einigen Tagen fertig und segeln / dann schnell der l. Heimath zu. Grüßt / Frau Oberin und l. Mères und Saeurs / herzlich von mir. Adieu, meine Lieben. / Es umarmt und küßt Euch herzlich
Eure Mama

In den letzten Briefen ist wiederholt von einem Besuch der Sandmanns in der Heimat die Rede, dessen Termin aber vage bleibt. Das Schifffahrtsgeschäft nimmt unabhängig von der Sehnsucht der Familienmitglieder nach einem Wiedersehen unerbittlich seinen Lauf. In Sandmanns Erinnerungen wird erwähnt, dass noch 1863 tatsächlich ein Treffen der Sandmanns stattfand. Wann Henriette und Adelheid die Höhere Töchterschule in Haselünne verließen, ist nicht bekannt, wohl aber dass sie weitere Reisen auf der Bark LÜTCKEN mit ihrem Vater als Kapitän mitmachten und damit sicherlich viel Gelegenheit fanden, ihre französischen Sprachkenntnisse anzuwenden. Sandmann berichtet zum Abschluß seiner Erinnerungen nicht ohne Stolz, dass seine Töchter alle *gut verheiratet* waren, womit das höchste Ziel, das die Mädchen sich in seinen Augen wünschen konnten, eine gesicherte Versorgung durch die Ehe, erreicht war.

Hermann Sandmann verstarb am 30. Juli 1900.

Meyer, Jürgen: Vom Moor zum Meer. Papenburger Schiffahrt in 3 Jahrhunderten. Papenburg 1976
Meyer, Rudolph H.: Papenburg als Schifferstadt. In: Festschrift zur Einweihung des neuen Rathauses der Stadt Papenburg. Papenburg 1913
Nissen, Dorothea: 5 Tagebücher von Bord der Bark MATHILDE 1863–1867, aus dem Dänischen übersetzt und mit einer Gliederung versehen von Ingrid und Jan Mennerich, Felde/Holstein, Kopie der Übersetzung DSM
Pawlik, Peter-Michael: Von der Weser in die Welt. Die Geschichte der Segelschiffe von Weser und Lesum und ihrer Bauwerften 1710 bis 1927, Bd. 1–3, Hamburg 1993–2008
Rosenberger, Eugenie: Auf großer Fahrt. Berlin 1899; Neuausgabe herausgegeben von Ursula Feldkamp, Hamburg 1997
Sandmann, Hermann: Lebenserinnerungen eines alten Seefahrers oder Erlebnisse und Beobachtungen von frühester Jugend bis zum 78. Lebensjahre von Hermann Sandmann. Erstausgabe, Papenburg 1896, sowie Reprints der Erstausgabe, herausgegeben vom Heimatverein Papenburg 1982 u. 1986
Schliebs, Hedwig: Der Schiffbau und die Reederei Papenburgs 1783 bis 1913. OM 52, 1930
Schröder, Helmine: Briefe der Rostocker Kapitänsfrau Helmine Schröder von Bord des belgischen Seglers MARNIX DE ST. ALDEGONDE 1881–1883 sowie der Bark THEODORE ENGELS 1886–1887
Spengemann, Friedrich: Auf weiter Fahrt. Bremen 1950
Treue, Wilhelm: Der Krimkrieg und seine Bedeutung zur Entstehung der modernen Flotten. Herford 1980
Szymanski, Hans: Deutsche Segelschiffe. Berlin 1934
Walter, Wolfgang: Downeasters and Nova Scotians: amerikanische und kanadische Segler von der Weser. Hamburg 2003
Wiechers, Karl Heinz: ... und fuhren weit übers Meer. Zur Geschichte der ostfriesischen Segelschiffahrt. 3 Bde. Norden 1984–1994

Maße

Geographische Meile	7.421,60 m
Deutsche Meile	7.532,50 m
Zoll	0,0254 m
Fuß	0,3048 m

Bildnachweis

Die Abbildungen stammen, sofern nicht anders angegeben, aus dem Archiv des Deutschen Schiffahrtsmuseums.